エストニア語入門
Eesti keele sissejuhtus

小 泉　保 著
Tamotsu Koizumi

東京　大学書林　発行

まえがき

　筆者は1964年東京オリンピックの年にヘルシンキ大学に留学する機会に恵まれた。そのときフィンランド語を中心にウラル諸語を勉強したが,エストニア語ではニーニヴァーラ先生の講義を受講した。エストニア語はフィンランド語とフィンランド文学の学生には必修科目になっていたので,受講生の数も多かった。

　ニーニヴァーラ先生はとくに日本人のわたしに目をかけてくださり,丁寧に指導していただいた。今でも先生には深い恩義を感じている。1970年にはタッリンで国際フィン・ウゴル学会が開催されたが,その折ヌルメクント先生と知り合いになり,タルットゥのご自宅でエストニア語の発音について指導していただいた。先生は日本語に興味をもっておられたので,日本へ招聘しようと努力したが,残念ながら実現しなかった。

　さらに,パウル・アリステ先生にエストニア語の勉学についてご相談したところ,「あなたは外国人だから,タッリンにしか滞在できないし,タルットゥまで汽車で通うことは困難だ」と諭されこの計画を断念した。

　1965年にフィンランド人の観光団に加わって,ヘルシンキから船に乗り,レニングラードで下船し,そこから汽車で一晩かかってタッリンへ到着した。今ではヘルシンキから船で2時間半ほどでタッリンへ行き来できるが,当時のエストニアはソ連領で,出入国の検査は厳しかった。その頃のタッリンの市には昔ながらの面影が濃く残っていて,古本屋で貴重な戦前の文法書を手に入れることができた。

　帰りは,また汽車でレニングラードへ戻り,そこからバスでヘルシンキへと引き返したが,途中のバス停でロシアの子供が私たちに手を差し延べてフィンランド語で「プルクミ」と言ってチューインガムをねだるのには驚いた。

　とにかく今は金さえあれば,世界中どこへでも行けるし,そこの言葉を学ぶこともできるが,いまから20年ほど以前のソ連圏ではそういうわけにはいかなかった。

　さて,ここに大学書林の佐藤政人氏のご理解により『エストニア語入門』を出版できることはまことに喜ばしい限りである。この本はお世話になった

まえがき

ニーニヴァーラ先生，ヌルメクント先生およびアリステ先生に捧げるものである。本書の内容としてエストニアの歴史，民族，文学にも触れるように心がけた。ニルクの『エストニア文学』(1983) を参照すると，エストニアは日本の九州ほどの国土に 135 万人ほどの人口 (2005 年) を抱えているが，この本に含まれている作家の数は 110 人にも及んでいる。まさしく，エストニア人は最高に文学を愛好する国民であると言えよう。最後に，本書を丁寧に校閲してくださったエストニア総領事のマレク・ルッツ氏と真由美夫人に心から感謝の意を表明しておく。

2008 年 11 月
小泉　保

目　次

まえがき ……………………………………………………………………… i

準備段階　エストニア語の発音（Eesti keele hääldamine）………… 1
　（a）エストニア語のアルファベット　（b）母音　（c）2重母音
　（d）第2音節の母音　（e）子音　（f）3段階の音の長さ
　（g）第1音節の強調　（h）長と超長の区別

第1課：質問と答え（Küsimused ja vastused） ………………………… 11
　（a）Tuba「部屋」　（b）Mees ja Naine「男と女」

第2課：Olema 動詞の変化（Olema tegusõna pöördkond）………… 15
　（a）Staatus「身分」　（b）Sünnikoht「出身」

第3課：代名詞の属格と形容詞
　　　　（Asesõnade omastavad ja omadussõnad）………………… 20
　（a）代名詞の属格形（Asesõnadade omadussõna）
　（b）形容詞（Omadussõnad）

第4課：動詞の変化（1）現在形
　　　　（Tegusõna pöördkond：olevik）………………………………… 25
Kõnelus「会話」
コラム1　Eesti geograafiast ja rahvastikust「エストニアの地勢と人口」

第5課：属格と分格（Omastav ja osastav kääne）…………………… 32
　Hommikul「朝に」　1.属格形と分格形の相違　2.着衣の表現
　3.複合動詞

第6課：名詞変化（Nimetav kääne）…………………………………… 37

目　次

　　(a) Kass ja rottid「猫とねずみども」
　　(b) Poiss ja tüdruk「男の子と女の子」　　(c) Köögis「台所で」
　　(a) 格変化　　(b) 格の用法　1) 文法格　2) 内部格　3) 外部格
　　4) 様相格　5) 付帯格
第 7 課：複数形と格変化（Mitmuse vormid ja käänded）……………46
　　Inimese kehaosad「人体部分」　　(a) 複数主格形　　(b) 複数属格形
　　(c) 複数分格形　　(d) 複数主格と複数分格の用法
　　(e) 単数分格と複数分格の用法 (1)（主語の場合）
　　(f) 複数主格と複数分格の用法 (2)（動詞の目的の場合）
　　(g) 複数主格，属格，分格以外の複数の格形式
　　コラム 2　Kehaosad「身体部分」
第 8 課：数詞 (1)　基数（Põhiarvsõnad）………………………………55
　　用例 Perekond「家族」　　(1) エストニア語の基数　　(2) 年齢の表現
　　(3) 電話番号と住所　　(4) 長さと距離　　(5) 計算　　(6) 数量
　　用例 Kaupluses「店で」　　(7) 時間
　　用例 Päev plaan「パエーヴの計画」　　用例 1　Bussiga「バスで」
　　用例 2　Jaamas「駅で」　　用例 3　Laevaga「船で」
　　コラム 3　Kohvikus「喫茶店で」
第 9 課：数詞 (2)　序数（Järgarvsõnad）………………………………67
　　用例 1　Hotellis「ホテルで」　　(1) 序数　　用例 2　Tuppa「部屋へ」
　　用例 3　月と曜日　　1．月の名称（kuud）　　2．日づけ（kuupäevad）
　　用例(a) 日付の尋ね方　　3．曜日（nädalapäevad）
　　用例(b) 曜日の尋ね方　　用例(c) 年齢の表わし方
　　用例(d) 生年月日の表わし方　　用例(e) 回数の表わし方

目　　次

用例4　季節（aastaajad）と方位（ilmakaared）
コラム4　Taksos「タクシーで」
第10課：動詞（2）過去形（Tegusõna pöördkond: minevik）……………78
　Lydia Koidula「リーティア・コイトゥラ」(1)
　(1) 過去語尾 -si をもつもの　　(2) 過去語尾 -i をもつもの
　Lydia Koidula「リーティア・コイトゥラ」(2)　　過去の否定形
第11課：代名詞（1）人称代名詞（Isikulised asesõnad）………………84
　Kohtumistel「出会い」　　(1) 人称代名詞
第12課：代名詞（2）指示，疑問，不定，再帰（Näitavad, küsivad,
　　　　umbmäärased ja enesekohased asesõnad）………………90
　Tallinn「タッリン」(1)(2)　　(2) 指示代名詞
　(3) 疑問代名詞と関係代名詞　　(4) 不定代名詞と再帰代名詞
　コラム5　(a) Jaamale「駅へ」(b) Toompeale「トーンペアへ」
　(c) Lennuväljale「空港へ」
第13課：形容詞変化と比較法
　　　　（Omadussõnade käändkond ja võrdlemine）……………100
　Hiire väimees「ねずみの婿」(1)(2)　　1．形容詞と名詞の変化
　2．形容詞の比較法　　3．比較級の変化　　4．不規則な比較形
　5．副詞の比較法
第14課：動詞（3）完了形（Tegusõna pöördkond: perfekt）…………109
　Linda Kivi「リンタの石」　　(1) 現在完了　　(2) 過去完了
第15課：動詞（4）命令法（Tegusõna pöördkond: käskiv kõneviis）…113
　Külastus「訪問」　　エストニア語の命令形　　用例
第16課：動詞（5）条件法（Tegusõna pöördkond: tingiv kõneviis）…117

目　次

Sööklas「飲食店にて」　(1) 条件法の語形　(2) 条件法の否定形
(3) 条件法完了形（肯定）　(4) 条件法完了形（否定）
コラム6　Postkontoris「郵便局で」
第17課：動詞(6) 非人称態
　　　　　(Tegusõna pöördkond: umbisikuline tegumood) ………123
Tartu Ülikool「タルットゥ大学」(1)(2)　(1) 非人称の現在形
(2) 受動の過去形　(3) 非人称現在の否定形
(4)(a) -ma 不定詞と非人称形が一致するもの
(4)(b) -ma 不定詞と非人称形に差異があるもの
(5) 非人称態の完了形　(6) 完了分詞の様格形
コラム7　Telefoni kaudu「電話で」
第18課：動詞(7) 不定詞1 (Infinitiiv 1) ………133
Suur Vanker「北斗七星」(1)　(1) エストニア語不定詞
(2) ma 不定詞の用法　(3) ma 不定詞の変化
第19課：動詞(8) 不定詞2 (Infinitiiv 2) ………138
Suur Vanker「北斗七星」(2)　コラム8　Laulupidu「歌の祭典」
第20課：動詞(9) 分詞 (Tegusõna pöördkond: partitsiibid) ………143
Lembit「レンピット」(1)(2)　(1) 分詞の種類
(2) 現在分詞の形成　　用例
第21課：分詞構文 (Partitsipiaalne ehitamine) ………150
Kalevipoja sõit maailma otsa「カレヴィポエクの世界の果てへの旅」(1)
(2)(3)　(1) 現在分詞構文　(2) 過去分詞構文
(3) 間接法 (kaudne kõneviis)　(4) 時間的表現文　(a) 同時的関係
(b) 前後的関係

目　次

第22課：側置詞と接続詞（Adpositsioonid ja sidesõnad） ……………161
　Eesti kuulutatakse iseseisvaks vabariigiks「エストニアが独立共和国を宣言する」(1)(2)　　(1) 側置詞　(a1) 属格名詞をとる後置詞
　(b1) 属格をとる前置詞　(b2) 分格をとる前置詞
　(2) 接続詞　(a) 同位接続詞　(b) 従位接続詞
第23課：名詞変化の型（Käändkondade tüübid） ……………………172
　Kalev, Salme ja Linda (Kalevipojast)「カレヴ，サルメ，リンダ（カレヴの息子たち）」(1)(2)　　(1) 名詞変化の条件　　(2) 名詞変化の型
第24課：動詞変化の型（Pöördkondade tüübid） ……………………183
　Jaanipäev「ヨハネの日」　(1) 動詞変化の基本形
　(2) 動詞変化のタイプ
第25課：読み物（Lugemispalad） ………………………………………190
　Poiss ja liblik「少年と蝶」(1)(2)(3)(4)　A.H. タンムサーレ
　Koit ja Hämarik「あかつきとたそがれ」(1)(2)(3)(4)　R.H. ファールマン
　コラム 9　Koidula luuletus「コイトゥラの詩」
変化表 ……………………………………………………………………205
解答 ………………………………………………………………………214
参考文献 …………………………………………………………………218
語彙集 ……………………………………………………………………221

― vii ―

準備段階
エストニア語の発音
(Eesti keele hääldamine)

(a) エストニア語のアルファベット (tähestik)
エストニア語のアルファベット 32 文字の名称は次の通りである。

A (aa),   B (bee),   C (tsee),   D (dee),   E (ee),   F (eff),
「アー」   「ベー」   「ツェー」   「デー」   「エー」   「エッフ」

G (gee),   H (haa),   I (ii),   J (jott),   K (kaa),   L (ell),
「ゲー」   「ハー」   「イー」   「ヨット」   「カー」   「エッル」

M (emm),   N (enn),   O (oo),   P (pee),   Q (kuu),   R (err),
「エンム」   「エンヌ」   「オー」   「ペー」   「クー」   「エッル」

S (ess),   Š (šaa),   Z (zett),   Ž (žee),   T (tee),   U (uu),
「エッス」   「シャー」   「ゼット」   「ジェー」   「テー」   「ウー」

V (vee),   W (kaksisvee),   Õ (õõ),   Ä (ää),   Ö (öö),   Ü (üü),
「ヴェー」   「カクシスヴェー」   「うー」   「あー」   「ヨー」   「ユー」

X (iks),   Y (üpsilon)
「イクス」   「ユプシロン」

(b) 母 音
a [ɑ] 日本語の「ア」よりも口の開きが大きく、舌の位置が後退している。
(例) maja「マヤ」「家」, kana「カナ」「めんどり」。

ä [a] 日本語の「ア」よりも舌先が前進し、下前歯の歯茎に接している。唇をやや横に広げるので「エ」に近い。(例) käsi「かスィ」「手」, mägi「まキ」「山」。

— 1 —

エストニア語入門

e [e]　日本語の「エ」と同じ。(例) ema「エマ」「母」, pesa「ペサ」「巣」。

i [i]　日本語の「イ」に近い。舌先が上がっている。(例) isa「イサ」「父」, mina「ミナ」「私」。

u [u]　日本語の「う」[ɯ] とは違い, 唇を丸めること。(例) uks「ウクス」「ドア」, kuu「クー」「月」。

o [o]　日本語の「オ」[o] と同じ。(例) oma「オマ」「自分の」, soo「ソー」「沼」。

ö [ø]　日本語の「エ」の構えで, 唇を丸める。「ヨ」と聞こえる。(例) köha [køha]「キョハ」「咳」, töö「トョー」[tø:]「仕事」。

ü [y]　「イ」の構えで, 唇を丸める。「ユ」と聞こえる。(例) üks [yks]「ユクス」「1」, süü [syy]「スュー」「罪」。

õ [ə]　日本語の「ウ」[ɯ] の構えで, 舌の位置をやや下げる。日本語の「ウ」に聞こえる。(例) sõna「スナ」「ことば」, kõne「くネ」「会話」。従って, õun [əun]「リンゴ」では, 日本語の「う」[ɯ] につづいて, 唇を丸め [u]「ウ」と発音するとよい, 「うウン」

そこで, エストニア語の母音の聴覚的配置は次のようにとらえられる。

　「前舌」は, 舌の位置が前に出る。
　「後舌」は舌の位置が後へ退く。
　「高」は, 舌の位置が高い。「低」は舌の位置が低い。
　「中」は, 舌の位置が「高」と「低」の間にくる。

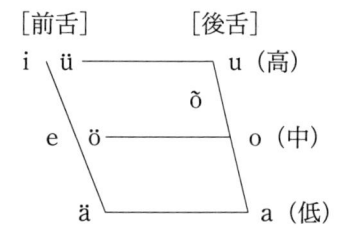

```
[前舌]        [後舌]         非円唇（唇を横に張る）i, e, õ, ä, a
 i  ü————————u （高）        円唇（唇を丸める）u, o, ü, ö
         õ
 e  ö————————o （中）           非円唇の構え
    ä        a （低）           円唇の構え
```

なお, 前舌高の i [i] と ü [y] の間と前舌中の e [e] と ö [ø] の間には, 次のような関係がある。
　　　　　　　　　　　　　　　　　　　（非円唇）　　　（円唇）
　　ü [y] は [i] の構えで唇を丸める。　 piik「ピーク」「槍」: püük「ピューク」「捕獲」

準備段階　エストニア語の発音

ö [ø] は [e] の構えで唇を丸める。　tee「テー」「道」： töö「トョー」「仕事」
また，円唇の [o] の構えで唇を横に張ると非円唇の õ [ə] となる。
　puder [puter]「プテル」「かゆ」： põder [pəter]「ぷテル」「大鹿」
　korv [korv]「コルヴ」「かご」， kõrv [kərv]「くルヴ」「耳」
非円唇母音 ä [a] は舌の位置が前よりで， a [ɑ] は後よりである。
　säär [sa:r]「さーる」「すね」： saar [sɑ:r]「サール」「島」
以上，エストニア語では，i, u, e, o, a, ä, ü, ö, õ の 9 個の母音が用いられている。

(c) 2 重母音

これら 9 個の母音は，次のように連続して 2 重母音を形成する。2 重母音では，2 つの母音が連続して，一つの音節を構成する。

ae, ai, ao, au	（例）`aed [ɑɛ:t]「アエート」「庭」, `paik [pɑikk]「パイック」「場所」, taoti [tɑotti]「タオッティ」「ときどき」, `laul [lɑu:l]「ラウール」「歌」
äe, äi, äo	（例）`päev [paev]「ぱエヴ」「日」, `päike [paikke]「ぱイッケ」「太陽」, `näo [nao:]「ナオー」「顔(nägu)の」
oa, oe, oi	（例）`toa [toa:]「トアー」「部屋（tuba）の」, `koer [koe:r]「コエール」「犬」, `toit [toitt]「トイット」「食べ物」
ea, eo, ei	（例）`pea [peɑ:]「ペアー」「頭」, `peo [peo:]「ペオー」「手のひら」, teine [teine]「テイネ」「他の」
öe, öi	（例）`öelda [øelta]「ヨエルタ」「言う」, `köis [køis]「キョイス」「ロープ」
ui	（例）`suits [suits]「スイッツ」「煙」
õe, õi, õu	（例）`sõel [səel]「すエール」「ざる」, `või [vəi:]「ヴイー」「バター」, õun [əun]「ウウン」「リンゴ」

ただし，[uua] と [uue] という母音の連続では，2 番目の [u] は [w] 音となる。
　（例） luua [luwa]「ルワ」「作り出す」, laua [lawa]「ラワ」「テーブルの」

(d) 第2音節の母音

第1音節には，9個の母音全部が現れるが，第2音節以降では，[i], [u], [e], [a] の4母音のみが用いられる。

	第1音節の母音			第2音節以降の母音	
(高)	i	ü	u	i	u
(中)	e	ö	õ	o	e
(低)	ä		a		a

ただし，外来語や複合語はこの限りではない。

(例) telefon「電話」，üli-kool「大学」

(e) 子　音

1) 閉鎖音

両唇音 p [p]：日本語のパの子音。語頭の p：paha [pɑhɑ]「パハ」「悪い」。語中の b の子音は [p] に近い。tuba [tupɑ]「トゥパ」「部屋」。語中の p は [pp] となる。õpe [əppe]「ウッペ」「教え」，pp はさらに長く調音される。tappa [tɑpppɑ]「タッッパ」「殺す」。

歯茎音 t [t]：日本語のタの子音。語頭の t：tasa [tɑsɑ]「タサ」「静かな」語中の d の子音は [t] に近い。sadu [sɑtu]「サトゥ」「雨降り」。語中の t は [tt] となる。heita [heittɑ]「ヘイッタ」「投げる」，tt はさらに長く調音される。語中の tt は [ttt] となる。`katta [kɑtttɑ]「カッッタ」「おおう」。

軟口蓋音 k [k]：日本語のカの子音。語頭の k：kala [kɑlɑ]「カラ」「魚」。語中の g の子音は [k] に近い。nägu [nɑku]「ナク」「顔」。語中の k は [kk] となる。pakane [pɑkkɑne]「パッカネ」「霜」，kk はさらに長く調音される。`pakkima [pɑkkkimɑ]「パッッキマ」「詰める」。

さらに，口蓋化（前舌が盛り上がる）t′「チ」が母音 i の前，もしくは語末で用いられることがある。lüdi [lyt′i]「リュチ」「さや」，`kott [kot′t′]「コッッチ」「袋」。

2) 鼻音

両唇音 m [m]：日本語のマの子音。語頭と語中の m：mari「マリ」「魚の卵」，sama「サマ」「同じ」。mm は [mm] もしくは [mmm] となる。

tamme [tɑmme]「タンメ」「かしの木の」, `tamm [tɑmmm]「タンンム」「かしの木」。
　歯茎音 n [n]：日本語のナの子音。語頭と語中の n：nina「ニナ」「鼻」, lina「リナ」「亜麻」。語中の nn は [nn] もしくは [nnn] となる。linna [linnɑ]「リンナ」「市の」, `linna [linnnɑ]「リンンナ」「市へ」。
　また, 口蓋化した n [nʼ] がある。これは日本語のニの子音に当る。要するに, 母音 i の前に立つ n 音は口蓋化する。kõndima [kənʼdimɑ]「クニティマ」「歩く」。語中と語末では, 口蓋化した [nʼnʼ] もしくは [nʼnʼnʼ] となる。`pann [panʼnʼnʼ]「パンンニ」「フライパン」。
　軟口蓋音 n [ŋ] の音は nk と表記され, k 音の前で [ŋk] と調音される。kangas [kɑŋkɑs]「カンカス」「織物」。

3) **摩擦音**
　唇歯音 f [f]：英語の f 音と同じ。foto「フォト」「写真」。
　　　　　v [v]：英語の v 音。vaba [vɑpɑ]「ヴァパ」「自由な」。kava [kɑvɑ]「カヴァ」「計画」。語中の vv は [vv] もしくは [vvv] となる。`kavva [kavvɑ]「カッヴァ」「計画の中へ」。
　歯茎音 s [s] は日本語のサの子音。saba [sɑpɑ]「サパ」「尾」, osa [osɑ]「オサ」「部分」。`ossa [osssɑ]「オッッサ」「部分の中へ」。
　口蓋化した s [sʼ] は, 母音 i の前に現れる。日本語のシに近い。口蓋化した ss は, [sʼsʼ] もしくは [sʼsʼsʼ] と調音される。`püss [pysʼsʼsʼ]「ピュッッシ」「小銃」。
　後部歯茎音 š [ʃ] は日本語のシャ [ʃa] の子音。šokk [ʃokk]「ショック」。
　後部歯茎音 ž [ʒ] はフランス語の je [ʒə]「私」の子音に相当する。garaaž [gɑrɑːʒ]「ガラージ」「ガレッジ」。

4) **側音 l**
　英語の l 音のように, 舌先を歯茎につけて, 舌の両側から息を流す。`lill [lilll]「リッッル」「花」, lille [lille]「リッレ」「花の」, `lille [lillle]「リッッレ」「花の中へ」。
　口蓋化 l [lʼ]「リ」は, 語中や語末では, kool [koolʼ]「コーリ」「学校の」, 語中と語末では, ll は [lʼlʼ] もしくは, [lʼlʼlʼ] となる。`pall [palʼlʼlʼ]「パッッリ」「ボール」。

エストニア語入門

口蓋化音と非口蓋化音において，次のような対立が見られる。
非口蓋化音　`kott [kottt]「コット」「スリッパ」, kota [kota]「コッタ」「スリッパの」
口蓋化音　`kott [kot′t′t′]「コッッチ」「袋」, koti [kot′i]「コッティ」「袋の」
非口蓋化音　`palk [pallk]「パッルク」「賃金」, palga [palka]「パルカ」「賃金の」
口蓋化音　`palk [pal′l′k]「パッリク」「丸太」, palgi [pal′k]「パリキ」「丸太の」
非口蓋化音　`hall [halll]「ハッッル」「ホール」, halla [halla]「ハッル」「ホールの」
口蓋化音　`hall [hal′l′l′]「ハッッリ」「灰色」, halli [hal′l′i]「ハッリ」「灰色の」

両音は表記では区別がないので，属格形「〜の」において，-i の語尾をもつものを口蓋化音とし，-a や -u をもつものを非口蓋化音とすることができる。

5) ふるえ音 r

イタリア語の r 音のように，舌先を歯茎の所ではげしくふるわし r「ルル」となる。raha [raha]「ルラハ」「お金」。murre [murre]「ムッレレ」「方言」。

6) 半母音 j [j]

日本語のヤ [ja] の子音。maja [maja]「マヤ」「家」。語中の jj は [jj] もしくは [jjj] となる。`majja [majja]「マッッヤ」「家の中へ」

h は日本語のハ [ha] の子音。keha [keha]「ケハ」「体」, hea [hea]「ヘア」「よい」。語中の hh は [hh] もしくは [hhh] となる。`kehha [kehhha]「ケッッハ」「体の中へ」。

(f) 3 段階の音の長さ

エストニア語の特徴は，母音にも子音にも，**短・長・超長**の 3 段階の音の長さをもつことである。なお，超長の語には，その前に ` をつけて表わされる。

P. アリステ (Ariste 1953, 89-90) は，子音と母音の 3 段の長さにつき，次のような図表を提示している。

— 6 —

準備段階　エストニア語の発音

(a) 子音：vaga「敬虔な」, vaka「樹皮の箱の」, vakka「樹皮の箱へ」

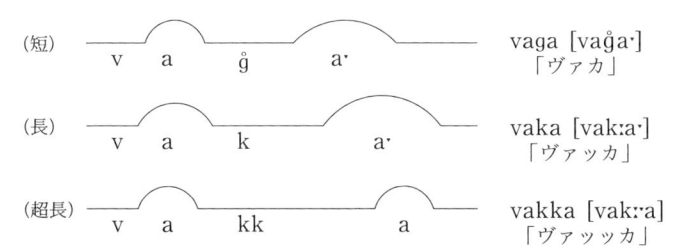

（短）　v　a　g̊　a·　　　　　vaga [vag̊a·]
　　　　　　　　　　　　　　　「ヴァカ」

（長）　v　a　k　a·　　　　　vaka [vak:a·]
　　　　　　　　　　　　　　　「ヴァッカ」

（超長）　v　a　kk　a　　　　vakka [vak:·a]
　　　　　　　　　　　　　　　「ヴァッッカ」

(b) 母音：kalu「ごみ」, kaalu「秤の」, kaalu「秤へ」

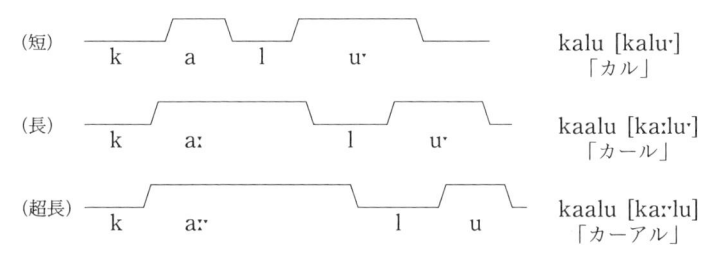

（短）　k　a　l　u·　　　　　kalu [kalu·]
　　　　　　　　　　　　　　　「カル」

（長）　k　a:　l　u·　　　　　kaalu [ka:lu·]
　　　　　　　　　　　　　　　「カール」

（超長）　k　a:·　l　u　　　　kaalu [ka:·lu]
　　　　　　　　　　　　　　　「カーアル」

短と長の子音の後に続く半長母音が超長になると, 短母音に変わっている。

1) 母　音

（短）	（長）	（超長）
kala [kala]	kaalu [kaalu]	ˋkaaluma [kaaaluma]
「カラ」「魚」	「カール」「秤の」	「カーアルマ」「重さを量る」
koli [koli]	kooli [kool'i]	ˋkooli [koool'i]
「コリ」「くず」	「コーリ」「学校の」	「コーオリ」「学校へ」
tuli [tuli]	tuule [tuule]	ˋtuul [tuuul]
「テゥリ」「火」	「テゥーレ」「風の」	「テゥーウル」「風」

2重母音には, 長と超長の対立がある。超長では, 後の母音が長い。

koera [koera]	ˋkoer [koeer]
「コエラ」「犬の」	「コエール」「犬」
laulu [laulu]	ˋlaul [lauul]
「ラウル」「歌の」	「ラウール」「歌」

2) 子 音

（短）	（長）	（超長）
kabi [kapi]	kapi [kappi]	ˋkappi [kapppi]
「カピ」「ひづめ」	「カッピ」「戸棚の」	「カッッピ」「戸棚の中へ」
kodu [kotu]	koti [kot′t′i]	ˋkotti [kot′t′t′]
「コトゥ」「家」	「コッチ」「袋の」	「コッッチ」「袋の中へ」
lugu [luku]	luku [lukku]	ˋlukku [lukkku]
「ルク」「話」	「ルック」「錠の」	「ルッック」「錠の中へ」
lina [lina]	linna [linna]	ˋlinna [linnna]
「リナ」「亜麻」	「リンナ」「市の」	「リンンナ」「市の中へ」

子音結合においても，長と超長の対立が見られる。超長では前の子音が長となる。

（長）	（超長）
lapsed [lapset]	ˋlaps [lapps]
「ラプセト」「複数の子供」	「ラップス」「子供」
sõbra [səpra]	ˋsõpra [səppra]
「スプラ」「友人の」	「スップラ」「友人の中へ」
silma [silma]	ˋsilm [sillm]
「スィルマ」「目の」	「スィッルム」「目」

エストニア語における「短・長・超長」という音の長さの違いは，意味の区別だけでなく，語形変化にも関係しているので，おろそかにはできない。日本人には短と長の識別は容易であるが，超長については，強く調音するように心がけるとよい。

要するに，長と超長の対立であるが，**長母音や2重母音**をもつ語（ˋkool「学校が」，ˋlaul「歌が」）と**2重子音や子音連続**をもつ語（ˋkapp「戸棚が」，ˋsilm「目が」）は長と超長の区別をもつので，こうした語についてはとくに注意を要する。そこで，超長の語にはその語の左上に ˋ の印をつける表記法がある。本書もその方法を利用している。

なお，7頁1)の母音でも，2)子音では，語中で次のように交替していることが分かる。

— 8 —

準備段階　エストニア語の発音

	（短）	（長）	（超長）
1) a)	-a- [a]	-aa- [aa]	-aa- [aaa]
b)	-o- [o]	-oo- [oo]	-oo- [ooo]
2) a)	-b- [p]	-p- [pp]	-pp- [ppp]
b)	-d- [t]	-t- [tt]	-tt- [ttt]
c)	-g- [k]	-k- [kk]	-kk- [kkk]
d)	-n- [n]	-nn- [nn]	-nn- [nnn]

こうした母音と子音の長さの交替を**階程交替**(astmevaheldus) と呼んでいる。

(**g**) アクセントについては，いずれの語も**第1音節**を強く発音すること。
ínimene「イニメネ」「人」，éma「エマ」「母」，hobune [hópune]「ホプネ」「馬」，kirjutama [kírjutɑma]「キルユッタマ」「書く」。
ただし，次の語や外来語では，第2音節にアクセントが来る。aitäh [ɑitáh]「アイタハ」「ありがとう」，外来語 televíisor「テレヴィソル」「テレビ」。

(**h**) **長と超長の区別**であるが，名詞の主格，属格，分格，入格を区別するとき，必要となる。
1) 名　詞

主格	属格	分格	入格
ˋkool「学校が」「コーオリ」	kooli「学校の」「コーリ」	ˋkooli「学校を」「コーオリ」	ˋkooli〜kooli-sse「学校へ」「コーオリ」〜「コーリッセ」
ˋlinn「市が」「リンン」	linna「市の」「リンナ」	ˋlinna「市を」「リンンナ」	ˋlinna〜linna-ssse「市へ」「リンンナ」〜「リンナッセ」
tuba「部屋が」「トゥパ」	ˋtoa「部屋の」「トアー」	tuba「部屋を」「トゥパ」	ˋtoppa〜ˋtoa-sse「部屋の中へ」「トッッパ」〜「トアーッセ」

2) 代名詞や副詞

主格	属格	分格	入格
ˋmis「なに」「ミーィス」	mille「なんの」「ミッレ」	mida「なにを」「ミタ」	mille-sse「なにへ」「ミッレッセ」
ˋkes「だれ」「ケーェス」	kelle「だれの」「ケッレ」	keda「だれを」「ケタ」	kelle-sse「だれへ」「ケッレッセ」

`see「それ」　　selle「その」　　seda「それを」　　selle-sse「その中へ」
「セーェ」　　　「セッレ」　　　　「セタ」　　　　「セッレッセ」

　こうした代名詞の主格は単独で用いるときは，超長形であるが，会話の中では短形になり，「ミス」,「ケス」,「セ」となることが多い。副詞の`ei「エーィ」「ない」や疑問の`kas「カーァス」「～か」も会話では「エイ」,「カス」と短形となる。

Harjutus（練習）

次の語を発音してみなさい。
(1)　ema [ema]「エマ」「母」　　　(2)　isa [isa]「イサ」「父」
(3)　vend [vent]「ヴェント」「兄弟」　(4)　õde [əte]「ぅテ」「姉妹」
(5)　`poeg [poeek]「ポエーク」「息子」　(6)　tütar [tyttar]「テュッタル」「娘」

第1課 (Esimene peatükk)
質問と答え
(Küsimused ja vastused)

(a) Tuba 「部屋」

`See on tuba.
「セー オン トゥパ」
　「これは部屋です。」
`Mis `see on?
「ミス セー オン」
　「これは何ですか？」
`See on `tool.
「セー オン トーオル」
　「それは椅子です。」
`Mis `see on?
「ミス セー オン」
　「それは何ですか？」
`See on `laud.
「セー オン ラウート」
　「それはテーブルです。」
`Kas see on `uks?
「カス セー オン ウックス」
　「あれはドアですか？」
`Jah, see on `uks.「ヤーハ, セエ オン ウックス」
　「ええ, あれはドアです。」
`Ei, `see `ei ole `uks.「エイ セー エイ オレ ウックス」
　「いいえ, あれはドアではありません。」
`Kas `see on `uks?「カス セー オン ウックス」「あれはドアですか？」

tuba

tool

uks

`See on aken.「セー オン アッケン」「あれは窓です。」
`Siin on `kapp aga `seal on `voodi.
「スィーン オン カップ アカ セアール オン ヴォーオティ」
「ここに戸棚がありますが，あそこに寝台があります。」

(b) Mees ja Naine「男と女」

`Kes `see on?
「ケス セー オン」
　「あれはだれですか？」
`See on õpetaja Kaasik.
「セー オン ウッペッタヤ カースィック」
　「あれはカースィック先生です。」
`Kes `see `mees on?
「ケス セー メーエス オン」
　「あの人はだれですか？」
`See `mees on Härra Jaan Lepp.
「セー メーエス オン はッラ ヤーン・レップ」
　「あの人はヤーン・レップさんです。」
`Kes on Härra Jaan Lepp?
「ケス オン はッラ ヤーン・レップ」
　「ヤーン・レップさんはどういうかたですか？」
Tema on õpetaja.
「テマ オン ウッペッタヤ」「彼は先生です。」
Aga `kes on `see naine?
「アカ ケス オン セー ナイネ」
　「だが，あの女の人はだれですか？」
`See naine on Proua (Preili) Helga Rand.
「セー ナイネ オン プロワ (プレイリ) ヘルカ ラント」
　「あの女の人はヘルカ・ラント夫人 (嬢) です。」

mees

naine

第1課　質問と答え

Sõnad（語彙）

疑問詞：`mis「ミース」「なに」，`kes「ケース」「だれ」

指示詞：`see「セーェ」「これ，それ，あれ」（指示する領域がきわめて広い），`siin「スィーン」「ここ」，`seal「セアール」「そこ，あそこ」，tema「彼，または彼女」

存在動詞：on「オン」「～である（単数3人称形）」，ei ole「エイ　オレ」「～ではない」，疑問辞 `kas～「カース」「～か」

tuba「トゥパ」「部屋」，aga「アカ」「しかし」，aken「アッケン」「窓」，`kapp [kappp]「カップ」「戸棚」，`ei「エイー」「いいえ」，`jah「ヤーハ」「はい」，`laud「ラウート」「テーブル」，`mees「メーエス」「人，男」，`tool [tool]「トーオル」「椅子」，naine「女の人」，`uks「ウックス」「ドア」，`voodi「ヴォーオティ」「寝台」，õpetaja [əppettaja]「ウッペッタヤ」「先生」，Härra「はッラ」「氏」，tema「テマ」「彼，もしくは彼女」，Proua [prowa]「プロワ」「夫人」，Preili「プレイリ」「嬢」（これらはドイツ語の称号 Herr, Frau, Fräulein からの借用である）。

用例

(1) Mis see on?「ミース　セー　オン」「それは何ですか？」
　（疑問詞 mis「何」）
(2) See on tool.「セー　オン　トール」「それは椅子です。」
　（指示詞 see「それ」，on「～である」）
(3) See ei ole tool.「セー　エイ　オレ　トール」
　「それは椅子ではありません。」　（否定 ei ole「～ではない」）
(4) Kas see on uks?「カース　セー　オン　ウックス」
　「それはドアですか？」　（疑問を示す語 kas「か」）
(5) Kes see mees on?「ケース　セー　メーエス　オン」
　「あの人はだれですか？」　（疑問詞 kes「だれ」）
(6) See mees on Härra Jaan Lepp.
　「セー　メーエス　オン　はッラ　ヤーン　レップ」
　「あの人はヤーン・レップさんです。」
(7) Kes on Härra Jaan Lepp?「ケース　オン　はッラ　ヤーンレップ」

「ヤーン　レップさんはどういう方ですか？」
（疑問詞の kes は身分を尋ねている）
(8) Tema on õpetaja.「テマ　オン　うッペッタヤ」
「彼は先生です。」
（tema は単数3人称の代名詞「彼，もしくは彼女」）

Harjutus（練習）

次の文をエストニア語に訳しなさい。
(1) これは何ですか。
(2) それは本（raamat「ラーマット」）です。
(3) これは本ではありません。
(4) これはノート（vihik「ヴィヒク」）です。
(5) あの女の人はだれですか。
(6) 彼女はラント（Land）夫人です。
(7) ここに本があります。
(8) あそこにノートがあります。

第 2 課 (Teine peatükk)
Olema 動詞の変化
(Olema tegusõna pöördkond)

(a) Staatus「身分」

`Kes te olete?
「ケス テ オレッテ」「あなたはどなたですか？」
Ma olen üliõpilane. Minu nimi on Anti Laja.
「マ オレン ユリうップラネ。ミヌ ニミ オン アンティ ラヤ」
　「私は学生です。私の名前はアンティ・ラヤです。」
`Kust te olete pärit?
「クスト テ オレッテ ぱリット」
　「あなたはどちらのご出身ですか？」
Mina olen pärit Eestist. Minu isa on eestlane, aga ema on soomlane.
「ミナ オレン ぱリット エースティスト。ミヌ イサ オン エーストラネ，アカ エマ オン ソームラネ」
　「私はエストニア人です。私の父はエストニア人ですが，母はフィンランド人です。」
`Kes on see `noor `mees?
「ケス オン セー ノーオル メーエス」
　「あの若い人はだれですか？」
Tema on John Smith.
「テマ オン ジョン スミス」
　「彼はジョン・スミスです。」
`Kas ta on inglane?
「カス タ オン インクラネ」

「彼はイギリス人ですか？」
`Jah, on `küll, ta on inglane.
「ヤーハ，オン　キュッル，タ　オン　インクラネ」
　「はい，そのとおりです，彼はイギリス人です。」

(b) Sünnikoht「出身」

`Kes on see vana mees?
「ケス　オン　セー　ヴァナ　メーエス」
　「あの年取った人はだれですか？」
Tema on Härra Hans Müller ja sakslane. Ta on `arst.
「テマ　オン　はッラ　ハンス・ミュッレル　ヤ　サクスラネ。タ　オン　アッルスト」
　「彼はハンス・ミュウラーさんで，ドイツ人です。彼はお医者さんです。」
`Kes teie olete?
「ケース　テイエ　オレッテ」
　「あなたはどなたですか？」
Mina olen Masao Yamada ja jaapanlane.
「ミナ　オレン　マサオ・ヤマダ　ヤ　ヤーッパンラネ」
　「私は山田正雄で，日本人です。」
`Kes `seal on?「ケス　セアール　オン」「あそこにだれがいますか？」
`Seal on lapsed.
「セアール　オン　ラプセト」
　「あそこには子供たちがいます。」
`Kas nad on eestlased?
「カス　ナト　オン　エーストラセト」
　「彼らはエストニア人ですか？」
`Jaa, nad on `kõik eestlased.
「ヤー，ナト　オン　くイック　エーストラセト」
　「はい，彼らは全部エストニア人です。」

第 2 課　Olema 動詞の変化

Grammatika（文法）
Pööramine（変化）Personaali-pronoomenid（人称代名詞）
　Olema 動詞は英語の「be 動詞」に相当する。

Singula（単数）	Pluural（複数）
1. mina (ma) olen「私は〜です」 　ミナ（マ）オレン	meie (me) oleme「私たちは〜です」 　メイエ（メ）オレメ
2. sina (sa) oled「君は〜です」 　スィナ（サ）オレト	teie (te) olete「君たちは〜です」 　ティエ（テ）オレッテ
3. tema (ta) on「彼(女)は〜です」 　テマ（タ）オン	nemad (nad) on「彼らは〜です」 　ネマト（ナト）オン

　エストニア語では，左側の代名詞形も括弧内の短縮形もいずれも用いられる。また複数 3 人称の nemad「彼ら」の動詞形は単数形と同じ on であることに注意すること。
　上の肯定形（jaatavad vormid）に対し，否定形（eitavad vormid）は次の通りである。

Singula（単数）		Pluural（複数）	
mina (ma) sina (sa) tema (ta)	ei ole エイ オレ	meie (me) teie (te) nemad (nad)	ei ole エイ オレ

　要するに，否定の存在表現はいずれも ei ole「〜ではない」と同形になる。
　なお，2 人称の sina は子供や親しい者にたいし，teie「君たち」は複数 2 人称だけでなく，単数の相手に対するていねいな敬称にもなる。

　Riik（国）と rahvus（民族）の名称は次のとおりである。

（国）　　　　　　　　　　（民族）
Eesti「エースティ」「エストニア」：eesti「エストニアの」
　　　　　　　　　　　　　　eestlane「エーストラネ」「エストニア人」
Soome「ソーメ」「フィンランド」：soome「フィンランドの」

— 17 —

エストニア語入門

soomlane「ソームラネ」「フィンランド人」
Läti「らッティ」「ラトビア」：läti「ラトビアの」
　　　　lätlane「らットラネ」「ラトビア人」
Leedu「レートゥ」「リトアニア」：leedu「リトアニアの」
　　　　leedulane「レートゥラネ」「リトアニア人」
Rootsi「ローツィ」「スゥエーデン」：rootsi「スゥエーデンの」
　　　　rootslane「ローツラネ」「スゥエーデン人」
Ameerika「アメーリッカ」「アメリカ」：ameerika「アメリカの」
　　　　ameeriklane「アメーリックラネ」「アメリカ人」
Inglismaa「インクリスマー」「イギリス」：inglise「インクリセ」「イギリスの」
　　　　inglane「インクラネ」「イギリス人」
Saksamaa「サクサマー」「ドイツ」：saksa「ドイツの」
　　　　sakslane「サクスラネ」「ドイツ人」
Prantsusmaa「プランツスマー」「フランス」：prantsuse「プランツセ」「フランスの」
　　　　prantslane「プランツラネ」「フランス人」
Venemaa「ヴェネマー」「ロシア」：vene「ロシアの」
　　　　venelane「ヴェネラネ」「ロシア人」
Jaapan「ヤーッパン」「日本」：jaapani「ヤーッパニ」「日本の」
　　　　jaapanlane「ヤーッパンラネ」「日本人」

単数と複数形：　　　　　（単数属格形）　　　　　　（複数主格形）
　eestlane「エストニア人」 eestlase「エストニア人の」＞ eestlased「エーストラセト」
　　　　　　　　　　　　　　　　　　　　　　　「複数のエストニア人が」
　ˋlaps「ラップス」「子供」 lapse「子供の」　　　＞ lapsed「複数の子供が」
　raamat「ラーマット」　　raamatu「本の」　　　＞ raamatud「複数の本が」
複数主格形は単数属格形に複数語尾 -d をつけた語形が多い。

Sõnad（語彙）

　ˋarst「アッルスト」「医者」, ema「母」, isa「父」, ˋkõik「くイック」「全部」, pärit「ぱリット」「～からの出身」（次の名詞は Eesti-st「エースティスト」のように出格語尾 -st「スト」をとる）, minu「私の」, nimi「名前」, ˋnoor「ノー

第2課　Olema 動詞の変化

オル」「若い」, vana「ヴァナ」「年取った」, üliõpilane「ユリうッピラネ」「学生」, ja「そして」。

用例
(1)　Mina olen eestlane.
　　「私はエストニア人です。」
(2)　Mina olen pärit Eestist.
　　「私はエストニアの出身です。」
(3)　Kes te olete?
　　「あなたはどなたですか？」(kes「だれ」)
(4)　Nad on eestlased.
　　「彼らはエストニア人です。」(複数形)

laps

Harjutus（練習）
(1)　次の文を人称を変えて変化させなさい。
　1)　Mina olen eestlane.　　2)　Sina
　3)　Tema　　　　　　　　4)　Meie
　5)　Teie　　　　　　　　 6)　Nemad

(2)　上の文を否定形にしなさい。

第3課（Kolmas peatükk）
代名詞の属格と形容詞
（Asesõnade omastavad ja omadussõnad）

(a) Asesõnadade omadussõna「代名詞の属格形」

Kelle raamat ˋsee on?「ケッレ ラーマット セーエ オン」
「それはだれの本ですか？」
ˋSee on minu raamat.「セーエ オン ミヌ ラーマット」
「それは私の本です。」
ˋKas see raamat on huvitav?
「カース セーエ ラーマット オン フヴィッタヴ」
「その本は面白いですか？」
ˋJah, on ˋküll.「ヤーハ オン キュッル」「ええ，そうです。」
Kuidas teie nimi on?「クイタス ティエ ニミ オン」
「あなたの名前はなんですか？」
Minu nimi on Pille.「ミヌ ニミ オン ピッレ」
「私の名前はピッレです。」
ˋKas ˋsee on teie ˋeesnimi?「カス セー オン テイエ エーエスニミ」
「それはあなたの呼び名ですか？」
Ei ole. Pille on ˋeesnimi ja Rand on perekonnanimi.
「エイ オレ ピッレ オン エーエスニミ ヤ ラント オン ペレコンナニミ」
「いいえ，ピッレが呼び名で，ラントが苗字です。」
Või nii!「ヴイ ニー」「そうですか。」
Palun vabandage, kas teie olete Härra Mati Lepp?
「パルン ヴァパンタケ カス ティエ オレッテ はッラ マッティ レップ」
「すみません，あなたがマッチ・レップさんですか？」
ˋJah, olen.「ヤーハ オレン」「はい，そうです。」

第3課　代名詞の属格と形容詞

(b) Omadussõnad「形容詞」

`Seal on `poiss ja tüdruk.
「セアール　オン　ポイーッス　ヤ　テユットルック」
　「あそこに男の子と女の子がいます。」
`Poiss on `väike ja tüdruk on `suur.
「ポイーッス　オン　ヴァイーッケ　ヤ　テユットルック　オン　スーウル」
　「男の子は小さく，女の子は大きい。」
`Missugune `poiss ta on?
「ミッスクネ　ポイーッス　タ　オン」
　「彼はどんな男の子ですか？」
Ta on `tark `poiss.
「タ　オン　タルック　ポイーッス」
　「彼は賢い少年です。」
`Missugune `tüdruk ta on?
「ミッスクネ　テユットルック　タ　オン」
　「彼女はどんな女の子ですか？」
Ta on ilus tüdruk.
「タ　オン　イルス　テユットルック」
　「彼女はきれいな女の子です。」

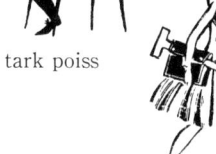

tark poiss

ilus tüdruk

Grammatika（文法）

代名詞 kes「だれ」の属格形　kelle?「ケッレ」「だれの」

Singula（単数）	Pluural（複数）
1. minu (mu)「私の」 　ミヌ　（ム）	meie (me)「私たちの」 　メイエ　（メ）
2. sinu (su)「君の」 　スィヌ　（ス）	teie (te)「君たち（あなた）の」 　テイエ　（テ）
3. tema (ta)「彼（彼女）の」 　テマ　（タ）	nende「彼(女)らの」 　ネンテ

　これら属格形には，普通形と短縮形があるが，nende「彼(女)らの」には，

— 21 —

エストニア語入門

短縮形がない。

形容詞 `missugune?「ミッスクネ」「どんな」

形容詞には，名詞を修飾する限定的用法と主語の名詞を規定する述語的用法とがある。

(限定的) 形容詞＋名詞　　　　　(述語的) 名詞＋on＋形容詞
`suur maja　　　　　　　　　　　`See maja on `suur.
「スーウル　マヤ」　　　　　　　　「セー　マヤ　オン　スーウル」
「大きい家」　　　　　　　　　　　「あの家は大きい」
väike tuba　　　　　　　　　　　`See tuba on väike.
「ヴァーイッケ　トゥパ」　　　　　「セーエ　トゥパ　オン　ヴァーイッケ」
「小さな部屋」　　　　　　　　　　「その部屋は小さい」

用法 (1) Maja on suur.
「家は大きい。」
(suur は述語として用いられている)
(2) See on suur maja.
「あれは大きい家です。」
(suur は次の名詞を修飾している)
(3) Kelle raamat see on?
「それはだれの本ですか？」(kelle「だれの」)
(4) See on minu raamat.「それは私の本です。」
(5) Missugune poiss ta on?「彼はどんな少年ですか？」
(missugune「どんな」)
(6) Tema on tark poiss.「彼は賢い少年です。」

suur maja

Sõnad（語彙）

`eesnimi「エーエスニミ」「呼び名」, ilus「イルス」「美しい」, `perekonnanimi「ペレコンナニミ」「苗字」(pere`kond「ペレコント」「家族」), raamat「ラーマット」「本」, palun「パルン」「願う」, vabandage「ヴァパンタケ」「許してください」(両方で「すみません」の意味となる), `poiss「ポイーッス」「少年」, `tark

— 22 —

第3課　代名詞の属格と形容詞

「タルック」「賢い」, ilus「イルス」「きれいな」, tüdruk「テユットルック」「少女」。

色彩の形容詞：
Lumi on valge.「雪は白い」。Tomat on punane.「トマトは赤い」。Banaan on kollane.「バナナは黄色い」。Kapsas on roheline.「キャベツは緑だ」。Kivi on hall.「石は灰色だ」。Leib on pruun.「黒パンは茶色だ」。Vares on must.「からすは黒い」。

Sõnad（語彙）
`valge「ヴァッルケ」「白い」, `tomat「トマット」「トマト」, punane「プナネ」「赤い」, `kollane「コッラネ」「黄色い」, kapsas「カプサス」「キャベツ」, roheline「ロヘリネ」「緑」, `hall [hal'l]「ハッッリ」「灰色」, `leib「レイープ」「黒パン」, `pruun [pruuun']「プルーウン」「茶色」, vares「ヴァレス」「からす」, `must「ムッスト」「黒い」。

Harjutus（練習）
(1)　次の和文をエストニア語に訳しなさい。
 1)　これは君の本（raamat）です。
 2)　これはあなたがたの犬（koer「コエール」）です。
 3)　これらは（need）私たちの本（複数）です
 4)　これらは君たちの教科書（複数）です
 5)　あれは彼の大きな家です

主格形	属格形	複数主格形	
raamat	raamatu	raamatu-d	「本」
koer	koera	koera-d	「犬」
õpik	õpiku	õpiku-d	「教科書」

koer

(2)　次の文を訳しなさい。
Eesti lipu värvid on sinine, must ja valge.

Sõnad（語彙）

ˋlipp(lipu, ˋlippu)「旗」, ˋvärv(värvi, ˋvärvi)「色」

　ここで用いられている語形は、それぞれ「旗が（旗の、旗を）」「色が（色の、色を）」を意味している。

第4課 (Neljas peatükk)
動詞の変化 (1) 現在形
(Tegusõna pöördkond: olevik)

Kõnelus「会話」

> Vabandage, `kas te räägite eesti `keelt?
> 「ヴァパンタケ　カス　テ　らーキッテ　エースティ　ケーエルト」
> 　「すみません，あなたはエストニア語を話しますか？」
> `Jaa, räägin.「ヤーア　らーキン」「はい，話します。」
> `Kas te elate Eestis?
> 「カス　テ　エラッテ　エースティス」「エストニアに住んでいますか？」
> `Ei, `praegu ma elan ja `töötan Inglismaal.
> 「エイー　プラエーク　マ　エラン　ヤ　トョーオッタン　インクリスマール」
> 　「いいえ，いまイギリスに住んで，働いています。」
> `Kas te `oskate inglise `keelt?
> 「カス　テ　オッスカッテ　インクリセ　ケーエルト」
> 　「あなたは英語ができますか？」
> `Ei, mina ei `oska, aga mu isa `oskab.
> 「エイ　ミナ　エイ　オッスカ　アカ　ム　イサ　オッスカプ」
> 　「いいえ，私はできませんが，私の父はできます。」
> `Kas te räägite soome `keelt?
> 「カス　テ　らーキッテ　ソーメ　ケーエルト」
> 　「あなたはフィンランド語を話しますか？」
> Ma `saan aru, aga ei räägi.
> 「マー　サーアン　アル　アカ　エイ　らーキ」
> 　「私は分かりますが，話しません。」
> `Kus te elate?
> 「クース　テ　エラッテ」「あなたはどこにお住まいですか？」

エストニア語入門

Mina elan Jaapanis.
「ミナ エラン ヤーッパニス」「私は日本に住んでいます。」
`Kas te `oskate eesti `keelt?
「カス テ オッスカッテ エースティ ケーエルト」
「あなたはエストニア語ができますか？」
`Jaa, veidi `oskan. Koolis õpin.
「ヤーア ヴェイティ オッスカン コーリス ウッピン」
「はい，少しできます。学校で勉強しています。」
Ma `loen ja kirjutan eesti `keeles, aga ei räägi.
「マ ロエーン ヤ キリユッタン エースティ ケーエレス，アカ エイ らーキ」
「私はエストニア語を読み，書きますが，話しません。」

Grammatika（文法）

エストニア語の現在動詞は次のように変化する。

elama「エラマ」「生活する，住む」
Ma ela-n「マ エラン」「私は住んでいる」
Eestis「エースティス」「エストニアに」
Sa ela-d「サ エラト」「君は住んでいる」
Ta ela-b「タ エラプ」「彼（女）は住んでいる」
Me ela-me「メ エラメ」「私たちは住んでいる」
Te ela-te「テ エラッテ」「あなた（がた）は住んでいる」
Nad ela-vad「ナト エラヴァト」「彼（女）たちは住んでいる」

まず，これらの人称語尾を覚えておくことが大切である。

人称変化語尾

人称	単数	複数
1	-n	-me
2	-d	-te
3	-b	-vad

`oskama「オッスカマ」「できる」	Ma `oska-n 「マ オッスカン」 Sa `oska-d 「サ オッスカト」 Ta `oska-b 「タ オッスカプ」	Me `oska-me 「メ オッスカメ」 Te `oska-te 「テ オッスカッテ」 Nad `oska-vad 「ナト オッスカヴァト」

第4課 動詞の変化 (1) 現在形

`rääkima「らーッキマ」 「話す」	Ma räägin 「マ らーキン」 Sa räägid 「サ らーキト」 Ta räägib 「タ らーキプ」	Me räägime 「メ らーキメ」 Te räägite 「テ らーキッテ」 Nad räägivad 「ラト らーキヴァト」
`õppima「ウッッピマ」 「学ぶ」	Ma õpin 「マ ウッピン」 Sa õpid 「サ ウッピト」 Ta õpib 「タ ウッピプ」	Me õpime 「メ ウッピメ」 Te õpite 「テ ウッピッテ」 Nad õpivad 「ナト ウッピヴァト」
lugema「ルケマ」 「読む」	Ma `loen 「マ ロエーン」 Sa `loed 「サ ロエート」 Ta `loeb 「タ ロエープ」	Me `loeme 「メ ロエーメ」 Te `loete 「テ ロエーッテ」 Nad `loevad 「ナト ロエーヴァト」

不定詞の lugema と変化語幹の loe- が異なるので注意を要する。

kirjutama「キリユッタマ」 「書く」	Ma kirjutan 「マ キリユッタン」 Sa kirjutad 「サ キリユッタト」 Ta kirjutab 「タ キリユッタプ」	Me kirjutame 「メ キリユッタメ」 Te kirjutate 「テ キリユッタッテ」 Nad kirjutavad 「ナト キリユッタヴァト」
aru `saama 「アル サーアマ」 「理解する」	Ma `saan aru 「マ サーアン アル」 Sa `saad aru 「サ サーアト アル」	Me `saame aru 「メ サーアメ アル」 Te `saate aru 「テ サーアッテ アル」

エストニア語入門

| | Ta ˋsaab aru
「タ　サーアプ　アル」 | Nad ˋsaavad aru
「ナト　サーヴァト　アル」 |

（aru saama「理解する」は aru「理解」と saama「える」が複合した慣用語句で，こうしたある語と結びついた動詞を「複合動詞」と呼ぶ。これについては 35 頁を参照のこと）

elama 動詞「住んでいる」の否定形「住んでいない」は，

Singula（単数）		Pluural（複数）	
Mina (Ma) Sina (Sa) Tema (Ta)	ei ela エイ　エラ	Meie (Me) Teie (Te) Nad	ei ela エイ　エラ

「人称代名詞＋ei＋動詞語幹」の形式をとる。なお，動詞語幹は変化しない。
　　Mina ˋloen saksa ˋkeelt, aga ei räägi.
　　「ミナ　ロエーン　サクサ　ケーエルト　アカ　エイー　らーキ」
　　「私はドイツ語を読みますが，話せません。」
なお，keel「言語」は次のように変化する。
　　eesti ˋkeel「エースティ　ケーエル」「エストニア語」（主格形）
　　eesti keele「エースティ　ケーレ」「エストニア語の」（属格形）
　　eesti ˋkeelt「エースティ　ケーエルト」「エストニア語を」（分格形）
　　eesti keeles「エースティ　ケーレス」「エストニア語で」（内格形）。

Sõnad（語彙）

Eesti-s「エストニアに」(内格), Inglismaa-l「イギリスに」(所格), Jaapani-s「日本に」(内格)（ -s は「～の中に」の内格語尾，-l は「～の所に」の所格語尾）, ˋpraegu「プラーエク」「いま」, ˋtöötama「トョーッオタマ」「働く」, veidi「ヴェィティ」「すこし」。

用法　(1)　Mina räägin eesti keelt.「私はエストニア語を話します。」
　　　　　　(keelt「言語を」を意味する分格形)
　　　(2)　Mina ei räägi eesti keelt.「私はエストニア語を話しません。」

第4課　動詞の変化 (1) 現在形

　　（否定辞は ei で，次に語幹 räägi が来る。否定の目的語は分格形となる）
(3) Mina elan Eestis.「私はエストニアに住んでいます。」
　　（住んでいる場所は内格形で，語尾 -s をとる）
(4) Mina töötan Inglismaal.「私はイギリスで働いています。」
　　（国名が maa「国」をもつときは，場所は所格の -l をとる）
(5) Tallinn asub Eestis.「タッリンはエストニアにあります。」
　　（asuma「位置する」は内格形の場所をとる）

Harjutus（練習）
(1) 次のエストニア文における主語を6つの人称に変えて読みなさい。
　1) Mina räägin eesti keelt.　　2) Mina elan Eestis.
　3) Mina kirjutan eesti keeles.　4) Mina saan eesti keelt aru.
　5) Mina õpin eesti keelt.　　　6) Mina loen eesti keelt.

(2) 上の文を否定形に改めなさい。

コラム1
Eesti geograafiast ja rahvastikust「エストニアの地勢と人口」

　　Eesti paikneb Läänemere idarannikul. Põhja poolt piirab Soome laht ja läänest Läänemeri Liivi lahega. Eestile kuuluvad Läänemeres ka kõik saared, mis on tema läheduses. Neist on suurimad : Saaremaa, Hiiumaa, Muhu, ja Vormsi. Idas piireb Eesti Peipsi järve ja Venemaaga.
　　Eesti pindala on 45,227 ruutkilomeetrit ja Eestis praegu elab 1,366,700 inimest (2000 aastal). Eesti pealinn on Tallinn.

Sõnad（語彙）
　geograafia「地勢」, rahvas-`tik (-tiku, -`tikku)「人口」, paikne-ma (-da, -eb)「位置する」, läänest「西は」, Läänemeri「バルト海」, ida-rannik (-u,

-ut)「東海岸」, põhja poolt「北方は」, piira-ma (-ta, -an)「限る」, Liivi「リヴォニア」, ˋlaht (lahe, ˋlahte)「湾」, kuulu-ma (-da, -un)「属する」, kõik「すべて」, lähendus「近くに」, ka「また」, ˋsaar (-e, ˋ-t)「島」, ˋjärv (-e, ˋ-e)「湖」, pindala「面積」, inimene (-se, -st)「人」, ˋpeaˋlinn「主都」, ˋTalˋlinn「タッリン」。

エストニアの地勢と人口

「エストニアはバルト海の東海岸に位置する。北方はフィンランド湾，西はバルト海のリヴォニア湾で境界をなしている。バルト海ではまた（エストニアの）近くにあるすべての島々がエストニアに属している。これらの内でもっとも大きいものは：サーレマー，ヒーウマー，ムフとヴォルムシである。東ではペプシ湖とロシアがエストニアと境をなしている。エストニアの面積は 45,227 平方キロメートル（九州よりやや大）で，現在エストニアには 1,366,700 人（2000 年度）（奈良県の人口よりやや多い）の住民が住んでいる。エストニアの主都はタッリンである。」

第4課　動詞の変化（1）現在形

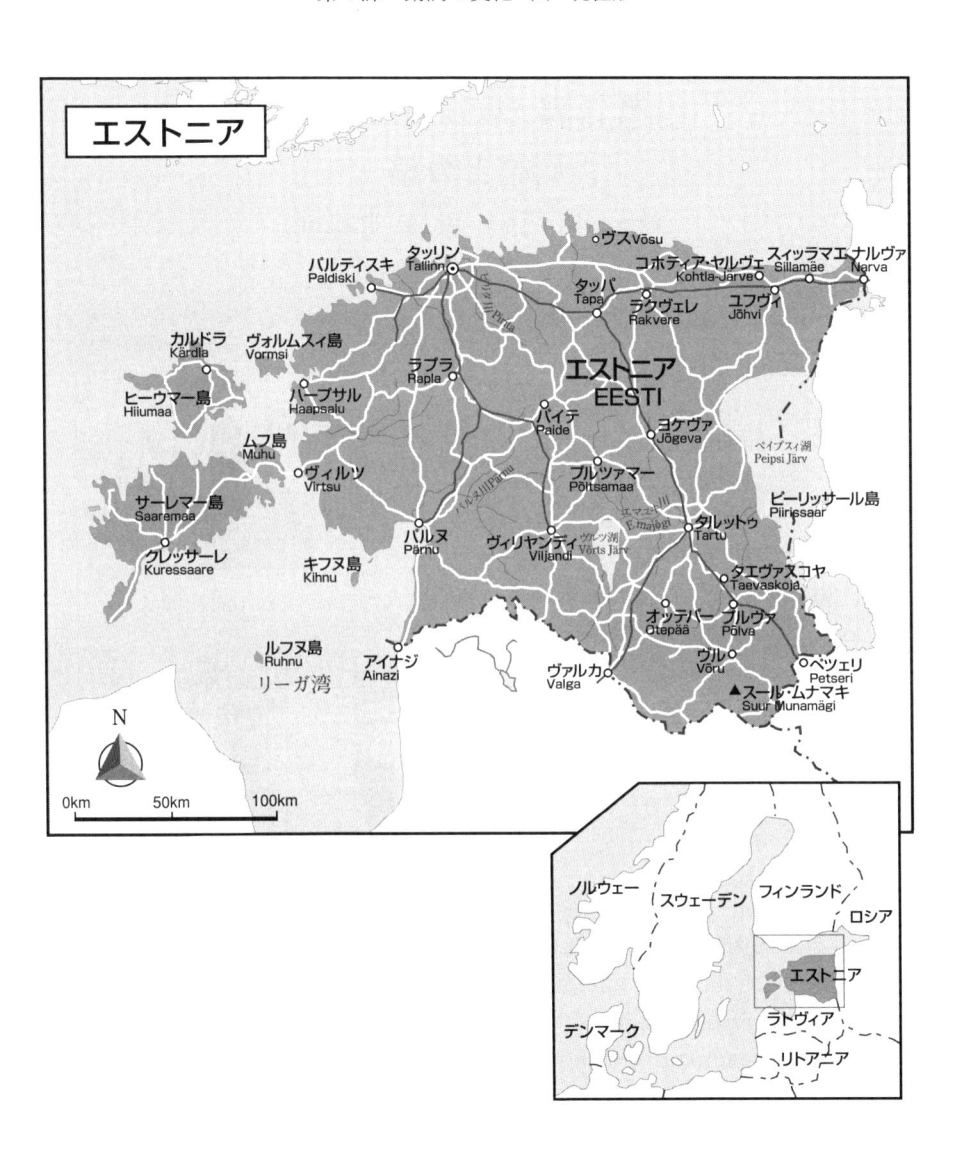

第5課 (Viies peatükk)
属格と分格
(Omastav ja osastav kääne)

Hommikul「朝に」

Äratuskell heliseb.
「目覚まし時計が鳴る。」
Ma teen silmad lahti.
「私は目を開く。」
Ma tõusen üles ja lähen vannituppa.
「私は起き上がり、浴室へ行く。」
Ma pesen nägu ja ajan habet.
「私は顔を洗い、ひげを剃る。」
Ma panen `riidesse.
「私は着物を着る。」

Ma tõusen üles.

Ma pesen nägu.    Ma ajan habet.

Ma lähen `kööki ja `söön hommikust.
「私は食堂へ行き、朝食を食べる。」
Ma `loen aja`lehte või vaatan tele`viisorit.
「私は新聞を読むかテレビを見る。」
Ma panen mantli `selga ja kaabu `pähe.
「私はコートを着て、帽子をかぶる。」
Ma `ütlen oma perele `head `aega.
「私は家族に別れを告げる。」

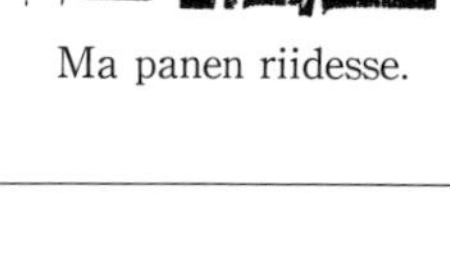

Ma panen riidesse.

第5課　属格と分格

Sõnad（語彙）

　名詞の括弧内は（属格，分格）の順に，動詞の括弧内は（現在1人称単数形）を記している。

hommik(hommiku, hommikut)「朝」, hommikul「朝に」, äratus `kell(-kella, -`kella)「目覚まし時計」, helisema「なる」, tegema(teen)「する」, `lahti「開いて」, `silm(silma, `silma)「目」, `tõusma(tõusen)「起きる」, üles「上へ」, minema(lähen)「行く」, vanni-tuba(-`toa, -tuba)「浴室」, pesema(pesen)「洗う」, nägu(`näo, nägu)「顔」, ajama(ajan)「剃る」, habe(habeme, habet)「ひげ」, riie(`riide, riiet)「着物」, `köök(köögi, `kööki)「台所」, `sööma(`söön)「食べる」, hommikune(se)「朝の」, hommikust sööma「朝食をとる」, lugema(`loen)「読む」, aja-`leht(lehe, `lehte)「新聞」, või「または」, `vaatama(`vaatan)「見る」, tele`viisor(-i, -it)「テレビ」, panema(panen)「置く」, `mantel(mantli, mantlit)「コート」, `selg(selja, `selga, `selga(入格))「背中」, kaabu(kaabu, kaabut )「帽子」, `pea(pea, pead, `pähe(入格))「頭」, `ütlema(`ütlen)「言う」, `hea(hea, head)「よい」, `aeg(aja, `aega)「時」, perele「家族に」, `head `aega「さようなら」。

Grammatika（文法）

1. **動詞の単数の目的語における属格形と分格形の相違**

　動詞の単数の目的語は，属格形もしくは分格形で表わされる。
　　Ma pesen nägu.「私は顔を(分格形)洗う。」
　　Ma ajan habet.「私はひげを(分格形)剃る。」
　　Ma panen kaabu `pähe.「私は帽子を(属格形)かぶる(頭におく)。」
　　Ma panen mantli `selga.「私はコートを(属格形)着る(背中におく)。」
　だが，属格形と分格形には次のような相違がある。
   (a) 主格と属格はある事物の全体を表わし，分格はその一部を表わす。
　　`Poiss sööb õuna ära.（属格形）「少年はリンゴをまるごと食べる。」
　　`Poiss sööb `õuna.（分格形）「少年はリンゴを一部食べる。」
　　`õun「ウーン」（主格），õuna「ウウナ」（属格），`õuna「ウウーナ」（分格）
　　`Leib on laual.（主格）「パンが丸ごとテーブルの上にある。」

`Laual on leiba.（分格）「パンの一部がテーブルの上にある。」
`leib「レイープ」（主格），leiva「レイヴァ」（属格），`leiba「レイーパ」（分格）
laual「テーブル(`laud)の上に」
(b) 属格は行為の完了を表わし，分格は行為の継続を表わす。
Leida loeb raamatut.（分格）「レイタは本を読んでいる。」（継続）
Leida loeb raamatu läbi（属格）ja viib siis oma sõbrale.
「レイタは本を読み終えて（完了），それから自分の友人の所へ持っていく。」
raamat「ラーマット」（主格），raamatu「ラーマッテゥ」（属格），raamatut「ラーマットゥット」（分格），`siis「スィーイス」（副）「そのとき」，viib「ヴィープ」「持っていく」，oma「自分の」，sõbrale「すプラレ」「友人の所へ」
(c) 否定の目的語はかならず分格となる。
`Laps ei loe raamatut.「子供は（ラップス）本を読まない。」
`Kass ei söö `leiba.「猫は（カッッシ）パンを食べない。」
(d) 2以上の数詞の後にくる名詞は単数分格となる。
üks raamat, kaks raamatut, kolm raamatut
「1冊の本」，「2冊の本」，「3冊の本」
とにかく，主格形，属格形，分格形は基本格であるから，記憶しておくことが大切であるが，これら語形には，さまざまなタイプがあるので，注意を要する。例えば，

主格	属格	分格
maja「マヤ」「家が」	maja「家の」	maja「家を」
tuba「トゥパ」「部屋が」	`toa「トアー」「部屋の」	tuba「トゥパ」「部屋を」
`laud「ラウート」「テーブルが」	laua「ラウア」「テーブルの」	`lauda「ラウータ」「テーブルを」
`kapp「カップ」「戸棚が」	kapi「カッピ」「戸棚の」	`kappi「カッッピ」「戸棚を」

maja「家」のように，変化しないもの，tuba「部屋」のようにb音が脱落し，母音に変化が見られるもの，kapp「戸棚」のようにpp〜pの交

第5課 属格と分格

替が見られるものなど多様である。

2. 着衣の表現

また，panen mantli ˋselga「コートを着る」は「コートを(属格)背中に(入格)おく」，panen kaabu ˋpähe「帽子をかぶる」も「帽子を(属格)頭へ(入格)おく」と表現されている。なお，panen ˋriidesse「着物を着る」の ˋriidesse「着物の中におく」と分析される。また，riie「着物」，ˋriide「着物の」となる。

さらに，lähen ˋkööki「台所へ行く」のˋkööki「台所の中へ」も入格である。

用例

(1) Äratuskell heliseb.「目覚まし時計が鳴る。」
(2) Ma teen silmad lahti.「私は目(複数形)を開ける。」(teen lahti)
(3) Ma tõusen üles.「私は起き上がる。」(üles「上へ」)
(4) Ma pesen nägu.「私は顔をあらう。」
(5) Ma lähen vannituppa.「私は浴室へ行く。」
(ˋtuppa「部屋の中へ」(入格))
(6) Ma panen riidesse.「私は着物を着る。」
(7) Ma panen mantli selga.「私はコートを着る。」
(ˋmantel「コート」の属格は mantli「コートの」で対格 mantlit は「コートを」を意味する。コートを背中に置くで「コートを着る」となる。ˋselga は「背中」(ˋselg の入格形))

3. 複合動詞

lahti tegema (teen lahti)「開ける」(lahti「開いた」，tegema「する」)
üles tõusma (tõusen üles)「起き上がる」(üles「上へ」，tõusma「起きる」)

このように，lahti や üles のような副詞要素と組み合わさった動詞を「複合動詞」と言い，エストニア語ではよく使用されるので，その慣用的表現を覚えておく必要がある。

なお，複合動詞において，次のように，副詞的要素は -ma 不定詞の前に置かれるが，変化形では，その後ろに来る。

　　　副詞的要素＋-ma 不定詞形

動詞の変化形＋副詞的要素
例えば，a)　Palun, tee ˋuks ˋlahti.「どうぞドアを開けてください。」
　　　　b)　Palun, pane ˋuks ˋkinni.「どうぞドアを閉めてください。」
a)　ˋlahti tegema「開ける」
　　（ˋlahti「開けて」, tee は tegema「する」の命令形。）
b)　ˋkinni panema「閉める」
　　（ˋkinni「閉めて」, pane は panema「おく」の命令形。）
なお，命令法の動詞の目的は主格形をとる。

Harjutus（練習）

次の文をエストニア語に訳しなさい。
(1)　ヤーン（Jaan）は起きる。　　(2)　彼は顔を洗う。
(3)　彼は朝食を食べる。　　　　　(4)　彼は新聞を読む。
(5)　彼はテレビを見る。　　　　　(6)　彼はコートを着る。

第6課 (Kuues peatükk)
名詞変化
(Nimetav kääne)

(a) **Kass ja rottid**「猫とねずみども」

Minul on üks `kass.「私の所には1匹猫がいる。」
`Kass ronib katusele.「猫が屋根の上にのぼる。」
`Kass jalutab katusel.「猫が屋根の上を歩く。」
`Kass `hüppab katuselt alla.
　「猫が屋根から飛び降りる。」
Rotid elavad `keldris.
　「ねずみどもが地下室に住んでいる。」
`Kass läheb `keldrisse `rotte `püüdma.
　「猫はねずみを捕ろうと地下室へ入る。」

kass

(b) **Poiss ja tüdruk**「男の子と女の子」

Poiss paneb raamatu lauale.「男の子が本をテーブルの上におく。」
Raamat on laual.「本がテーブルの上にある。」
Ta võtab raamatu laualt.「彼は本をテーブルの上からとる。」
Tüdruk kirjutab `kirja.「女の子が手紙を(分格)書いている。」
Ta saadab emale `kirja.「彼女はお母さんに手紙を(属格)送る。」

(c) **Köögis**「台所で」

Ema läheb `kööki.「母が台所へ行く。」
Ema töötab köögis.「母は台所で働いている。」
Ema tuleb köögist.「母は台所から出てくる。」
`Laps saab emalt magusa koogi.
　「子供はお母さんから甘いケーキをもらう。」

エストニア語入門

Sõnad（語彙）

`kass(kassi, `kassi)「猫」, ronima(ronin)「登る」, katus(-e, -t)「屋根」, jalutama(jalutan)「歩く」, `hüppama(`hüppan)「跳ぶ」, alla「下へ」, `rott [t′t′] (roti, `rotti, `rotte（複分）「ねずみ」, `kelder(`keldri)「地下室」, asuma「住む」, minema(lähen)「行く」, püüdma(püüan)「捕る（ために）」, `poiss(poisi, `poissi)「男の子」, panema(panen)「おく」, raamat (-u, -ut)「本」, `laud(laua, `lauda)「テーブル」, `võtma(võtan)「とる」, tüdruk(-u, -ut)「女の子」, kiri(kirja, `kirja)「手紙」, `saatma(saadan)「送る」, `köök(köögi, `kööki（分, 入））「台所」, töötama(töötan)「働く」, `saama(saan)「手に入れる」, magus(-a, -at)「甘い」, `kook(koogi, `kooki)「菓子」。

Tüdruk kirjutab kirja.　　　Tüdruk joob kohvi.

Grammatika（文法）

(a) エストニア語の名詞は14格に変化する。

	（単数）		（複数）	
(1) 主格 (Nimetav)	maja「家が」		maja-d「家々が(を)」
(2) 属格 (Omastav)	maja「家の(を)」		maja-de「家々の」
(3) 分格 (Osastav)	maja「家を」		*maju「家々を」
(4) 入格 (Sisseütlev)	*majja「家の中へ」		maja-de-sse「家々の中へ」
(5) 内格 (Seesütlev)	maja-s「家の中に」		maja-de-s「家々の中に」
(6) 出格 (Seestütlev)	maja-st「家の中から」		maja-de-st「家々の中から」
(7) 向格 (Alaleütlev)	maja-le「家の方へ」		maja-de-le「家々の方は」

— 38 —

第6課　名詞変化

(8) 所格（Alalütlev）　┌ maja-l「家の所に」　　┌ maja-de-l「家々の所に」
(9) 離格（Alaltütlev）　├ maja-lt「家の方から」　├ maja-de-lt「家々の方から」
(10) 変格（Saav）　　　 ├ maja-ks「家に(なる)」 ├ maja-de-ks「家々に(なる)」
(11) 到格（Rajav）　　　├ maja-ni「家まで」　　 ├ maja-de-ni「家々まで」
(12) 様格（Olev）　　　 ├ maja-na「家のように」 ├ maja-de-na「家々のように」
(13) 欠格（Ilmaütlev）　├ maja-ta「家なしに」　 ├ maja-de-ta「家々なしに」
(14) 共格（Kaasaütlev）└ maja-ga「家と」　　　 └ maja-de-ga「家々と」

形態的には，単数変化においては，単数属格が基となり，これに格語尾が付加されて入格以下が形成される。例えば，jalg「足」であるが，

単数主格形　`jalg「足が」　　　　　　複数主格形　jala-d「複数の足が(を)」
単数属格形　jala「足の(を)」　　　　 複数属格形　`jalga-de「複数の足の」
単数分格形　`jalga「足を」　　　　　 複数分格形　`jalgu「複数の足を」
単数入格形　jala-sse「足の中へ」　　 複数入格形　`jalga-de-sse「複数の足の中へ」
　　　　　 または `jalga「足の中へ」
単数内格形　jala-s「足の中に」　　　 複数内格形　`jalga-de-s「複数の足の中に」

明らかに，単数変化では，単数属格形の jala「足の」が基になり，複数変化では複数属格形 `jalgade「複数の足の」が基になっていることが分かる。

また，複数主格形は，「単数属格形＋-d（複数語尾）」の形式をとる。
　　　tooli＋-d ＞ toolid「複数の椅子が」
　　　`voodi＋-d ＞ `voodid「複数の寝台が」

なお，複数属格形は，「単数分格形＋-de」の形式をとる。
　　　`jalga＋de ＞ `jalgade「複数の足の」

(b) 格の用法

これら14格は，意味と形態の面から，次の5つのグループにまとめることができる。

1) 文法格：主格「〜が」，属格「〜の」，分格「〜を」
2) 内部格：入格「〜の中へ」，内格「〜の中に」，出格「〜の中から」
3) 外部格：向格「〜の所へ」，所格「〜の所に」，離格「〜の所から」
4) 様相格：変格「〜の様になる」，様格「〜の様に」

— 39 —

エストニア語入門

　5) 付帯格：到格「～まで」，共格「～と共に」，欠格「～なしで」

1)　文法格
　　文法格は，文中の主語が目的語に働きかける関係を表わす格で，エストニア語では，主語は主格名詞の担当することが多いが，目的語については，単数名詞では，属格形と分格形により表示される。
　　だが，複数形の場合は，目的語は主格形もしくは分格形で示される。
　　Ma lugesin seda raamatut.
　　「私はこの本を(単数分格形)読みました。」
　　Ma lugesin need raamatud läbi.
　　「私はこれらの本を(複数主格形)読み終えました。」
　　次に 2)内部格と 3)外部格の用法を解説しておく。
　　両者ともに，次の3つの局面をもっている。

　　「ある状態に入る」（入格），（向格）
　　「ある状態にある」（内格），（所格）　　　ある状態にある（内格）
　　「ある状態から出る」（出格），（離格）　（出格）　　　　　（入格）
　　　　　　　　　　　　　　　　　　　　　ある状態から出る　ある状態へ入る

　　内部格はある事物の内部であり，外部格はある事物の表面を指す。

2)　内部格
　　Ma lähen ˋteatri-sse (ˋkinno).「私は劇場（映画館）へいく。」（入格）
　　Ma olen teatri-s (kino-s).「私は劇場（映画館）にいる。」（内格）
　　Ma tulen teatri-st (kino-st).「私は劇場（映画館）から出る。」（出格）
　　ˋteater (teatri, teatrit)「劇場」，kino (kino, kino)　「映画館」
　　Jaan sõidab Talˋlinna.
　　「ヤーンはタッリンへ（乗り物で）いく。」（入格）
　　Jaan elab Tallinna-s.「ヤーンはタッリンにいる。」（内格）
　　Jaan tuleb Tallinna-st.
　　「ヤーンはタッリンから（乗り物で）くる。」（出格）
　　さて，入格形であるが，ˋteatri-sse「劇場へ」は入格語尾 -sse をもつが，ˋköök「台所」は，köögi-sse と ˋkööki という2つの入格形をもつ。なお，「タッリン」は（ˋTalˋlinn (主格)，Tallinna (属格)，ˋTalˋlinna (分

— 40 —

第 6 課　名詞変化

格と入格）となる。
　　また，内格形の用法は，「ある事物の中に」あるを意味する。
　　例：keldri-s「地下室の中に」
　　出格形の用法は，「ある事物の中から」keldri-st「地下室の中から」であるが，
　　　Maja on kivi-st.「家は石でできている。」（素材を表わす）
　　　Ma mõtlen eksami-st.「私はテスト (eksam) について考えている。」
　　　　（主題を表わす）
　　　Jaani-st saab arst.「ヤーンは医者になる（ヤーンから医者ができる）。」（変化の結果）
　　　Tal`linn on Tartu-st suurem.「タッリンはタルットゥより大きい。」
　　　　（比較の基準は出格 Tartu-st「タルットゥより」となる）
3) 外部格では，向格，所格，離格が「ある事物の表面やその場所」を指示しトリオを組んでいる。
　　（向格）Lind lendab oksa-le.「鳥が枝 (oks) の上へ飛ぶ。」
　　（所格）Lind istub oksa-l.「鳥が枝の上に座っている。」
　　（離格）Lind lendab oksa-lt ära.「鳥が枝から飛び去る。」
　　　　　（ära「離れて」（副詞））
　　a) 向格の用法
　　　　Ema annab leiva lapse-le.
　　　　「母親は子供にパンを与える。」（受け取り手）
　　　　Isa ostab oma tütre-le ilusa nuku.
　　　　「父親は自分の娘にきれいな人形を買ってやる。」(`nukk (nuku, `nukku)「人形」)（受益者を表わす）
　　　　Jaan kingib oma sõbra-le šokolaadi.
　　　　「ヤーンは自分の友人にチョコレートを贈る (`kinkima)。」(sõber, sõbra, sõpra)「友人」)
　　　　Palun näidake mulle oma foto`albumit.
　　　　「どうぞ，私にあなたの写真アルバムを見せてください（命令形）。」
　　　　　（oma「自分の」）
　　　　Kas sulle meeldivad kassid？

— 41 —

「君は猫が好きですか？」（猫が君に気に入る(`meeldima)か）
See kleit sobib talle väga hästi.
「このドレスは彼女にたいそう(väga)よく(hästi)にあう。」(sobima「適する」)
Mu õde läheb mehe-le.「姉はお嫁に行く。」(男の所へ行く)
Ilm läheb vihma-le.「天気は雨(vihm)になる。」(変化の結果)

b) 所格の用法

所有構造は「所有者(所格形)＋olema動詞＋所有物(主格形)」の形式をもつ。

minul (mul)			「私の所に～がある。」
sinul (sul)	} on ～	「君の所に～がある。」
temal (tal)			「彼(女)の所に～がある。」
meil			「私たちの所に～がある。」
teil	} on ～	「君たち(あなた)の所に～がある。」
nendel (neil)			「彼(女)らの所に～がある。」

すなわち，所有構造は，「～の所に(所格)～が(主格)ある」という意味を表わし，日本語の所有表現と共通している。

Minul (mul) on auto.「私(の所)には自動車がある。」
Sinul (sul) on kaks `koera.
「君の所には2匹犬がいる。」(2以上は分格)
Temal (tal) on tele`viisor.「彼(の所)にはテレビがある。」
Meil on külmutus`kapp.
「私たち(の所)には冷蔵庫がある。」(külmutus「冷凍」)
Mul on mobiil-telefon.
「私の所には携帯電話(mobiil-telefon)がある。」
Neil on pesumasin.
「彼らの所には洗濯機がある。」(pesu「洗う」機械の意)
また，向格には，次のような用法もある。
Isa läheb töö-le.「父は仕事に行く。」, Isa on töö-l.「父は仕事をしている（仕事にある）。」
Mul on janu.「私はのどが渇いている。」(私は乾きをもつ)

第6課　名詞変化

　　Mul on nälg.「私は空腹だ。」(私は飢えをもつ)
　　Sel talve-l on väga külm.「この冬はたいそう寒い。」(時間を表わす)
c)　離格の用法
　　Mina sain ema-lt kirja.「私は母から手紙をもらった。」(発送者)
　　Harri küsib Aili-lt, kas ta hästi laulab.「ハッリはアイリに彼女が上手に歌うかどうか尋ねる。」(質問や依頼する相手)

`Väljendid（慣用表現）

次のような着たり脱いだりの表現を覚えなさい。

Ma panen salli `kaela.
　「私はマフラーを首にまく。」
Ma panen `kindad `kätte.
　「私は手袋を手にはめる。」
Ma panen kingad `jalga.
　「私は靴を足にはく。」
Ma panen püksid `jalga.
　「私はズボンを（足に）はく。」
Ma panen särgi `selga.
　「私はシャツを（背中に）着る。」
Ma panen pintsaku `selga.
　「私は上着を（背中に）着る。」
Ma panen manteli `selga.
　「私はオーバーコートを（背中に）着る。」
Ma panen kleidi `selga.
　「私はドレスを（背中に）着る。」

Ma panen kingad jalga.

Sõnad（語彙）

　panema「おく」, `sall(salli, `salli)「マフラー」, `kael(kaela, `kaela)「首」, kinnas(`kinda, kinnast)「手袋」, käsi(`käe, kätt.`kätte(入))「手」, `king(kinga, `kinga)「靴」, `jalg(jala, `jalga, `jalgu（入））「足」, `selg(selja,

— 43 —

エストニア語入門

`selga, `selga (入))「背中」, püksid (`pükste, `pükse「ズボン」(複数形), `särk (`särgi, `särki)「シャツ」, pintsak (-u, -ut)「上着」, `mantel (-li, -lit)「オーバーコート」, `kleit (kleidi, `kleiti)「ドレス」, seelik (-u, -ut)「スカート」。

複数主格形は単数属格形に複数語尾 -d をつけて作られる。
  kinda「手袋の」＞ kindad「複数の手袋を」
  kinga「靴の」　＞ kingad「複数の靴を」
panema (panen)「おく」を võtma (võtan)「取る」に取替えて、入格名詞を出格形に改めると、次のような反対行為の表現となる。
 Ma võtan salli kaela-st.「私はマフラーを首からとる。」
 Ma võtan `kindad käe-st.「私は手袋を手からぬぐ。」
 Ma võtan kingad jala-st.「私は靴を足からぬぐ。」
 Ma võtan püksid jala-st.「私はズボンを(足から)ぬぐ。」
 Ma võtan särgi selja-st.「私はシャツを(背中から)ぬぐ。」
 Ma võtan pintsaku selja-st.「私は上着を(背中から)ぬぐ。」
 Ma võtan mantelit selja-st.「私はオーバーコートを(背中から)ぬぐ。」
 Ma võtan kleidi selja-st.「私はドレスを(背中から)ぬぐ。」
 Tüdrukul on lühike seelik seljas.「娘さんは短いスカートをはいている。」
 (体に着ている場合は、seljas が用いられる)

Harjutus (練習)
次の例文の括弧内に適切な変化形を入れなさい。
(1) 女の子がテーブルの上に花瓶をおく。　Tüdruk paneb vaasi (　　).
(2) 花瓶がテーブルの上にある。　　　　　Vaas on (　　).
(3) 彼女はテーブルの上から花瓶をとる。　Tema võtab vaasi (　　).
(4) 父は家の中に入る。　　　　　　　　　Isa läheb (　　).
(5) 父は家の中にいる。　　　　　　　　　Isa on (　　).
(6) 彼は家の中から出てくる。　　　　　　Tema tuleb (　　).
(7) 子供が靴をはく。　　　　　　　　　　Laps paneb kingad (　　).
(8) 子供が靴を脱ぐ。　　　　　　　　　　Laps võtab kingad (　　).

第6課　名詞変化

Sõnad（語彙）

`vaas(vaasi, `vaasi)「花瓶」, `laud(laua, `lauda)「テーブル」, `kass(kassi, `kassi)「猫」, maja(maja, maja, `majja「入格」)「家」, jalg(jala, `jalga)「足」。

püksid
（複数形）

pintsak

mantel

seelik

kleit

kingad
（複数形）
king
（単数形）

kindad
（複数形）
kinnas
（単数形）

第7課 (Seitsmes peatükk)
複数形と格変化
(Mitmuse vormid ja käänded)

Inimese kehaosad「人体部分」

> Inimesel on jalad. `Mis nad `teevad `jalgadega? `Jalgadega nad käivad, jooksevad, hüppavad ja tantsivad. Millega teie kirjutate? Meie kirjutame pliiatsite ja sulgadega. Teie kirjutate tindiga. Aga millega teie `loete? Meie `loeme silmadega. Inimesel on veel suu ja kõrvad. Suuga meie `sööme, `joome ja räägime. Kõrvadega kuuleme. Kätega me `töötame. Inimesel on `pea, keha, jalad ja `käed.

Sõnad（語彙）
 inimene (inime-se, -st)「人間」, tegema (teen)「する」, `jalg (jala, `jalga)「足」, minema (lähen)「行く」, jooksma (jooksen)「走る」, `tantsima (tantsin)「踊る」, millega「何で」, pliiats (-i, -it)「鉛筆」, `sulg (sule, `sulge)「ペン」, `tint (tindi, `tinti)「インキ」, `silm (silma, `silma)「目」, suu (-, -)「口」, kõrv (-, -)「耳」, `sööma (`söön)「食べる」, `jooma (`joon)「飲む」, `rääkima (räägin)「話す」, käsi (`käe, `kätt)「手」, `töötama (töötan)「働く」, `kuulma (kuulen)「聞く」, `pea (pea, pead)「頭」, keha (-, -)「体」, osa (-, -)「部分」。

人体部分
 「人間には足があります。人間は足で何をしますか。彼らは足で歩き, 走り, 跳び, 踊ります。あなたがたは何で書きますか。わたしたちは鉛筆とペンで書きます。あなたがたはインキで書きます。しかし, あなたがたは何で読みますか。私たちは目で読みます。

第 7 課　複数形と格変化

　人間には，まだ口と耳があります。わたしたちは口で食べ，飲み，話します。耳で聞きます。わたしたちは，手で働きます。人間には，頭と足と手があります。」

Grammatika（文法）
(a) 複数主格形
　複数の主格形は，「単数属格形＋複数語尾 -d ＞ 複数主格形」により作られる。

　　単数属格形　`jalg「足が」, jala「足の」　＞ jala-d「複数の足が」
　　　　　　　　`kõrv「耳が」, kõrva「耳の」＞ kõrva-d「複数の耳が」
　　　　　　　　käsi「手が」, `käe「手の」　＞ `käe-d「複数の手が」

(b) 複数属格形
　複数属格形は，語尾 -de，もしくは -te をとる。そして，主として，単数分格形から作られる。

1)　-de をとるもの：

　　単数主格　`jalg「足が」　　　➤　複数主格　jala-d「複数の足が」
　　単数属格　jala「足の」　　　➤　複数属格　`jalga-de「複数の足の」
　　単数分格　`jalga「足を」　　　　複数分格　*`jalg-u「複数の足を」

　a)　単数分格が母音で終わるもの：

単数主格	単数属格	単数分格	複数属格
mägi「山が」	`mäe「山の」	mäge「山を」	mäge-de「複数の山の」
`kapp「戸棚が」	kapi「戸棚の」	`kappi「戸棚を」	`kappi-de「複数の戸棚の」
sõber「友人が」	sõbra「友人の」	`sõpra「友人を」	`sõpra-de「複数の友人の」

　b)　単数分格形が -d で終わるもの：

meri「海が」	mere「海の」	merd「海を」	mere-de「複数の海の」
tuli「火」	tule「火の」	tuld「火を」	tule-de「複数の火の」

　c)　単数分格形が -t で終わるもの：

tütar「娘が」	`tütre「娘の」	tütart「娘を」	tütar-de「複数の娘の」

エストニア語入門

aken「窓が」	`akna「窓の」	akent「窓を」	aken-de「複数の窓の」

2) -te をとるもの：
   a) 単数分格形が -t で終わるもの：

単数主格	単数属格	単数分格	複数属格
raamat「本が」	raamatu「本の」	raamatut「本を」	raamatu-te「複数の本の」
tänav「通りが」	tänava「通りの」	tänavat「通りを」	tänava-te「複数の通りの」

   b) 単数分格が -st で終わるもの：

õpilane「生徒が」	õpilase「生徒の」	õpilast「生徒を」	õpilas-te「生徒たちの」
`mees「男が」	mehe「男の」	`meest「男を」	`mees-te「男たちの」

(c) 複数分格形
複数分格形の語尾は多様である。
1) 複数分格語尾 -e をとるもの：

単数主格	単数属格	単数分格	複数分格
`pilt「絵が」	pildi「絵の」	`pilti「絵を」	`pilt-e「複数の絵を」
`kool「学校が」	kooli「学校の」	`kooli「学校を」	`kool-e「複数の学校を」
`lind「鳥が」	linnu「鳥の」	`lindu「鳥を」	`lind-e「複数の鳥を」
`laul「歌の」	laulu「歌の」	`laulu「歌を」	`laul-e「複数の歌を」

単数分格形が -i もしくは -u で終わるものは，複数分格語尾 -e をとる。
2) 複数分格語尾 -i をとるもの：

`lill「花が」	lille「花の」	`lille「花を」	`lill-i「複数の花を」
`sulge「ペンが」	sule「ペンの」	`sulge「ペンを」	`sulg-i「複数のペンを」
`laps「子供が」	lapse「子供の」	`last「子供を」	`laps-i「子供たちを」
käsi「手が」	`käe「手の」	`kätt「手を」	käs-i「複数の手を」

単数分格が -e や -t で終わるもの：
3) 複数分格が -u，もしくは -i で終わるもの：

`sild「橋が」	silla「橋の」	`silda「橋を」	`sild-u「複数の橋を」

— 48 —

第7課　複数形と格変化

`jalg「足が」	jala「足の」	`jalga「足を」	`jalg-u「複数の足を」
`vend「兄弟が」	venna「兄弟の」	`venda「兄弟を」	`vend-i「兄弟たちを」
`koht「場所が」	koha「場所の」	`kohta「場所を」	`koht-i「複数の場所を」

第1音節の母音が a, i, õ，もしくは ai, ei の場合は，-u となる。
第1音節の母音が e, o, u, ä, ö, ü の場合は，-i となる。

4) 複数分格の語尾が -sid となるもの：

| nimi「名前が」 | nime「名前の」 | nime「名前を」 | nime-sid「複数の名前を」 |
| auto「自動車が」 | auto「自動車の」 | autot「自動車を」 | auto-sid「複数の自動車を」 |

5) 複数分格の語尾が -(i)d となるもの：

| `pea「頭が」 | pea「頭の」 | `pead「頭を」 | `pä-id「複数の頭を」 |
| raamat「本が」 | raamatu「本の」 | raamatut「本を」 | raamatu-id「複数の本を」 |

(d) 複数主格と複数分格の用法

単数属格と単数分格の用法についてはすでに説明しておいた（32頁）
　Laual（単数分格）on `leiba.「パン（のある部分）がテーブルの上にある。」
　Laual（単数主格）on `leib.「パン（のまとまった全部）がテーブルの上にある。」

(e) 単数分格と複数分格の用法(1)（主語の場合）

1)　Laual on kaks kruusi.「テーブルの上に2つマグ（とっ手のある茶碗）がある。」
　　Laual on palju kruuse.「テーブルの上にたくさんマグがある。」
　　2つ以上の数詞の後には単数分格の名詞がくるが，palju「たくさん」の後には複数分格の名詞がくる。`kruusi (kruusi, `kruusi, `kruuse)「マグ（とっ手のある茶碗）」
　　Mul on kolm raamatut.「私の所には3冊本（単数分格）がある。」
　　Tal on palju raamatuid.
　　「彼の所にはたくさん本（複数分格）がある。」　（palju「たくさん」
　　　は複数分格の名詞をとる）

エストニア語入門

  Jaapanlased söövad palju kalu.「日本人はたくさん魚を（複数分格）食べる。」
2) 複数主格と複数分格の用法にも同じようなことがいえる。
  Õues on `lapsi.（複数分格）「外庭には（何人かの）子供がいる。」
  Lapsed（複数主格）on õues.「（全部の）子供が外庭にいる。」
  Klassis on õpilasi.（複数分格）「クラスに（何人かの）生徒がいる。」
  Õpilased（複数主格）on klassis.「（全部の）生徒がクラスにいる。」

（f）複数主格と複数分格の用法(2)　（動詞の目的の場合）
1) 動詞の目的語として，複数主格は全体を，複数分格は部分を表わす。
  Palun andke mulle raamatud.（複数主格形）
  「私に本を（全部）ください。」
  Palun andke mulle raamatuid.（複数分格形）
  「私に本を（一部）ください。」
  Ma lugesin kõik need raamatud läbi.
  「私はこれらの本を（複数主格）全部読んだ。」
  Ma lugesin mõningaid raamatuid.
  「私は何冊か本を（複数分格）読んだ。」
  Naine pidas mitut kassi.
  「女の人は何匹かの猫を（複数分格）飼っていた。」
2) また，複数主格形は，行為の完結を，複数分格は行為の継続を表わす。
  Need tütarlapsed õmblevad endale seelikud.（複数主格）
  「これらの女の子は自分のスカートを縫い上げる。」（行為の完結）
  Need tätarlapsed õmblevad endale seelikuid.（複数分格）
  「これらの女の子は自分のスカートを縫っている。」（行為の継続）
3) Peeter kannab puud `tuppa.（複数主格）
  「ペーテルは部屋の中へ木を運びいれる。」
  Peeter kannab `tuppa `puid.（複数分格）
  「ペーテルは部屋の中へ木を運んでいる。」
  否定文では複数分格形を用いる。
  Pargis ei ole oravaid.（複数分格）「公園の中にはリスがいない。」

— 50 —

第7課　複数形と格変化

分量を表わす形容詞と共に複数分格形が用いられる。
Pargis on palju oravaid.
「公園にはたくさん（palju）リスがいる。」
orav(-a, -at)「りす」
Pargis on vähe oravaid.「公園にはすこし（vähe）リスがいる。」
全体と部分の用法では，次のような区分を注意する必要がある。
　　単数形では，属格形と分格形が対立する。
　　複数形では，主格形と分格形が対立する。

(g) 複数主格，属格，分格以外の複数の格形式は，「複数属格形＋格語尾」の形式により作り出される。

入格 mägede-sse「山々の中へ」，内格 mägede-s「山々の中に」，出格 mägede-st「山々の中から」，向格 mägede-le「山々の上へ」，所格 mägede-l「山々の上に」離格 mägede-lt「山々の上から」，到格 mägede-ni「山々まで」，様格 mägede-na「山々として」，変格 mägede-ks「山々に（なる）」，共格 mägede-ga「山々と」，欠格 mägede-ta「山々なしに」。

以下，到格，様格，変格，共格，欠格の用法を説明する。

1) 到格（Rajav）の用法：
   a) 到着点を示す。
      Mina lähen metsa-ni.「私は森まで行く。」
      Tallinnast on Tartu-ni 205 kilomeetrit.
      「タッリンからタルットゥまで 205 キロある。」
2) 様格（Olev）の用法：
   a) 身分や資格を表わす。
      Ta töötab haiglas arsti-na.
      「彼は病院で（haiglas）医者として働いている。」
   b) 様相を示す。
      Peeter ujub vees kala-na.
      「ペーテルは水の中を（vees）魚のように泳ぐ。」
   c) 時代を表わす。
      Lapse-na elasin ma Tallinna lähedal.

「子供のころ，私はタッリンの近くに（lähedal）住んでいました。」
3) 変格（Saav）の用法：
  a) 変化の結果を表わす。
     Ta lõpetab kevadel ülikooli ja saab õpetaja-ks.
     「彼は春に（kevadel）大学を終えて（lõpetama「終える」）先生になります。」
  b) 期間を表わす。
     Suve-ks sõidavad palju inimesed linnast maale.
     「夏の間，多くの人々が市から田舎へ（maa-le）行く。」
4) 欠格（Ilmaütlev）の用法：
  a) ある事物が欠けていることを意味する。
     Ma joon kohvi (ilma) suhkru-ta.
     「私はコーヒーを砂糖（suhkur）なしで飲みます。」(ilma「なしで」をつけなくてもよい)
     Kuu-ta öö on pime.「月（kuu）のない夜（öö）は暗い。」
     Ta tuli koju raha-ta.「彼はお金（raha）なしで家に帰った。」
5) 共格（Kaasaütlev）の用法：
  a) 道具を表わす。
     Ma pesen oma nägu seebi-ga.
     「私は石鹸（seep）で自分の顔（nägu）を洗う。」
  b) 連れ合いを表わす。
     Õhtul ma lähen sõbra-ga kinno.
     「夕方私は友人（sõber）と映画へ行く。」
     共格形の名詞とともに，側置詞 koos「共に」をその前後に付けてもよい。
     Õhtul ma lähen sõbra-ga koos kinno.
     Õhtul ma lähen koos sõbra-ga kinno.
  c) 話す相手を指す。
     Kas ma saaksin rääkida Härra Valge-ga?
     「ヴァルケさんとお話しできる（saaksin）（条件法）でしょうか。」
  d) 乗り物を表わす。

第7課　複数形と格変化

Minu vend sõidab lennuki-ga Kopenhaagen.
「私の兄は飛行機（lennuk）でコペンハーゲンへ行きます。」lennuk (lennuki, lennukit)
Ma sõidan auto-ga.「私は自動車で行きます。」auto（auto, autot）
Ta sõidab bussi-ga.「彼はバスで行きます。」`buss（bussi, `bussi）
「タクシー」takso(takso, taksot) takso-ga「タクシーで」
「自転車」`jalg-ratas(`ratta, ratast) `jalg-`ratta-ga「自転車で」
「オートバイ」`mootor-ratas(`ratta, ratast) `mootor-`ratta-ga「オートバイで」
「船」`laev(laeva, `laeva) laeva-ga「船で」
「汽車」`rong(rongi, `rongi) rongi-ga「汽車で」
「路面電車」`tramm(trammi, `trammi) trammi-ga「路面電車で」

Harjutus（練習）
　次の例文の訳から文中の括弧内に正しい語形を与えなさい。
(1) Mu isa töötab haiglas (arst).「私の父は病院で医者として働いている。」
(2) Ta läheb (sõber) kinno.「彼は友人と映画へ行く。」
(3) Mu õde saab (õpetaja).「私の姉は先生になります。」
(4) Ta joob kohvi (suhkur).「彼女は砂糖なしでコーヒーを飲みます。」
(5) Ma sõidan (mootorratas) linna.「私はオートバイで町へ行きます。」

コラム 2
Kehaosad「身体部分」 keha (keha, keha)「身体」, osa (osa, osa)「部分」

1. 頭（`pea, pea, pead）	2. 毛髪（`juus, `juukse, `juust, `juukseid（複数））
3. 顔（nägu, `näo, nägu）	4. 目（`silm, silma, `silma）
5. 耳（`kõrv kõrva, `kõrva）	6. 鼻（nina, nina, nina）
7. 口（`suu, suu, suud）	8. 唇（`huul, huule, `huult）
9. 頬（`põsk, põse, `põske）	10. 眉（`kulm, kulmu, `kulmu）
11. 首（`kael, kaela, `kaela）	12. 肩（`õlg, õla, `õlga）

エストニア語入門

13. 腕（käsi ˋvars(-varre, -ˋvart)）　14. 肘（küünar-ˋnukk, -nuki, -ˋnukki)）
15. 手（käsi, ˋkäe, ˋkätt）　16. 指（ˋsõrm, sõrme, ˋsõrme）
17. すね（ˋsäär, sääre, ˋsäärt）　18. 膝（ˋpõlv, põlve, ˋpõlve）
19. 足（ˋjalg, jala, ˋjalga）　20. かかと（ˋkand, kanna, ˋkanda）

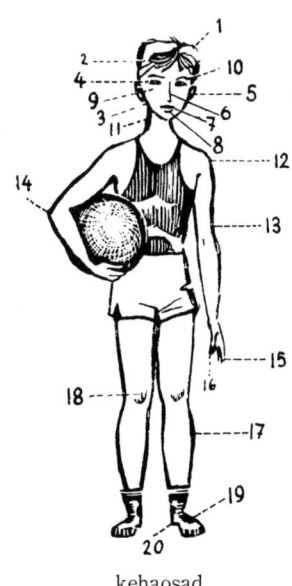

kehaosad

第8課（Kaheksas peatükk）
数詞（1）基　数
（Põhiarvsõnad）

用例　Perekond「家族」

> Minu nimi on Eino Hein. Ma olen neljakümne kuue aastane. Ma elan ja töötan Tallinnas. Ma olen abielus. Minu naise nimi on Niina. Ta on kolmekümne seitsme aastane. Meil on kaks last — tütar ja poeg. Tütre nimi on Anu. Ta on viieaastane. Poja nimi on Andres. Ta on kümneaastane. Anu käib lasteaias, aga Andres käib juba koolis.

Sõnad（語彙）

pere`kond(-konna, -`konda)「家族」, `aastane(`aastase, `aastast)「〜歳の」, abielu(-, -)「結婚」abielu-s（内格）「結婚している」, naine(naise, naist)「女, 妻」, `laps(lapse, `last)「子供」, tütar(`tütre, tütart)「娘」, `poeg(poja, `poega)「息子」, `kool(kooli, `kooli)「学校」, laste-`aed(-aia, -`aeda)「幼稚園」, juba「すでに」, `käima(käin)「行く」。

家族

「私の名前はエイノ・ヘインです。私は46歳です。私はタッリンに住み，働いています。私は結婚しています。私の妻の名前はニーナです。彼女は37歳です。私たちには２人の子供がいますー娘と息子です。娘の名前はアヌです。彼女は５歳です。息子の名前はアンドレスです。彼は10歳です。アヌは幼稚園へ行っています。アンドレスはすでに学校に通っています。」
　Mu `poeg käib koolis.「私の息子は学校に（内格）通っています。」
　　(`käima「行く」の目的地は内格で表わされる)

エストニア語入門

Harjutus（練習）(a)
次の問いに答えなさい。
1) Kus elab Eino Hein?（kus「どこに」）
2) Kui vana ta on?（kui「どれほど」, vana「古い」）
3) Kas ta on abielus?
4) Kus käib Andres?

Grammatika（文法）
(1) エストニア語の基数（Põhiarvud）

0 null「ヌッリ」(nulli)　　　　Kui palju? Mitu?「どれほど」
1 üks「ユクス」(ühe)　　　　üheaastane「1歳」
2 kaks「カクス」(kahe)　　　kaheaastane「2歳」
3 kolm「コルム」(kolme)　　kolmeaastane「3歳」
4 neli「ネリ」(nelja)　　　　　neljaaastane「4歳」
5 viis「ヴィース」(viie)　　　viieaastane「5歳」
6 kuus「クース」(kuue)　　　kuueaastane「6歳」
7 seitse「セイツェ」(seitsme)　seitsmeaastane「7歳」
8 kaheksa「カヘクサ」(kaheksa)　kaheksaaastane「8歳」
9 üheksa「ユヘクサ」(üheksa)　üheksaaastane「9歳」
10 kümme「キュンメ」(kümne)　kümneaastane「10歳」
11 üksteist (üheteistkümne)「ユクステイスト」
12 kaksteist (kaheteistukümne)「カクステイスト」
13 kolmteist (kolmeteistkümne)
14 neliteist (neljateistkümne)
15 viisteist (viieteistkümne)
16 kuusteist (kuueteistkümne)
17 seitseteist (seitsmeteistkümne)
18 kaheksateist (kaheksateistkümne)
19 üheksateist (üheksateistkümne)
20 kakskümmend (kahekümne)
21 kakskümmend üks (kahekümne ühe)

第8課　数詞 (1) 基数

  30 kolmkümmend (kolmekümne)
  40 nelikümmend (neljakümne)
  50 viiskümmend (viiekümne)
  60 kuuskümmend (kuuekümne)
  70 seitsekümmend (seitsmekümne)
  80 kaheksakümmend (kaheksakümne)
  90 üheksakümmend (üheksakümne)
  100 sada (saja)
  200 kakssada (kahesaja)
 1 000 tuhat (tuhande)
 2 000 kaks tuhat (kahe tuhande)
1 000 000 miljon (miljoni)

(2)　年齢の表現

年齢の表わし方については，次の2つの方法がある。
(a)　「基数の属格形＋aastane」
(b)　「基数の主格形＋vana「古い」」
用例
 Kui vana te olete?「あなたはおいくつですか？」(kui「どれほど」)
 Ma olen kakskümmend viis vana.「私は25歳です。」
 Ma olen kahekümne viie aastane.「同上」

(3)　電話番号と住所

 Mis on teie telefoninumber?「あなたの電話番号はいくつですか？」
 Minu kodune telefon on 653812.「私の自宅の電話は 653812 です。」
  (kuus viis kolm kaheksa üks kaks)
 Minu töötelefon on 518047.「私の職場の番号は 518047 です。」
  (viis üks kaheksa null neli seitse)
  (telefon(-i, -i)「電話」, `number (numbri, numbrit)「番号」, kodune「自宅の」, `töö「仕事」)
 Mis on teie aadress?「あなたのご住所はどちらですか？」

エストニア語入門

Tallinn Lai tänav 17.「タッリン，ライ通17です。」
Aitäh!「アイタ」「ありがとう。」
(aad`ress (-ressi, `-ressi)「住所」, tänav (-a, -at)「通り」)

(4) **長さと距離**

See tuba on kuus meetrit pikk, neli ja pool meetrit lai ja üle kahe meetri kõrge.
「この部屋は奥行き（長いpikk）が6メートル，間口が（広いlai）4.5メートル，高さは（高いkõrge）2メートル以上ある。」
Pärnu paikneb Tallinnast umbes 140 kilomeetrit lõuna pool.
「パルヌはタッリンの南方約140キロのところにある。」(paiknema「位置する」)

(5) **計算**

　　　　　　　Arvutage「計算しなさい」!
4+2=6　Neli pluss kaks on (võrdub) kuus.「4プラス2は6。」
　　　　Neli ja kaks on kuus.「4と2は6。」((võrdub)「等しい」)
　　　　Neljale liita kaks on kuus.
　　　　「4へ（向格）足す2は6。」(liitma「加える」)
10-8=2　Kümme miinus kaheksa on kaks.「10マイナス8は2。」
　　　　Kümnest lahutada kaheksa on kaks.
　　　　「10（離格）から引く8は2。」(lahutama「引く」)
4×2=8　Neli korda kaks on kaheksa.「4掛ける2は8。」(korda「倍」)
20÷4=5　Kakskümmend jagada neljaga on viis.
　　　　「20を4で（共格）割ると (jagama「分ける」) 5。」
分数　　1/2　pool「半分」,　　　1/3　kolmandik,
　　　　1/4　neljandik (veerand),　3/4　kolm neljandikku.
小数　　0.2　null koma kaks
略号　　2 g　kaks `grammi (`kulda)「(金) 2グラム」
　　　　`gramm (grammi, `grammi)

— 58 —

第8課　数詞 (1) 基数

```
4 l     neli ˋliitrit (ˋvett)  「(水) 4リットル」
        (ˋliiter, ˋliitri, ˋliitrit)
5 cm    viis sentiˋmeetrit (ˋmeeter, meetri, meetrit)
```
数詞の後にくる数量詞も単数分格形をとる。

(6) 数量：買い物

用例　Kaupluses「店で」

> Müüja : Mida teile?
> Ostja : Palun mulle üks leib, üks sai, pakk piima ja 300 grammi juustu!
> M. : Palun, ja mida veel?
> O. : Kaks pudelit mineraalvett ja pakk mahla.
> M. : Missugust mahla te soovite, apelsini või õuna?
> O. : Palun apelsinimahla!
> M. : Palun! Kas see on kõik?
> O. : Jaa. Mis see kokku maksab?
> M. : 165 krooni palun.

Kaupluses

Sõnad（語彙）

ˋkauplus (kaupluse, kauplust)「店」, ˋmüüja「売り手」, ostja「買い手」, ˋleib (leiva, ˋleiba)「黒パン」, ˋsai (saia, ˋsaia)「白パン」, ˋpakk (paki, ˋpakki)「パック」, ˋpiim (piima, ˋpiima)「牛乳」, ˋjuust (juustu, ˋjuustu)「チーズ」, pudel (pudeli, pudelit)「びん」, ˋmineraal (mineraali, ˋmineraali)「ミネラル」, vesi (ˋvee, ˋvett)「水」, ˋmahl (mahla, ˋmahla)「ジュース」, missugune「どんな」, ˋsoovima (soovin)「望む」, apelsin (apelsini, apelsini)「オレンジ」, ˋõun (õuna, ˋõuna)「りんご」, ˋkokku「全部で」, ˋmaksma (maksan)「支払う」。

店で
売り手：あなたに何か。

エストニア語入門

買い手：私に黒パン1個，白パン1個，牛乳1パック，チーズ300グラム下さい。
売り手：どうぞ，まだ何か。
買い手：ミネラルウォーターを2びんとジュースのパックを。
売り手：どんなジュースがお望みですか。オレンジですか，りんごですか。
買い手：オレンジジュースを下さい。
売り手：どうぞ，これで全部ですか。
買い手：ええ，全部でいくらになりますか。
売り手：165クローンお願いします。

食品（toitude）

`jäätis (jäätise, jäätist)「アイスクリーム」, kala (kala, kala)「さかな」, kana (kana, kana)「とり」, `kohv (kohvi, `kohvi)「コーヒー」, liha (liha, liha)「肉」, muna (muna, muna)「卵」, pipar (`pipra, pipart)「こしょう」, `sink (singi, `sinki)「ハム」, `sool (soola, `soola)「塩」, `suhkur (suhkru, `suhkurt)「砂糖」, `tee (tee, teed)「ティー」, `vein (veini, `veini)「ワイン」, `vorst (vorsti, `vorsti)「ソーセージ」, `või (või, võid)「バター」, õlu (õlle, õlut)「ビール」

(7) **時間（kellaaeg）**

　　　Mis kell on?「何時ですか？」
8.00　Kell on kaheksa.「時間は8時です。」
8.10　Kell on kümme minutit kaheksa läbi.
　　　「時間は8時10分過ぎです。」
8.15　Kell on veerand üheksa.
　　　「時間は8時15分（veerand 4分の1）
　　　（9時となっている）。」
8.30　Kell on pool üheksa.
　　　「時間は8時半です。」（9時となっている）
8.50　Kell on kümne minuti pärast üheksa.
　　　「時間は8時50分です。」（10分後に9時

kell

— 60 —

第 8 課　数詞 (1) 基数

Sõnad（語彙）
`kell (kella, `kella)「時計，時」, minut (minuti, minutit)「分」, veerand (veerandi, veerandit)「(4 分の 1) 15 分」, läbi「～すぎ」は, kümme minutit kaheksa läbi「8 時 10 分過ぎ」のように, 分格をとる。後置詞 pärast「～後」は, kümne minuti pärast「10 分後」のように, 属格をとる。

用例
Millal algab õppetöö ülikoolis?「何時に大学では, 授業（仕事）がはじまりますか？」

Töö ülikoolis algab kell kaheksa hommikul.「大学の授業は朝 8 時に始まります。」

Millal te kodunt välja lähete?「何時にあなたは家から出かけますか？」
(kodunt「家から」, välja lähen「私は出かける」)

Ma lähen kodunt välja kakskümmend minutit enne kaheksat.
「私は 8 時 20 分前（enne）(7 時 40 分) に出かけます。」
(kakskümmend minutit「20 分」も kaheksat「8 時」も分格形である)

時間のテキスト
用例　Päev plaan「パエーヴの計画」

> Taimi Päev elab Paldiskis Mere tänavas number 54. Ta töötab Paldiski keskkoolis.
>
> Ta õpetab matemaatikat. Taimil on kaks õde. Üks õde elab Otepääl ja teine Valges.
>
> Taimi sõidab täna Otepääle. Ta tõuseb juba hommikul kolmveerand viis üles. Taimi läheb rongiga Tallinna ja Tallinnast bussiga Otepääle. Rong sõidab nelikümmend minutit, buss aga ja neli ja pool tundi. Tallinnast Otepääle on umbes 220 km. Buss sõidab Tallinnast välja kell veerand üheksa.

Sõnad（語彙）
`plaan (plaani, `plaani)「計画」, `number (numbri, numbrit)「番号」, `töötama (`töötan)「働く」, kesk-`kool (kooli, `kooli)「中学校」, õpetama

(õpetan)「教える」, matemaatika (-, -t)「数学」, õde (`õe, õde)「姉妹」, täna「今日」, `tõusma(tõusen)「起きる」, rongiga「汽車で」, `tund(tunni, `tundi)「時間」, umbes「約」。

パエーヴの計画

　「タイミ・パエーヴはパルティスキのメレ通54番地 (viiskümmend neli) に住んでいる。
　彼女はパルティスキの中学校に勤めている。彼女は数学を教えている。タイミには姉妹が2人いる。ひとりの姉妹はオッテパーに，もう一人はヴァルカに住んでいる。
　タイミは今日オッテパーへ出かける。彼女はもう朝4時45分に起きている。タイミは汽車でタッリンへ，タッリンからバスでオッテパーへ行く。汽車は40分だが，バスは4時間半かかる。タッリンからオッテパーまで約220 (kakssada kakskümmend) キロある。バスはタッリンから8時15分に発車する。」

用例1　Bussiga「バスで」

A :	Vabandage, kas buss number 11 läheb Lasnamäele? 「すいません，11番 (üksteist) のバスはラスナマエへ行きますか？」
B :	Ei, number 11 läheb Mustamäele. 「いいえ，11番はムスタマエへ行きます。」 Lasnamäele saate bussiga 13. 「ラスナマエへは13番 (kolmteist) のバスで行けます。」
A :	Tänan väga.「どうもありがとうございます。」
B :	Pole tänu väärt!「どういたしまして。」

Sõnad（語彙）

`saama (saan)「出来る」, tänama (tänan)「感謝する」, väga「おおいに」, pole (=ei ole)「〜ではない」, tänu (tänu, tänu)「感謝」, `väärt「値する」(感謝に値しない＝どういたしまして)。

第8課　数詞（1）基数

用例2　Jaamas「駅で」

> A：Vabandage palun, millal Moskva rong välja läheb?
> 　　「すいません，モスクワ行きの列車はいつ出ますか？」
> B：16.30.「16時30分（pool seitseteist）です。」
> A：Ja millal see kohale jõuab?
> 　　「で，それは向こうにいつ着きますか？」
> B：9.30 kohaliku aja ärgi.
> 　　「現地時間で9時30分（pool kümme）です。」
> A：Kas see rong läheb Valga?
> 　　「この列車はヴァルカへ行きますか？」
> 　　Kas see rong peatub Tartus?
> 　　「この列車はタルットゥに止まりますか？」

Sõnad（語彙）
`jaam (jaama, `jaama)「駅」, `rong (rongi, `rongi)「列車」, `välja läheb「出発する」, `koht (koha, `kohta)「場所」, `jõudma (jõuan)「着く」, koha`liku「現地の」, järgi「～によると」, `peatuma (peatun)「止まる」。

用例3　Laevaga「船で」

> A：Kui kaua mere sõit kestab?
> 　　「船の旅はどれくらいかかりますか？」
> B：Kolm tundi.「3時間です。」
> A：Millal laev väljub sadamast?「船はいつ港をでますか？」
> A：Millal laev saabub Tallinna?
> 　　「いつ船はタッリンに着きますか？」
> B：Lähme baari midagi jooma.
> 　　「何か飲みにバーへ行きましょう。」
> A：Kus on tualett (WC)?「どこにトイレがありますか？」
> B：See on söögisaali kõrval.「それは食堂の脇にあります。」

エストニア語入門

Sõnad（語彙）

ˋlaev (laeva, ˋlaeva)「船」, meri (mere, ˋmerd, ˋmerre)「海」, ˋsõit (sõidu, ˋsõitu)「旅」, ˋkestma (kestan)「つづく」, ˋväljuma (väljun)「出る」, ˋsaabuma (saabun)「着く」, sadam (-a, -at)「港」, ˋjooma「飲むために」, ˋtualett (tualeti, tualetti)「トイレ」, ˋsöögisaali「食堂の」, kõrval「脇に」。

Harjutus（練習）(b)

次の問に答えなさい。
1) Mitu kuud on aastas?「一年には何か月ありますか？」
2) Mitu päeva on nädalas?「一週間は何日ありますか？」
3) Mitu tundi on ööpäevas?「一昼夜 (ööpäev) は何時間ありますか？」
4) Mitu minutit on tunnis?「一時間は何分ですか？」

Sõnad（語彙）

ˋkuu (kuu, kuud)「月」, nädal (-a, -at)「週」, ˋtund (tunni, ˋtundi) 複数分格形 (ˋtunde)「時間」。

コラム 3
Kohvikus「喫茶店で」

Ettekandja : Tere päevast! Mida teile?	ウェイター「こんにちは，何になさいますか？」
Anu : Palun mulle üks ˋkohv!	アヌ「コーヒーをひとつ下さい。」
E. : Suhkruga või ilma?	ウ「お砂糖がいりますか，いりませんか？」
A. : Ilma.	ア「いりません。」
E. : Aga koort soovite?	ウ「では，クリームをお望みですか？」
A. : Jaa, palun!	ア「お願いします。」
E. : Kas sooviksite ehk veel midagi?	ウ「まだほかに何かお望みでしょうか？」

第8課　数詞 (1) 基数

A.: Mis pirukaid teil on? ア「どんなピロシキがありますか？」

E.: Kapsa, porgandi ja viineri. ウ「キャベツ，にんじん，ウインナーです。」

A.: Ma võtan ühe viineri. ア「ウインナーの入ったのを１つもらいます。」

E.: Kas veel midagi? ウ「まだなにか？」

A.: Ei, see on kõik. ア「いいえ，それで全部です。」

Anu tellib ühe tassi kohvi ja koogi.

porgand

kapsas

Sõnad（語彙）

kohvik (kohviku, kohvikut)「喫茶店」, `ette`kandja「ウェイター」, tere päevast「こんにちは」, mida「なにを」, teile「あなたに」, palun「頼みます」, mulle「私に」, `üks (ühe, `üht)「一つ」, `kohv (kohvi, `kohvi)「コーヒー」, `suhkur (suhkru, `suhkurt)「砂糖」, `koor (koore, `koort)「クリーム」, soovima「望む」, sooviksite「お望みでしょうか」（条件法）, pirukas (piruka, pirukat)「ピロシキ」, kapsas (`kapsa, kapsast)「キャベツ」, porgand (porgandi, porgandit)「にんじん」, `viiner (`viineri, `viinerit)「ウインナー」, `võtan「取る」。

用法
Anu tellib ühe tassi kohvi ja koogi.
`kook (koogi, kooki)「ケーキ」
　「アヌは一杯のコーヒーとケーキを注文する。」
Reet tellib klaasi teed ja piiruka.
　「レートは一杯のティーとピロシキを注文する。」
`tee (tee, teed)「ティー」
`tassi (tassi, `tassi)「カップ」, `klaasi (klaasi, `klaasi)「グラス」
`tellima (tellin)「注文する」

第9課（Üheksas peatükk）
数詞（2）序　数
(Järgarvsõnad)

用例1　Hotellis「ホテルで」

> Vastuvõtt「フロント」: Tere õhtust！Kas ma saan teid aidata？
> 　　　　　　　　　　「今晩は，あなたのお役にたちますか？」
> Reisija「旅行客」　　: Tere！Mul on tuba reserveeritud.
> 　　　　　　　　　　「やあ，私は部屋を予約してあります。」
> V.: Kuidas on teie nimi？「お名前はなんでしょうか？」
> R.: Madis Saaremäe.「マティス・サーレマエです。」
> V.: Üks hetk, palun, kohe kontrollin.「すいません，一寸お待ちください，すぐチェックします。」
> V.: Jaa, teil tuba kaheksa päevaks.「ええ，8日間部屋をおとりしてあります。」
> R.: Mis teil tuba maksab？「部屋代はいくらですか？」
> V.: 600 krooni, öö. Palun täitke registreerimiskaart.「一晩600クローンです。どうぞレジスターカードにご記入ください。」
> V.: Siin on võti. Teie toa number on 709 ja asub seitsmendal korrusel.「ここに鍵があります。お部屋番号は709で7階にあります。」
> V.: Te saate süüa hommikust restoranis teisel korrusel.「2階のレストランで朝食をとれます。」
> V.: Ja baar on kolmandal korrusel.「そして，3階にはバーがあります。」

Sõnad（語彙）
　`vastuvõtt (vastuvõtu, `vastuvõttu)「受付」, `aitama (aidata, `aitan)「手

エストニア語入門

助けする」(あなたを手助けすることができますか), tuba (`toa, tuba)「部屋」, `reserveerima (reserveerin)「予約する」(現在完了形), `kontrollima (kontrollin)「チェックする」, üks hetki「ちょっと」, `täitma (täitke)「満たして下さい」(命令形), registreerimis`kaart (kaardi, `kaarti)「レジスターカード」, võti (`võtme, võtit)「鍵」, korrus (-e, -t)「階」。

Grammatik (文法)
(1) 序数

	(属格形)		(属格形)
第1/1.	esimene (esimese)「エスィメネ」	第11/11.	üheteistkümnes (üheteistkümnenda)「ユヘテイストキュムネス」
第2/2.	teine (teise)「テイネ」	第12/12.	kaheteistkümnes (kaheteistkümnenda)「カヘテイストキュムネス」
第3/3.	kolmas (kolmanda)「コルマス」	第13/13.	kolmeteistkümnes (kolmeteistkümnenda)「コルメテイストキュムネス」
第4/4.	neljas (neljanda)「ネリヤス」	第14/14.	neljateistkümnes (neljateistkümnenda)「ネリヤテイストキュムネス」
第5/5.	viies (viienda)「ヴィイエス」	第15/15.	viieteistkümnes (viieteistkümnenda)「ヴィイエテイストキュムネス」
第6/6.	kuues (kuuenda)「クウエス」	第16/16.	kuueteistkümnes (kuueteistkümnenda)「クウエテイストキュムネス」
第7/7.	seitsmes (seitsmenda)「セイツメス」	第17/17.	seitsmeteistkümnes (seitsmeteistkümnenda)「セイツメテイストキュムネス」
第8/8.	kaheksas (kaheksanda)「カヘクサス」	第18/18.	kaheksateistkümnes (kaheksateistkümnenda)「カヘクサテイストキュムネス」

第9課　数詞（2）序数

第9/9.　üheksas (üheksanda)　　第19/19.　üheksateistkümnes (üheksateistkümenda)
　　　　「ユヘクサス」　　　　　　　　　　　「ユヘクサテイストキュムネス」

第10/10.　kümnes (kümnenda)　　第20/20.　kahekümnes (kahekümnenda)
　　　　「キュムネス」　　　　　　　　　　「カヘキュムネス」

第21/21.　kahekümne esimene (kahekümne esimese)
第22/22.　kahekümne teine (kahekümne teise)
第23/23.　kahekümne kolmas (kahekümne kolmanda)
第30/30.　kolmekümnes (kolmekümnenda)
第40/40.　neljakümnes (neljakümnenda)
第50/50.　viiekümnes (vuuekümnenda)
第60/60.　kuuekümnes (kuuekümnenda)
第70/70.　seitsmekümnes (seitsmekümnenda)
第80/80.　kaheksakümnes (kaheksakümnenda)
第90/90.　üheksakümnes (üheksakümnenda)
第100/100.　sajas (sajanda)
第200/200.　kahesajas (kahesajanda)
第300/300.　kolmesajas (kolmesajanda)
第1000/1000.　tuhandes (tuhandenda)
第2000/2000.　kahetuhandes (kahe tuhandenda)

用例2　**Tuppa**「部屋へ」

1. Reisija saab administraatorilt võtme.
   Ta võtab oma kohvri ja astub lifti.
   Ta sõidab liftiga seitsemendale korrusele.
   Ta väljab liftist ja vaatab, kus on oma tuba.
5. Ta keerab ukse lahti ja avab ukse.
   Ta astub tuppa ja paneb ukse kinni.
   Ta keerab ukse lukku ja paneb tule põlema.

Sõnad（語彙）
`administraator (`-i , `-t)「マネージャー」, võti (`võtme, võtit)「鍵」, `kohver (kohvri, kohvrit)「トランク」, `lift (lifti, `lifti)「エレベーター」, `vaatama (`vaatan)「よく見る」, `keerama (`keeran)「回す」, keerama ukse lahti「ドアを回して開ける」, `uks (ukse, `ust)「ドア」, avama (avan)「開ける」, `lukk (luku, `lukku)「錠」, tuli (tule, `tuld)「火，あかり」, põlema「つける」, panema ukse `kinni「ドアを閉める」。

1.「お客はマネージャーから鍵を受け取る。」
　「彼はトランクを取るとエレベーターに入る。」
　「彼はエレベーターで7階へ行く。」
　「彼はエレベーターから出て，どこに自分の部屋があるか探す。」
5.「鍵を回してドアを開ける。」
　「部屋へ入って，ドアを閉める。」
　「ドアに錠をかけて，あかりをつける。」
　Uks on lukus.「ドアは鍵がかかっている。」, Uks on lukus lahti.「ドアは鍵が開いている。」。

用例3　月と曜日

> Aasta algab jaanuaris ja lõpeb detsembris. Aastas on neli aastaaega. November on talvekuu. Novembri järel tuleb detsember. Esimene jaanuar on uusaasta. Igas kuus on neli nädalat, igas nädalas on seitse päeva. Kuues päev nädalas on laupäev. Selle järel tuleb pühapäev. Õppetöö algab septembris ja lõpeb juunis. Oktoobris sajab vihma, aga jaanuaris sajab lund.

Sõnad（語彙）
`aasta (aasta, `aastat)「年」, `algama (`algab)「始まる」, `lõppema (lõpeb)「終わる」, aasta`aeg (aja, `aega)「季節」, `talv (talve, `talve)「冬」, `kuu (kuu, kuud)「月」, järel「後に」, uus`aasta「新年」, iga「それぞれ」, nädal (nädala, nädalat)「週」, `päev (päeva, `päeva)「日」, `õppe`töö「授業」, sadama (sajab)「降る」, `vihm (vihma, `vihma)「雨」,

第 9 課　数詞（2）序数

lumi (lume, `lund)「雪」。

「1 年は 1 月（内格）に始まり，12 月に（内）終わる。1 年には（内）四季があり，11 月は冬の月で，11 月の後に 12 月がくる。1 月の（内）1 日は新年である。それぞれの月には（内）4 週があり，週の（内）6 番目の日が土曜日である。その後に日曜日がくる。学業は 9 月に始まり，6 月に終わる。10 月には（内）雨が降り，1 月には（内）雪が降る。」

1　月の名称 (kuud)

1 月	jaanuar (jaanuari, jaanuari)	7 月	juuli (juuli, juulit)
2 月	`veebruar (veebruari, veebruari)	8 月	`august (augusti, augustit)
3 月	`märts (märtsi, `märtsi)	9 月	sep`tember (sep`tembri, sep`tembrit)
4 月	`aprill (aprilli, `aprilli)	10 月	ok`toober (ok`toobri, ok`toobrit)
5 月	`mai (mai, maid)	11 月	no`vember (no`vembri, no`vembrit)
6 月	juuni (juuni, juunit)	12 月	det`sember (det`sembri, det`sembrit)

2　日づけ (kuupäevad)

Mis kuupäev täna on?　　　　　　Mis kuupäeval?　Millal
「今日は何月何日です？」　　　　「何月何日に？　いつ」

1. jaan esimene jaanuar「1 月 1 日」　esimesel jaanuaril「1 月 1 日に」
2. veebr teine veebruar「2 月 2 日」　teisel veebruaril「2 月 2 日に」
3. märts kolmas märts「3 月 3 日」　kolmandal märtsil「3 月 3 日に」
4. apr neljas aprill「4 月 4 日」　neljandal aprillil「4 月 4 日に」
5. mai viies mai「5 月 5 日」　viiendal mail「5 月 5 日に」
6. juuni kuues juuni「6 月 6 日」　kuuendal juunil「6 月 6 日に」
7. juuli seitsmes juuli「7 月 7 日」　seitsmendal juulil「7 月 7 日に」

8. aug kaheksas august　　　　　kaheksandal augustil
　　　「8月8日」　　　　　　　　　「8月8日に」
9. sept üheksas september　　　üheksandal septembril
　　　「9月9日」　　　　　　　　　「9月9日に」
10. okt kümnes oktoober　　　　kümnendal oktoobril
　　　「10月10日」　　　　　　　　「10月10日に」
11. nov üheteistkümnes november 「11月11日」
12. dets kaheteistkümnes detsember 「12月12日」

Mis aastal?「何年に」
1984. a　tuhande üheksasaja kaheksakümne neljandal aastal
　　　　　　「1984年に」
1867. a　tuhande kaheksasaja kuuekümne seitsmendal aastal
　　　　　　「1867年に」
2006. a　kahekümnendal sajandil kuuendal aastal　「2006年に」

用例(a)　日付の尋ね方
Mis kuupäev täna on?「今日は何日ですか？」= Mitmes täna on?
（mitmes「何番目」）
Täna on kolmas veebruar.「今日は2月3日です。」
Täna on kuueteistkümnes aprill.「今日は4月16日です。」
Täna on kahekümne seitsmes august.「今日は8月27日です。」

3　曜日（nädalapäevad）
用例(b)　曜日の尋ね方
Mis päev täna on?「今日は何曜日ですか？」
Täna on kolmapäev.「今日は水曜日です。」

Üleeile	←	Eile	←	**Täna**	→	Homme	→	Ülehomme
「おとつい」		「きのう」		「きょう」		「あす」		「あさって」
oli		oli		on		on		on
esmaspäev.		teisipäev.		kolmapäev.		neljapäev.		reede.
「月曜日」		「火曜日」		「水曜日」		「木曜日」		「金曜日」

第 9 課　数詞 (2) 序数

> laupäev.　　pühapäev.
> 「土曜日」　「日曜日」

Harjutus（練習）
(1) 次の文を訳し，その問いにエストニア語で答えなさい。
　1) 24. veebruar on Eesti Vabariigi aastapäev. (vabariigi「共和国の」)
　2) Mis päev täna on?
　3) Mis päev eile oli? (oli は on の過去形)
　4) Mis päev on homme?
　5) Mis päev üleeile oli?

用例(c)　年齢の表わし方
　「アンドレスは 10 歳です。」（2 通りの表現方法がある）
　Andres on kümneaastane.　(a)「数詞の属格形＋aastane（主格形）」
　Andres on kümme aastat vana.　(b)「数詞の主格形＋aastat（分格形）vana」
　Kui vana ta on?「彼はいくつですか？」, kui vana te olete?「あなたはおいくつですか？」
　Ma olen kahekümne seitsme aastane.「私は 27 歳です。」
　Ma olen kakskümmend seitse aastat vana.「同上」

用例(d)　生年月日の表わし方
　Millal te olete sündnud?「あなたはいつお生まれになりましたか？」（現在完了形）
　Millal on sinu sünnipäev?「君の誕生日はいつですか？」
　年月日には 2 通りの表わし方がある。
　「私は 1958 年に生まれました。」
　Ma on sündinud　(a) aastal tuhat üheksasada viiskümmend kaheksa.
　　　　　　　　　(b) tuhande üheksasaja viiekümne kaheksandal aastal.
　　(a)　aastal の後に基数の主格形をおく。

(b) 基数を属格形にし，最後の数詞を所格形にして，aastal を付ける。
Eduard Vilde on sündinud 4. märtsil 1865.「エドゥアルト・ヴィルデ（エストニアの文豪）は 1865 年（tuhande kaheksasaja kuuekümne viiendal aastal）3 月 4 日（neljandal märtsil）に生まれた。」

用例 (e) 回数の表わし方

Kas te olete kunagi Eestis käinud?（käima「行く」は内格の名詞を要求する）「あなたはいままでに（kunagi）エストニアにおいでになったことがありますか？」

Olen kolm korda Eestis.「私は3回エストニアへ来ています。」`kord (korra, `korda)「回数」

Ma kohtasin temaga kaks aastat tagasi.「私は2年前に彼に会いました。」(tagasi「以前に」) `kohtama(`kohtan)「会う」

用例 4　季節（aastaajad）と方位（ilmakaared）

kevad(kevade, kevadet)「春」　　sügis (sügise, sügist)「秋」
suvi (suve, suve)「夏」　　　　　`talv (talve, `talve)「冬」
　　Kevadel taevas on sinine. Linnud laulavad. Suvel päike paistab. Ilm on soe. Sügisel vihma sajab. Tuul on tugev. Talvel kuu paistab. Lund sajab.

Sõnad（語彙）

taevas (`taeva, taevast)「空」, `lind (linnu, `lindu)「鳥」, `päike (päikese, päikest)「太陽」, `paistma (paistab)「照る」, `ilm (ilma, `ilma)「天気」, soe「温かい」, `tuul (tuule, `tuult)「風」, `kuu (kuu, kuud)「月」, tugev「強い」, lumi (lume, `lund)「雪」, `vihm (-a, `-a )「雨」, sadama (sajab)「降る」, `pilv (pilve, `pilve)「雲」。

「春は（所）空は青い。鳥が歌う。夏は（所）太陽が照る。天気は温かい。秋は（所）雨が降る。風が強い。冬は（所）月が照る。雪が降る。」

第9課　数詞 (2) 序数

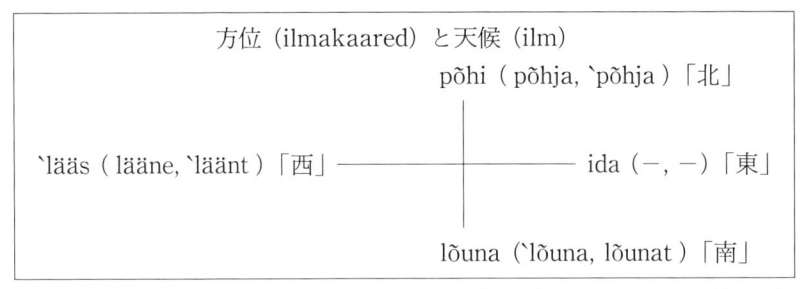

```
                方位 (ilmakaared) と天候 (ilm)
                            põhi ( põhja, `põhja )「北」
                                  |
`lääs ( lääne, `läänt )「西」——————+—————— ida ( –, – )「東」
                                  |
                            lõuna (`lõuna, lõunat )「南」
```

Päike tõuseb idast ja loojub läände.「太陽は東から昇り，西に沈む。」
Tuul puhub põhjast (lõunast, idast, läänest).
　「風が北（南，東，西）から吹いている。」
Taevas on pilvine.「空が曇っている。」
Kui vihm lakkab, päike tuleb pilve tagant ja paistab.
　「雨が止むと，太陽が雲の後ろから（tagant）出てきて，照らす。」

Sõnad（語彙）

`tõusma「上がる」, `loojuma「沈む」, puhuma「吹く」, `hakkama「始める」, `lakkama「止む」, pilvine「曇っている」。

Harjutus（練習）

(1) 次の問答における括弧内の日本語をエストニア語に訳しなさい。
　1) Kui vana te olete?「おいくつですか？」
　　（私は23歳です）
　2) Millal te olete sündinud?「あなたはいつお生まれになりましたか？」
　　（私は1968年7月25日に生まれました）

(2) 次に与えられた例文の中で，括弧で囲まれた日本語をエストニア語に訳しなさい。
　　Tavaliselt tõuseb Annika üles（7時に）, siis jookseb ta oma koeraga pargis umbes（20分）. Pärast seda joob ta tassi kohvi ja sööb paar võileiba. Kooli läheb Annika alati jalgsi（8時半）, sest ta elab ülikool lähedal.

普通 (tavaliselt) アンニッカは7時に起きます。それから (siis) 公園の中を自分の犬と共に20分走ります。その後 (pärast seda) 彼女はコーヒー一杯とサンドイッチを2つ (paar) 食べます。アンニッカはいつも (alati) 歩いて (jalgsi) 学校へ行きます。というのは (sest) 彼女は大学の近くに (lähedal) 住んでいるからです。

コラム4
Taksos「タクシーで」

Taksojuht: Tere, kuhu sõidame?
　　　　　「今日は，どちらへ参りますか？」
Reisija: 　Tere õhtust! Pargi hotelli palun.
　　　　　「今晩は，パルクホテルへお願いします。」
T.: Olemegi kohal.
「着きました。」
R.: Mis on minu arve?
「料金はいくらですか？」
T.: 75 krooni, palun.
「75クローンです。」
R.: Siis on sada krooni.
「ここに100クローンあります。」
T.: 25 krooni tagasi.「25クローンお返しします。」
R.: Vabandage, kas ma võiksin saada kviitungi?
「すいません，レシートをもらえませんか？」
T.: Aitäh!「ありがとうございます。」

taksos

Sõnad（語彙）
　takso (-, -t)「タクシー」, `juht (juhi, `juhti)「運転手」, `reisija ( -, -t)「旅行客」, sõitma (sõidan)「乗り物で行く」, kohal olema「到着する」(`koht (koha, `kohta)「場所」), arve (`arve, arvet)「値段」, tagasi「後へ」, võima (võin)「できる」(条件法), `kviitung ( kviitungi, `kviitungit)「受け取り」。

第 9 課　数詞 (2) 序数

用例

kuhu「どこへ」― kus「どこに」― kust「どこから」
paremale「右へ」　　paremal「右に」　　paremalt「右から」
vasakule「左へ」　　vasakul「左に」　　vasakult「左から」
parem (-a, -at)「右」　　　　　　　　　vasak (-u, -ut)「左」
　　　　　　　　　sirgelt「まっすぐに」

第10課 (Kümnes peatükk)
動詞 (2) 過去形
(Tegusõna pöördkond: minevik)

Lydia Koidula (1)

Lydia Koidula on kuulus eesti luuletaja. Ta sündis 24. detsembril 1843 aastal Vändra kihelkonnas.

Koidula isa Johann Voldemar Jannsen oli köster ja kooliõpetaja. 1857 aastast alates andis ta välja ajalehte 》Pärnu Postmees》.

Koidula õpis Pärnu Kõrgemas Tütarlaste koolis ja täiendas oma haridust naistele määratud kursustel Tartu ülikoois.

1863 aastal kolis perekond Tartusse, kus J.V. Jannsen toimetas ajalehte 》Eesti Postimees》.

Lydia Koidula

Sõnad (語彙)

kuulus「有名な」, luuletaja (-, -t)「詩人」, sündima (sünnin)「生まれる」, kihel`kond (konna, `konda)「教区」, `köster (köstre, `köstrit)「教会庶務係」, alates「～から」, `andma (annan) `välja「出版する」, aja`leht (lehe, `lehte)「新聞」, õppima (õpin)「学ぶ」, kõrgem「より高い」, tütar`laps (lapse, `last)「女子」, täiendama (täiendan)「完了する」, haridus (-e, -t)「教育」, naine (naise, naist, naiste (複分))「女」, määratud「定められた」(määrama「定める」の受動完了形), `kursus (-e, -t)「コース」, kolima

第10課　動詞 (2) 過去形

(kolin)「移る」, toimetama (toimetan)「編集する」。
リーティア・コイトゥラ (1)
「リーティア・コイトゥラは有名なエストニアの詩人である。彼女は1843年12月24日にヴァントラ教区で生まれた。

コイトゥラの父ヨハン・ヴォルテマル・ヤンセンは教会の庶務係で教師であった。1857年から彼は新聞『パルヌ新聞集配人』(エストニア最初の定期刊行物) を発行していた。

コイトゥラはパルヌの高等女子学校で学び，タルットゥ大学の女性に定められたコースで自分の教育を終えた。

1863年に家族はタルットゥに移り，そこでヤンセンは『エストニアの新聞集配人』を編集した。」

Grammatika（文法）
過去形（lihtminevik）
エストニア語には，ma- 不定詞と da- 不定詞の2種類がある。動詞の過去形は ma- 不定詞から導きだされる。過去の標識には，-si と -i の2種類がある。

(1)　**過去語尾 -si をもつもの**：kirjuta-ma「書く」

  1. ma kirjuta-sin「私が書いた」　me kirjuta-sime「私たちが書いた」
  2. sa kirjuta-sid「君が書いた」　te kirjuta-site「君たちが書いた」
  3. ta kirjuta-s「彼(女)が書いた」　nad kiruta-sid「彼(女)らが書いた」

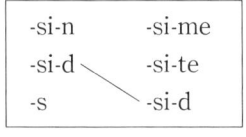

```
-si-n      -si-me
-si-d      -si-te
-s         -si-d
```
過去語尾 -si ＋人称語尾

動詞の過去形は不定詞の -ma 語尾の代わりに上に示された過去語尾を用いればよい。ただし，単数3人称形では，過去語尾 -s のみで表される。また，単数2人称と複数3人称は同形 -sid となる。

エストニア語入門

	luge-ma「読む」				tööta-ma「働く」		
ma	luge-sin	me	luge-sime	ma	tööta-sin	me	tööta-sime
sa	luge-sid	te	luge-site	sa	tööta-sid	te	tööta-site
ta	luge-s	nad	luge-sid	ta	tööta-s	nad	tööta-sid

(2) **過去語尾 -i をもつもの：**
  (a) ole-ma「ある」の過去形：不定詞語尾 -ma を過去語尾 -i に改め，その前に立つ母音 -e- を削除する。なお，単数2人称と複数3人称は同形の -id をとることになる。

  ma ol-in 「私は〜であった」   me ol-ime 「私たちは〜であった」
  sa ol-id 「君は〜であった」   te ol-ite 「君たちは〜であった」
  ta ol-i   「彼は〜であった」   nad ol-id 「彼(女)らは〜であった」

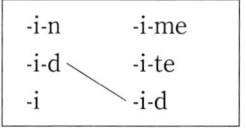

```
-i-n      -i-me
-i-d      -i-te
-i        -i-d
```

過去語尾 -i ＋人称語尾

	pane-ma「置く」				tege-ma「する」		
ma	pan-in	me	pan-ime	ma	teg-in	me	teg-ime
sa	pan-id	te	pan-ite	sa	teg-id	te	teg-ite
ta	pan-i	nad	pan-id	ta	teg-i	nad	teg-id

  (b) 語幹部に長母音を含むものは，短縮されることがある。

	saa-ma「手にいれる」				joo-ma「飲む」		
ma	sa-in	me	sa-ime	ma	jõ-in	me	jõ-ime
sa	sa-id	te	sa-ite	sa	jõ-id	te	jõ-ite
ta	sa-i	nad	sa-id	ta	jõ-i	nad	jõ-id

第10課　動詞（2）過去形

他に，`jää-ma (jään)「止まる」などがある。なお，-oo- や -öö- は，-õi- となる。`söö-ma (`söön)「食べる」は `sõin「食べた」となり，`too-ma (`toon)「持ってくる」は `tõin「持ってきた」となる。

(c)　ただし，mine-ma「行く」は語幹部も入れ替わる。

現在形「行く」				過去形「行った」			
ma	lähen	me	läheme	ma	läk-sin	me	läk-sime
sa	lähed	te	lähete	sa	läk-sid	te	läk-site
ta	läheb	nad	lähed	ta	läk-s	nad	läk-sid

Lydia Koidula (2)

Koidula aitas isa ajalehetöös ning kirjutas ka ise lühikesi jutustusi ja luuletusi. 1866 aastal ilmus trükist luuletuskogu 》Vainulilled》, 1867 aastal 》Emajõe ööbik 》. Koidula kirjutas isamaa-, loodus-ja armastusluulet.

1873 aastal abiellus Koidula sõjaväearst Eduard Michelsoniga ning asus elama Kroonlinna. Seal kirjutas ta isamaalisi luuletusi, näit. 》Igatsus 》, 》Jutt 》, 》Enne surma Eestimaale 》.

Koidula suri 11. augustil 1886 aastal ja ta maeti Kroonlinna.

Sõnad（語彙）

aitma (aitan)「助ける」, ning「そして」, `ilmuma (ilmub)「現れる」, lühikes「短い」, ise「自分で」, jutustus (-e, -t)「話」, luuletus (-e, -t, -i（複分））, trükis (-e, -t)「出版物」, luuletus-kogu「詩集」, vainulilled「芝地の花」, ööbik (-u, -ut)「ナイチンゲール」, isamaa「祖国」, `loodus (-e, -t)「自然」, armastus (-e, -t)「愛」, luule (`-, -t)「詩」, `abielluma (`abiellun)「結婚する」, sõjaväe`arst「軍医」, asuma elama「移り住む」, näit. (näiteks「例えば」の略), igatsus (-e, -t)「あこがれ」, `jutt (jutu, `juttu)「物語」, enne「～の前に」, `surm (-a, `-a)「死」, surema (suren)「死ぬ」, maeti (`matma「葬る」の非人称形)「葬られた」。

リーティア・コイトゥラ (2)

「コイトゥラは父の新聞の仕事を手伝い,短い話や詩を書いた。1866 年には出版物の詩集『芝地の花』,1867 年に『エマユキ川のナイチンゲール』が現われた。コイトゥラは祖国,自然や愛の歌を書いた。

1873 年にコイトゥラは軍医のエトゥアルト・ミケルソンと結婚しクローンリンナに移り住んだ。そこで彼女は愛国的詩,例えば,『憧れ』,『物語』,『死ぬ前にエストニアへ (向格)』を書いた。

コイトゥラは1886 年 8 月 11 日に亡くなり,クローンリンナに葬られた。」

用例
A. Ma läksin eile koolis. 「ぼくは昨日学校へ行きました。」
A. Miks ta ei käinud koolis. 「君はなぜ学校へ行かなかったのか。」
B. Mul pea valutas. 「ぼくは頭が (pea) 痛かった。」
　　(valutama (valutan)「痛む」)

Grammatika (文法)
過去の否定形
過去の否定形は「人称代名詞＋ei＋-nud 分詞」で形成される。

	「読んだ」(肯定形)			「読まなかった」(否定形)		
ma	lugesin	me	lugesime	ma	me	
sa	lugesid	te	lugesite	sa	te	ei luge-nud
ta	luges	nad	lugesid	ta	nad	

さて,過去の否定形に用いられる nud 分詞形 (過去分詞形) は da 不定詞から導き出される。

(a)　ma 不定詞と da 不定詞が一致するもの:
　elama「住む」〜 ela-da → ela-nud「住んだ」
　kirjutama「書く」〜 kirjuta-da → kirjuta-nud「書いた」

第10課　動詞 (2) 過去形

　　lugema「読む」〜 luge-da → luge-nud「読んだ」
　　`tööstama「働く」〜 tööta-da → tööta-nud「働いた」
　　`õppima「学ぶ」〜 õppi-da →`õppi-nud「学んだ」
(b)　ma 不定詞と da 不定詞が一致しないときは，da 不定詞による。
　　`hakkama「始める」〜 haka-ta → haka-nud「始めた」
　　`vaatama「見る」〜　vaada-ta → vaada-nud「見た」
(c)　その他注意すべきもの：
　　1)　olema「ある」〜 `ol-la → ol-nud「あった」
　　　　tulema「来る」〜 `tul-la → tul-nud「来た」
　　2)　`jooma「飲む」〜 `juu-a → joo-nud「飲んだ」（語幹母音 uu＞oo）
　　　　`sööma「食べる」〜 `süü-a → söö-nud「食べた」（語幹母音 üü＞öö）
　　3)　tegema「する」〜 teh-a → tei-nud「した」
　　　　nägema「見る」〜 näh-a → näi-nud「見た」
　　4)　`kuulma「聞く」〜 kuul-da →`kuul-nud「聞いた」
　　5)　minema「行く」〜 `min-na → läi-nud

Harjutus（練習）

次の文を訳し，その動詞の現在形を過去形に改め，それぞれの否定形を与えなさい。
1)　Sa tõused lauast, paned manteli selga ja lähed tänavale.
2)　Lapsed pesevad käed, istuvad lauda ja piima joovad.
3)　Jaan sööb võileiba juustuga.
4)　Ma seisan uksel ja vaatan välja.
5)　Ma saan vennalt pika kirja.
6)　Ma loen Koidula luuletusi.
7)　Jaan toob õele punase lille.

Sõnad（語彙）

`tõusma (tõusen)「立ち上がる」, `seisma (seisan)「立つ」, panema (panen)「置く」, pesema (pesen)「洗う」, `istuma (istun)「座る」, `tooma (`toon)「もってくる」, `piim (piima, `piima)「ミルク」。

第11課 (Üheteistkümnes peatükk)
代名詞 (1) 人称代名詞
(Isikulised asesõnad)

Kohtumistel「出会い」

(1) Kui eestlased kohtuvat, siis ütleb esimene 》Tere!》, millele teine vastab 》Tere!》,》Tere, tere!》või 》Tervist!》
(2) Kui eestlased kohtuvad hommikul, ütleb esimene 》Tere hommikust!》, millele teine vastab 》Tere hommikust!》.
(3) Kui on lõuna, ütleb eestlane 》Tere päevast!》, millele teine vastab jälle 》Tervist!》
　　Esimene: Tere päevast! Teine: Tervist!
(4) Õhtul tervitavad eestlased samal kombel 》Tere õhtust!》, millele teine vastab 》Tere!》.
(5) Õhtul ütleb igaüks kaaslastele 》Head ööd!》, millele teised vastavad niisamuti 》Head ööd!》või 》Head und!》.

kohtumistel

Sõnad（語彙）

`kohtumi-ne(-se, -st)「出会い」, `kohtuma(kohtun「〜と会う」, esimene「第1, 一方」, `vastama(`vastan)「答える」, millele「それに対し」(関係代), teine「第2, 相手」, hommikul「朝に」, lõuna「昼」, `õhtul「夕方に」, `jälle「再び」, tervitama(tervitan)「挨拶する」, iga`üks「だれも」, `kaasla-ne(-se, -st)「仲間」, sama komme(`kombe, kommet)「同じ方法, 習慣」, niisamuti「同じように」, uni(une, `und)「眠り」。

— 84 —

第11課　代名詞（1）人称代名詞

Tere hommikust !	Tere õhtust !	Tere !
「テレ　ホンミックスト」	「テレ　うフトゥスト」	「テレ」
「お早う」	「今晩は」	「やあ」
Tere päevast !	Head ööd	Tervist
「テレ　ぱエヴァスト」	「ヘアト　ヨート」	「テルヴィスト」
「今日は」	「お休み」	「お元気で」

(1)「エストニア人は出会ったとき，一方が「やあ」と言うと，これに対し，他方は「やあ」「やあ，やあ」または「お元気で」という。」
(2)「エストニア人が朝出会うと，一方が「やあ，お早う」と言う，これに対して，他方は「やあ」と言う。」
(3)「昼になると，エストニア人は「今日は」と言う，これに対して他方は「やあ」と言う。」
(4)「晩には，エストニア人は同じ方法で挨拶する。「今晩は」これに対し，他方は「やあ」と言う。」
(5)「晩には，だれも仲間に向かって，「お休み」と言う，これに対し，他方も同じく「お休み」もしくは「よい眠りを」という。」

(6) Kui külaline läheb ära, jütleb ta 》Head aega !》, 》Nägemist !》, 》Jällenägemiseni !》, 》Hüvasti !》või 》Kohtumiseni !》 Lahkuja vastab mõne samasuguse sõnaga.
(7) Kui külaline toob kelleltki tervisi, siis ütleb ta näiteks : 》Palju tervisi härra Rajamalt.》 Selle vastab eestlane : 》Tänan väga ! Kuidas härra Rajama läheb ?》. Sellele vastab soomlane : 》Härra Rajama läheb hästi.》
(8) Kui külaline saabub kaugelt, ütleb eestlane 》Tere tulemast !》 Kui külaline on Soomest, ütleb ta 》Tere tulemast Eestisse !》 》Soomlane ütleb 》Tervist !》

Sõnad（語彙）

külali-ne(-se, st)「訪問客」, ära minema(lähen)「立ち去る」, lahkuja(-, -t)「たち去る人」, mõne「ある」, samasugune「同じような」, `tooma

エストニア語入門

(`toon)「もってくる」, kelleltki「だれかから」(不定代), `tervis (-e, -t, -i (複分))「挨拶」, `näiteks「例えば」, palju「たくさんの」(複分をとる), tänama (tänan)「感謝する」, läheb「すごす」, `kaugelt「遠くから」, saabuma (saabun)「到着する」。

Head aega!「ヘアト　アエーカ」 「さようなら」	Nägemist!「なケミスト」 「さようなら」
Jällenägemiseni!「ヤッレなケミセニ」 「また会いましょう」	Hüvasti!「ヒュヴァスティ」 「お元気で」

(6)「訪問客が立ち去るとき, 彼は「さようなら」, 「さようなら」, 「また会いましょう」, 「お元気で」, または「お会いしたいものです」と言う。出かける人も同じような言葉で答える。」

(7)「訪問客がだれかから挨拶をたずさえてくるとき, そこで彼は例えば,「ラヤマさんからよろしくとのことです」と言う。これに対し, エストニア人は「たいへんありがとうございます。ラヤマさんはいかがお過ごしですか」と答える。これに対し, フィンランド人は「ラヤマさんはお元気です」と答える。」

(8)「訪問客が遠くから到着するときは, エストニア人は「やあ, おいでなさい」と言う。訪問客がフィンランド人であれば, 「エストニアへよくお出でになりました」と言う。フィンランド人は「ありがとう」と言う。」

Tere tulemast!「テレ　トゥレマスト」 「やあ, おいでなさい」	Tervist!「テルヴィスト」 「ありがとう」

(9) Vestlust alustavad eestlased küsimusega. 》Kuidas käsi käib?》 Sellele vastab teine, 》Tänan, hästi! Aga kuidas teil läheb?》 Esmene vastab taas : 》Tänan küsimast, ka päris hästi.》

(10) Kui keegi tutvustab kaht oma sõpra, siis ütleb ta : 》Härra Klaas ja proua Mänd, saage tuttavaks!》

第11課　代名詞（1）人称代名詞

> Sellele vastavad mõlemand kas：》Väga meeldiv tutvuda.》

Sõnad（語彙）

`vestulus(-e, -t)「会話」, alustama(alustan)「始める」, küsimus(-e, -t)「質問」, käsi(`käe, `kätt)「手」, `käima(käin)「行く」=「過ごす」, päris「まったく」, `hästi「よい」, keegi「だれかが」(不定代), sõber(sõbra, `sõpra)「友人」, tutvustama(tutvustan)「紹介する」, `saama (saan) tuttavaksi「知り合いになる」, mõlemad「両方が」, `meeldiv「たのしい」, `tutvuma (tutvun)「知り合う」。

(9)「エストニア人は質問で会話を始める。「ご機嫌いかがですか」。これに対し、相手は答える「どうもありがとう。それであなたはいかがですか」。先の人が答える「ご質問ありがとう。まったく元気です」。」

(10)「だれかが自分の2人の友人を紹介するとき、このように言う。「クラースさんとマント夫人です。お知り合いになってください」これに対し、両人は答える。「お知り合いになれて、たいへんうれしく思います」。」

用例

(1) Palun tervisi abikaasale.「ご主人に（または、奥さんに）よろしく。」
(abikaasa(-, -t)「連れ添い」, `tervis(-e, -t, -i (複分)「健康」)

(2) Tervisi teie isale(ema-le).「お父さんに（お母さんに）よろしく。」

(3) Tervitage minu poolt oma isa ja ema.
「私（の側）からあなたのお父さんとお母さんによろしくお伝えください。」
(tervitage「挨拶してください」 tervitama「挨拶する」の（命令形）, oma「自分の」=「あなたの」)

　Head reisi!「おだいじに（よい旅を）。」
(`reis(reisi, `reisi)「旅行」)

エストニア語入門

Grammatika（文法）
(1) 人称代名詞（isikulised asesõnad）

(単数)	1人称	2人称	3人称
1．主格	mina (ma)「私が」	sina (sa)「君が」	tema (ta)「彼が」
2．属格	minu (mu)「私の(を)」	sinu (su)「君の(を)」	tema「彼の(を)」
3．分格	min-d「私を」	sin-d「君を」	teda「彼を」
4．入格	minu-sse「私の中へ」 (mu-sse)	sinu-sse「君の中へ」 (su-sse)	tema-sse「彼の中へ」 (ta-sse)
5．内格	minu-s「私の中に」 (mu-s)	sinu-s「君の中に」 (su-s)	tema-s「彼の中に」 (ta-s)
6．出格	minu-st「私の中から」 (mu-st)	sinu-st「君の中から」 (su-st)	tema-st「彼の中から」 (ta-st)
7．向格	minu-le「私の方へ」 (mu-lle)	sinu-le「君の方へ」 (su-lle)	tema-le「彼の方へ」 (ta-lle)
8．所格	minu-l「私の所に」 (mu-l)	sinu-l「君の所に」 (su-l)	tema-l「彼の所に」 (ta-l)
9．離格	minu-lt「私の方から」 (mu-lt)	sinu-lt「君の方から」 (su-lt)	tema-lt「彼の方から」 (ta-lt)
10．変格	minu-ks「私に(なる)」	sinu-ks「君に(なる)」	tema-ks「彼に(なる)」
11．到格	minu-ni「私まで」	sinu-ni「君まで」	tema-ni「彼まで」
12．様格	minu-na「私として」	sinu-na「君として」	tema-na「彼として」
13．欠格	minu-ta「私なしに」	sinu-ta「君なしに」	tema-ta「彼なしに」
14．共格	minu-ga「私と」	sinu-ga「君と」	tema-ga「彼と」

(複数)	1人称	2人称	3人称
1．主格	meie (me)「私たちが(を)」	teie (te)「君たちが(を)」	nemad (nad)「彼らが(を)」
2．属格	meie「私たちの」	teie「君たちの」	nende「彼らの」
3．分格	mei-d「私たちを」	tei-d「君たちを」	nei-d「彼らを」
4．入格	mei-sse「私たちの中へ」	tei-sse「君たちの中へ」	nende-sse「彼らの中へ」
5．内格	mei-s「私たちの中に」	tei-s「君たちの中に」	nende-s「彼らの中に」
6．出格	mei-st「私たちの中から」	tei-st「君たちの中から」	nende-st「彼らの中から」
7．向格	mei-le「私たちの方へ」	tei-le「君たちの方へ」	nende-le「彼らの方へ」
8．所格	mei-l「私たちの所に」	tei-l「君たちの所に」	nende-l「彼らの所に」
9．離格	mei-lt「私たちの方から」	tei-lt「君たちの方から」	nende-lt「彼らの方から」

第11課　代名詞（1）人称代名詞

10.	変格	meie-ks「私たちに」	teie-ks「君たちに」	nende-ks「彼らに」
11.	到格	meie-ni「私たちまで」	teie-ni「君たちまで」	nende-ni「彼らまで」
12.	様格	meie-na「私たちとして」	teie-na「君たちとして」	nende-na「彼らとして」
13.	欠格	meie-ta「私たちなしに」	teie-ta「君たちなしに」	nende-ta「彼らなしに」
14.	共格	meie-ga「私たちと」	teie-ga「君たちと」	nende-ga「彼らと」

Harjutus（練習）

次のエストニア語の文例を読み，問いに答えなさい。

　Aastat seitsekümmend tagasi tegi üks Virumaa mees entale pruunist paekivist saunaahju. Ta hakkas ahju kütma — ja ahi põles ära！Siis sai mees aru, et see pruun kivi põleb. Põlevkivi põleb nagu kivisüsi. Põlevkivist saab bensiini, asfalti ja mitmeguseid õlisid.
1)　Millest ehitas üks Virumaa mees endale saunaahju？
2)　Kas see pruun kivi oli kivisüsi？
3)　Mis on see pruun paekivi, mis põleb nagu kivisüsi？

Sõnad（語彙）

tagasi「昔」, tegema(`teen)「作る」, Virumaa「ヴィルマー(エストニアの北東部)」, endale「自分のために」, `pruun(-i, `-i)「茶色の」, paekivi「石灰石」, ahi(ahju, `ahju)「かまど」, `hakkama(hakata, `hakkan)「始める」, `kütma(`kütta, kütab)「熱する」, ära põlema(-da, -b)「燃え上る」, aru `saama(saan)「分かる」, põlevkivi「オイルシェール」, ben`siin「ガソリン」, `mitmesugune「いろいろな」, õli(-,　-)「石油」, kivisüsi「石炭」, ehitama(ehitada, ehtan)「組み立てる」。
（エストニアはこの石灰石のおかげで工業が発達している）

第12課 (Kaheteiskümnes peatükk)
代名詞 (2) 指示，疑問，不定，再帰
(Näitavad, küsivad, umbmäärased ja enesekohased asesõnad)

Tallinn (1)

> Tallinn asetseb suuremalt osalt mere ja paekalda vahel. Keset linna kerkib Toompea, kaljurüngas. Sellel kaljul seisis arvatavasti muistsete eestlaste maalinn, mille asemele ehitasid taanlased hiljem oma linnuse. Taanlased loovutasid linnuse juurde kaubalinna. Vanad linnuse müürid ja tornid on säilinud. Nende vahele ja ümber on ehitatud nüüdsed majad.

Sõnad (語彙)

asetsema (asetseb)「位置する」, suurem (-a) osa (-)「より大きい部分 (大部分)」(離格), meri (mere, `merd)「海」, pae「石灰」, kallas (`kalda, kallast)「岸」, vahel「間」, keset「真ん中に」, `kerkima (kerkib)「そびえている」, kalju (-, -t)「岩」, rüngas (`rünka)「ブロック」, `seisma (seisan)「立つ」, arvatavasti「おそらく」, `muist-ne (-se)「古代の」, `maa`linn (linna)「山城」, asemele「場所に」, `taanla-ne (-se)「デンマーク人」, hiljem「より後で」, linnus (e)「要塞」, ehitama (ehitan)「建てる」, `juurde「～の所に」, loovutama (loovutan)「認める」, kauba`linn (a)「商業都市」, vana「古い」, `müür (i)「城壁」, `torn (-i, `-i)「塔」, `säilima (säilin)「保持する」, `ümber「周りに」, `nüüd-ne (-se)「現代の」。

タッリン(1)

「タッリンは大部分，海と石灰岸の間に位置している。市の真ん中に岩の固まりのトーンペアがそびえている。その岩の上に，おそらく昔のエストニアの山城が建っていたのであろう。その場所にデンマーク人が後になって，自分の城塞を築いた。デンマーク人は城塞の下に商業都市を認めた。

第12課 代名詞（2）指示，疑問，不定，再帰

昔の城塞の城壁と塔が残されている（受動完了形）。それらの間や周りに現代の家々が建てられている（受動完了形）。」

Tallinn（2）

> Toompeaalt avaneb vaade Tallinna majadele, millest kerkivad esile kirikute teravade tornid. Toompea ümbruses levib vana südalinn, mis on säilinud keskajast. Majad on kõigete teravad katustega, tänavad on kitsad ning kõverad.
>
> Vana südalinna ümber on moodne kesklinn laiade tänavatega ja suurte majadega, millest kõrgeimad on kuni seitsmekordsed. Siin on valitsusasutuste hooned koolid, kinod, teatrid, kaubamajad ja üürimajad.

Sõnad（語彙）

avanema(avaneb)「開ける」, vaade(`vaate)「光景」, majade「家々の（複数属格）」, esile `kerkima(kerkib)「そびえ立つ」, kirk(u)「教会」(kirkute (複属)), terav(a)「とがった」, levima(levib)「ひろがる」, `kesk`aega (aja)「中世」, `kõrgete「高い（複属）」, katus(e)「屋根」, `ümbrus(e)「付近」, tänav(a)「通り」, kitsas(`kitsa)「狭い」, kõver(a)「曲がった」, süda`linn(s)「中核の市」, ümber「～の周りに」, mood-ne(se)「現代の」, lai(a)「広い」, `kõrgeim「最も高い」（最上級）, kuni「まで」, `seitsme`kord-ne(-se)「7階の」, valitsus-asutus(e)「政府機関」, hoone (`hoone, -t)「建物」, kaubamaja「商店」, üürimaja「アパート」。

タッリン(2)

「トーンペアからはタッリンの家々の光景が開けている。その中で教会のとがった塔がそびえている。トーンペアの近くには古い市の中核が広がっている。そこには中世が保持されている。家々は高いとがった屋根をしている。通りは狭く，そして曲がっている。

古い中核の市の周りには，現代風の中心都市が広い通りと大きな家々を備えている。その中で最も高いのは7階建てまである。そこには政府機関の建物，学校，映画館，劇場，商店とアパートがある。」

Grammatika（文法）
(2) 指示代名詞

	［近　称］		［遠　称］	
	（単数）	（複数）	（単）	（複）
	「これ，それ」	「これら，それら」	「あれ」	「あれら」
1. 主格	see 「これが，それが」	need 「これらが，それらが」	too	nood
2. 属格	selle 「この，その」	nende 「これらの，それらの」	tolle	nonde
3. 分格	seda 「これを，それを」	neid 「これらを，それらを」	toda	noid
4. 入格	selle-sse (se-sse) 「この，その中へ」	nende-sse (nei-sse) 「これら，それらの中へ」	tolle-sse (to-sse)	nonde-sse (noi-sse)
5. 内格	selle-s (se-s) 「この，その中に」	nende-s (nei-s) 「これら，それらの中に」	tolle-s	nonde-s
6. 出格	selle-st (se-st) 「この，その中から」	nende-st (nei-st) 「これら，それらの中から」	以下，tolle-, nonde- を語幹にして変化する。	
7. 向格	selle-le 「この，その方へ」	nende-le (nei-le) 「これら，それらの方へ」		
8. 所格	selle-l (se-l) 「この，その所に」	nende-l (nei-l) 「これら，それらの所に」		
9. 離格	selle-lt (se-lt) 「この，その方から」	nende-lt (nei-lt) 「これら，それらの方から」		
10. 変格	selle-ks (se-ks) 「これ，それに（なる）」	nende-ks (nei-ks) 「これら，それらに（なる）」		
11. 到格	selle-ni 「これ，それまで」	nende-ni 「これら，それらまで」		
12. 様格	selle-na 「これ，それとして」	nende-na 「これら，それらとして」		
13. 欠格	selle-ta 「これ，それなしに」	nende-ta 「これら，それらなしに」		
14. 共格	selle-ga 「これ，それと」	nende-ga 「これら，それらと」		

第12課　代名詞 (2) 指示，疑問，不定，再帰

用例

　　seeの指示する範囲は広く，「これ」と「それ」を含めた領域を指す。また，selleは「これを，それを」も意味する。同じくneed「これらを」「それらを」を意味することがある。

(1)　See puu siin (käega katsutavas kauguses)
　　　「(手に触れる範囲 (kauguses) にある) siin (ここの) この木。」
(2)　See puu seal (eemal)
　　　「(離れた) seal「そこの」その木。」
　このように，see siin は，英語の指示代名詞 this に，
　　　　　　　see seal は，英語の指示代名詞 that にほぼ相当する。
(3)　Kes see (siin juures olev) poiss on?「(この場所にいる) この少年はだれですか？」
(4)　Kes too (seal olev) tüdruk on?「(あそこにいる) あの女の子はだれでしょうか？」
　また，次のような対比の場合に too「あれ」が用いられる。
(5)　See on minu raamat, too on sinu oma.
　　　「これは私の本で，あれは君のだ。」
　だが，See raamat siin sinu ees「君の前にあるその本」となる。要するに，see は「これ，それ」を含む範囲を指し，too「あれ」は相当に遠いものを指すが，実際には too「あれ」を用いることはまれである。tol ajal「あのとき」など。

(3) 疑問代名詞と関係代名詞

	[人　　間]		[事物]
	(単数)	(複数)	(単数)
1. 主格	kes「だれが」	kes「だれたちが」	mis「なにが」
2. 属格	kelle「だれの」	kellede「だれたちの」	mille「なんの」
3. 分格	keda「だれを」	keda「だれたちを」	mida「なにを」
4. 入格	kelle-sse 「だれの中へ」	kellede-sse 「だれたちの中へ」	mille-sse 「なんの中へ」

5. 内格	kelle-s	kellede-s	mille-s
	「だれの中に」	「だれたちの中に」	「なんの中に」
6. 出格	kelle-st	kellede-st	mille-st
	「だれの中から」	「だれたちの中から」	「なんの中から」
7. 向格	kelle-le	kellede-le	mille-le
	「だれへ」	「だれたちへ」	「どこへ」
8. 所格	kelle-l	kellede-l	mille-l
	「だれの所に」	「だれたちの所に」	「どこに」
9. 離格	kelle-lt	kellede-lt	mille-lt
	「だれから」	「だれたちから」	「どこから」
10. 変格	kelle-ks	kellede-ks	mille-ks
	「だれに」	「だれたちに」	「なんに」
11. 到格	kelle-ni	kellede-ni	mille-ni
	「だれまで」	「だれたちまで」	「どこまで」
12. 様格	kelle-na	kellede-na	mille-na
	「だれとして」	「だれたちとして」	「どのように」
13. 欠格	kelle-ta	kellede-ta	mille-ta
	「だれなしに」	「だれたちなしに」	「なになしに」
14. 共格	kelle-ga	kellede-ga	mille-ga
	「だれと」	「だれたちと」	「なにで」

事物の複数疑問代名詞であるが，主格，属格と分格は単数形と同じで，その他の格では millede- を語幹として変化する。

だが，kes「だれ」も mis「なに」も意味に混乱がおこらない限り，単数形を用いるのが普通である。

　　Vasar ja kirves, millede-ga（複数の関係代名詞）ma töötasin, on kuuris.

　　「私が使って働いたハンマーと斧は納屋にある。」(millede-ga はハンマーと斧の両方を指す)

　　Vasar ja kirves, mille-ga（単数の関係代名詞）ma töötasin, on kuuris.

　　「ハンマーと私が使って働いた斧は納屋にある。」(mille-ga は斧だけを指す)

第12課　代名詞 (2) 指示，疑問，不定，再帰

Kes も mis も疑問代名詞と関係代名詞の用法をもっている。
　　疑問代名詞として：Kes sealt tuleb?「だれがあそこから来ますか？」
　　関係代名詞として：Ma ei tea meest, kes sealt tuleb.
「私はあそこから来る人を知りません。」`mees (mehe, `meest)「人」
Siin on raamatud, mis sa mulle laenasid.
「君が私に貸してくれた本がここにある。」(`laenama「貸せる」)
　また，`kus「どこに」，`miks「なぜ」，millal「いつ」，millane「どんな」，kuidas「どのように」もよく用いられる疑問詞である。

用例

(1) Kus te elate?「あなたはどこに住んでいますか？」
(2) Kuhu sa lähed?「君はどこへ行きますか？」
(3) Kust sa tulid?「君はどこから来ましたか？」
(4) Millal sa tõused hommikul?「朝いつ君は起きますか？」
(5) Miks Jaan ei lähe koolis?「なぜヤーンは学校へ行かないのか？」
　また，kes は人物にも職業を尋ねるときにも用いられる。
(6) Kes ta on?「彼はだれですか？」— Ta on Jaan.「彼はヤーンです。」
(7) Kes ta on?「彼はなんですか？」— Ta on õpetaja.「彼は先生です。」
(8) Mida sa tahad?「君はなにが欲しいのですか？」
(9) Kumb neist tütarlastest on vanem?
　「これらの女の子の中で（出格）どちらが年上ですか？」
(10) Kuidas see eesti keeles on?「これはエストニア語で何と言いますか？」

(4)　不定代名詞と再帰代名詞

	不定代名詞	再帰代名詞
1. 主格	kee-gi「だれかが」	ise「自分が」
2. 属格	kelle-gi「だれかの」	enese「自分の」
3. 分格	keda-gi「だれかを」	ennast「自分を」
4. 入格	kelle-sse-gi「だれかの中へ」	enese-sse「自分の中へ」
5. 内格	kelle-s-ki「だれかの中に」	enese-s「自分の中に」
6. 出格	kelle-st-ki「だれかの中から」	enese-st「自分の中から」

7.	向格	kelle-le-gi「だれかの方へ」		enese-le「自分の方へ」
8.	所格	kelle-l-gi「だれかの所に」		enese-l「自分の所に」
9.	離格	kelle-lt-ki「だれかの方から」		enese-lt「自分の方から」
10.	変格	kelle-ks-ki「だれかに（なる）」		enese-ks「自分に（なる）」
11.	到格	kelle-ni-gi「だれかまで」		enese-ni「自分まで」
12.	様格	kelle-na-gi「だれかとして」		enese-na「自分として」
13.	欠格	kelle-ta-gi「だれかなしに」		enese-ta「自分なしに」
14.	共格	kelle-ga-gi「だれかと」		enese-ga「自分と」

次のような不定代名詞がよく用いられる：

iga(-, -)「それぞれの」, iga`üks(-ühe, -`üht)「だれも」, kogu「すべて」, `kõik(kõige, `kõike, kõiki)「すべて」, mitu(`mitme, mitut, `mitmeid)「いくつかの」, muu(-, -d, ,uid)「他の」, mõlema（単属）(mõlemat（単分）, mõlemaid（複分））「両方」, mõni(mõne, `mõnd, mõnesid)「ある」, emb-kumb「どちらか」, palju(-, -t, -sid)「多くの」（複数分格の名詞をとる）

なお，`muu「他の」は無変化で名詞を修飾する。

用例：不定代名詞

(1) *Keegi* tuleb.「だれかがくる。」
(2) *Keegi* ei vastanud.「だれも答えなかった。」(`vastama「答える」)
(3) *Kuskilt* olen `kuulnud, et sa oled juba abielus.
「私は君がすでに（juba）結婚しているとだれかからきいた。」
(4) Anna nüüd *mingit* nõu!「いま（nüüd）なにか忠告を（nõu）ください。」
(anna は `andma「与える」の命令形）
(5) *Mõned* usuvad veel Jumalasse.「ある人々はまだ（veel）神を（入格）信じている。」(`uskuma (usun)「信じる」)
(6) *Iga* inimine peab surma.
「それぞれ（すべて）の人は死ななければならない（`peab）。」
(7) Andke mulle *mõni* vett.「水を少し私にください。」
(8) Ta luges *mingit* raamatut.「彼は何冊か本を読んだ。」

第12課　代名詞（2）指示，疑問，不定，再帰

用例：再帰代名詞
(1) Lapsed austage *oma* vanemaid.
「子供たちに自分の(oma)両親をうやまうようにさせなさい。」(austage は `austama「うやまう」の3人称命令形「～させる」の意)
(2) Maret räägib sageli *endast*.
「マレットはよく (sageli) 自分のこと (について) 話す。」
(3) Parimad õunad võtsime *enadale*.
「一番よいりんごを私たちは自分のために取っておいた。」
(4) Hoia end.「自分に (ついて) 気をつけなさい。」(`hoidma「気をつける」)
(5) Nad on *teineteisse* armunud「彼らは互いに恋に落ちた。」(armunud は armuma「恋に落ちる」の現在完了分詞で入格の名詞をとる)
(6) Nad räägivad *teineteist* halb.「彼らは互いに悪く (`halb) いう。」
(7) Paberid lendasid laualt, *üks* põrandale, *teine* toolile.「紙がテーブルから飛んだ，1つが床の上へ，他は椅子の上へ。」

Harjutus（練習）
次のエストニア文を訳しなさい。
1) See kübar（帽子）sobib mulle.（sobima「似合う」）
2) See poiss, kes käis eile sinu juures, on minu vend.（käima「行く」, juures「所へ」）
3) Emb-kumb meist on eksinud.（`eksima「間違う」）
4) Nad räägivad teineteisest halb.（halb「悪く」）

コラム5
(a) **Jaamale**「駅へ」

> A.: Vabandage, kas te võite mulle öelda, milline tramm võit läheb raudteejaamal?「すいません，どの電車が鉄道の駅へ行くのか教えてくださいませんか？」
> B.: Jaama saate trammiga number 1 või 2.
> 「駅へは1番か2番の電車で行けます。」

> Trammipeatus on seal üle tee.
> 「電車の停留所は道の向こうにあります。」

Sõnad（語彙）

`jaam ( -a, `-a)「駅」, `raud`tee (`tee, `teed)「鉄道」, `peatus (-e, -t)「停留所」。

(b) Toompeale「トーンペアへ」

> A.: Vabandage, kas te võiksite juhatada mind Toompeale?
> 「すいません，トーンペアへ私を案内して（道を教えて）くださいませんか？」
> B.: Jah, palun! Praegu oleme Vabaduse väljakul. Vaadake, see kõrgem koht seal vastas ongi Toompea. Minge jüle väljaku, trepist üles ja oletegi kohal!
> 「いいですよ，私たちは今自由広場にいます。御覧なさい，向かいのあの高い場所がトーンペアです。広場を横切り，階段を上っていくと，そこに出ます。」
> A.: Tänan väga.「どうもありがとうございます。」
> B.: Pole tänu väärt!「どういたしまして。」

Sõnad（語彙）

juhatama「案内する」, `praegu「いま」, vabadus (-e, -t)「自由」, väljak (-u, -ut)「広場」, `vaatama「見る」(命令形), vastas「向こう側の」, minema「行く」(命令形), `trepp (trepi, `treppi)「階段」, lennu-väli (välja, `välja) (`välju)「空港」, pole「ない」, `väärt「価値が」。

(c) Lennuväljale「空港へ」

> A.: Kas te võiksite mulle öelda, millal me lennu väljale sõidame?
> 「どのようにして空港へいくのか私に教えてください。」
> Kas lennuvälji on linnast kaugel?
> 「空港は市から遠いですか？」

第12課　代名詞（2）指示，疑問，不定，再帰

> Kuidas pääsen lennuväljale?
> 「どのようにして空港へ行けますか？」
>
> B.: Autobuss läheb siit täpselt kell kaks ja viib teid lennuväljale?
> 「バスがここから正確に2時に出て，あなたを空港へ運んでくれます。」

Sõnad（語彙）

ˋpääsema (pääsen)「着く」, ˋsiit「ここから」, ˋtäpselt「正確に」, ˋviima「運ぶ」, lennuk (-i, -it)「飛行機」。

Toompea

第13課 (Kolmeteistkümnes peatükk)
形容詞変化と比較法
(Omadussõnade käändkond ja võrdlemine)

Hiire väimees (1)

> Elas kord uhke hiir. Tal oli ilus tütar. Vana hiir tahtis endale ka tublit väimeest, kõige kangemat maailmas. Seepärast läheb ta päikese juurde ja ütleb:
> "Sa oled maailmas kõige vägevam, põletad, keda vihkad, soojendad, keda armastad — võta mu tütar endale naiseks."
> Päike vastab: "On veel minust kangemaid: tuleb pilv, katab mu kinni ja ei saa enam kedgagi soojendada."

Sõnad（語彙）

`hiir (hiire, `hiirt)「ねずみ」, väi`mees (mehe, `meest)「婿」, elama (elan)「住む」, `kord (korra, `korda)「度（あるとき）」, `uhek (-, -t)「誇り高い」, `tahtma「望む」, endale「自分に」, tubli (-, -t)「立派な」, kange (-, -t)「強い」, `maa`ilm (ilma, `ilma)「世界」, ka「また」, seepärast「そのために」, `päike-ne (-se, -st)「太陽」, vägev「強大な」, põletama「燃やす」, keda「ものを」, vihkama (`vihkan)「憎む」, soojendama「暖める」, armastama (armastan)「愛する」, `võtma (võtan)「取る（命令形）」, naine (naise, naist)「妻（妻として）」, veel「まだ」, `pilv (-e, `-e)「雲」, katma (katan)「隠す」, kinni「しっかり」, enam「もう」.

ねずみの婿 (1)

「あるとき誇り高いねずみがいた。それには美しい娘がいた。年取ったねずみは，立派な婿を望んでいた。それで，太陽の所へ行って話した。「あなたは世界で一番強い。憎んでいるものは燃やしてしまい，愛しているものは暖めてやる。うちの娘を妻にもらってください。」

第13課　形容詞変化と比較法

太陽は答えた,「私よりも強いものがいます。雲がやってきて,私を隠してしまうと,もうだれも暖めることはできません。」」

Hiire väimees (2)

> Hiir näeb pilve ja küsib:"Kas sina oled kõige tugevam maailmas? Võta mu tütar endale naiseks!"
>
> Pilv vastu:"Ei ole mina kõige tugevam: tuleb kõva tuul, see ajab mu laiali ja mind ei olegi enam."
>
> Läheb hiir tuule jutule:"Sina pilvepuhuja, kui oled kõige vägevam maailmas, siis võta mu tütar endale naiseks!"
>
> Tuul kiidab oma vägevust, lausub aga, et tugev müür on temast kangem, sellest ei saa ta läbi puhuda.
>
> Hiir läheb müüri juurde. Müür vastab "Olen küll suur ja tugev aga väikesed loomad on minust kangemad: hiired närivad minust augu läbi ja mina ei saa neile midagi teha."
>
> Nii saigi hiire tütar endale kõige vägevama mehe maalimas — hiire.

Sõnad (語彙)

nägema(`näen)「見る,会う」, küsima(küsin)「頼む」, vastu「それに対し」, kõva(-, -)「強い」, `tuul(tuule, `tuult)「風」, ajama(ajan)「追いやる」, laiali「ばらばらに」, enam「もう」, `jutt(jutu, `juttu)「話」, pilvepuhuja「雲を吹き飛ばす者」, `kiitma(kiitan)「感謝する」, vägevus「力」, lausuma(lausun)「言う」, puhuma(puhun)「吹く」, läbi「通して」, `müür(-i, `-i)「壁」, tugev(-a, -at)「強い」, väike-ne(-se, -est)「小さい」, `loom(-a, `-a)「生き物」, `auk(augu, `auku)「穴」, närima(närin)「かじる」, mehele `saama「結婚する」, mees(mehe, `meest)「夫」。

ねずみの婿 (2)

「ねずみは雲に会ってお願いする,「あなたは世界で一番強いでしょうか。私の娘を妻にしてください。」

それに対し,雲は「私は一番強くはない。強い風がくれば,私をばらば

らに追いやってしまい，私はもうどうにもならない。」

ねずみは風の所へやってくる。「あなたは雲を吹き飛ばす方だ。世界で一番強いから，私の娘を妻にしてください。」

風はその力については感謝したが，「頑丈な壁の方が私より強い。それを吹き抜けることはできない。」

ねずみが壁の所へいくと，壁は答えた，「私はたしかに大きくて強いが，小さな生き物の方が私よりも強い。ねずみは私に穴を開けるが，私はそれらにどうしようもない。」そこで，ねずみの娘は世界で一番強いもの，すなわち，ねずみを自分の所へ迎えた。」

Grammatika（文法）

1．形容詞と名詞の変化

		（単数形）	（複数形）
1.	主格	punane ˋlill「赤い花が」	punase-d lille-d「赤い花々が」
2.	属格	punase lille「赤い花の」	punas-te lille-de「赤い花々の」
3.	分格	punas-t ˋlille「赤い花を」	punase-id ˋlilli「赤い花々を」
4.	入格	punase-sse lille-sse「赤い花の中へ」	punaste-sse lillede-sse「赤い花々の中へ」
5.	内格	punase-s lille-s「赤い花の中に」	punaste-s lillede-s「赤い花々の中に」
6.	出格	punase-st lille-st「赤い花の中から」	punaste-st lillede-st「赤い花々の中から」
7.	向格	punase-le lille-le「赤い花の方へ」	punaste-le lillede-le「赤い花々の方へ」
8.	所格	punase-l lille-l「赤い花の所に」	punaste-l lillede-l「赤い花々の所に」
9.	離格	punase-lt lille-lt「赤い花の方から」	punaste-lt lillede-lt「赤い花々の方から」
10.	変格	punase-ks lille-ks「赤い花に」（なる）	punaste-ks lillede-ks「赤い花々に」（なる）

第13課　形容詞変化と比較法

11. 到格	punase	lille-ni	punaste	lillede-ni
		「赤い花まで」		「赤い花々まで」
12. 様格	punase	lille-na	punaste	lillede-na
		「赤い花として」		「赤い花々として」
13. 欠格	punase	lille-ta	punaste	lillede-ta
		「赤い花なしで」		「赤い花々なしに」
14. 共格	punase	lille-ga	punaste	lillede-ga
		「赤い花で」		「赤い花々で」

単数形も複数形も属格形が基本となり，4.入格〜10.変格までを形成する。なお，11.到格〜14.共格では，属格形がそのまま用いられる。

2．形容詞の比較法（比較級と最上級）

エストニア語の形容詞には，比較級と最上級がある。

原級（algvõrre）　　`kõrge `puu「高い木」　ilus `linn「美しい市」
比較級（keskvõrre）　`kõrge-m `puu　　　　ilusa-m `linn
　　　　　　　　　　「より高い木」　　　　「より美しい市」
最上級（ülivõrre）　　`kõrge-im `puu　　　　ilusa-im `linn
　　　　　　　　　　「最も高い木」　　　　「最も美しい市」
　　　　　　　　　　kõige `kõrgem `puu　　kõige ilusam `linn
　　　　　　　　　　「同上」　　　　　　　「同上」

(1) 比較級は，単数属格形に語尾 -m をつける。（括弧内は単数属格形）
　　suur (suure) suure-m「より大きい」　pikk (pika) pikem「より長い」
　　$\boxed{\text{比較級形 ＝ 単数属格形＋ m}}$
　　　ただし，単数属格形の語末母音にいくつかのタイプがある。
　(a) 属格形がそのまま用いられるもの：括弧内は属格形
　　vaba (vaba) vabam「より自由な」
　　ilus (ilusa) ilusam「より美しい」
　　`kõrge (kõrge) `kõrgem「より高い」
　　`suur (suure) suurem「より大きい」

— 103 —

エストニア語入門

   `noor (noore) noorem「より若い」
   `uus (uue) uuem「より新しい」
   `kauge (kauge) kaugem「より遠い」
   `raske (raske) `raskem「より重い」
   `selge (selge) selgem「より明らかな」
   `väike (väikse) `väiksem「より小さい」
   magus (magusa) magusam「より甘い」
   madal (madala) madalam「より低い」
   hapu (hapu) hapum「より酸い」
   odav (odavu) odabum「より安い」
(b) 属格形に -se, -da, -ka などの要素をもつもの：
   `vaik-ne (vaik-se) vaiksem「より静かな」
   `vae-ne (vae-se) vaesem「より貧しい」
   pime (pime-da) pimedam「より暗い」
   nalja-kas (nalja-ka) naljakam「より面白い」
(c) -as, -is, -us の語尾をもつ形容詞
   `tähtis (täht-sa) tähtsam「より重要な」
   hoolas (`hoolsa) `hoolsam「より注意深い」
   `kuulus (kuul-sa) kuulusam「より有名な」
   `rõõmus (rõõm-sa) rõõmsam「より楽しい」
   rikas (`rikka) `rikkam「より豊かな」
   puhas (`puhta) `puhtam「より清潔な」
   kallis (`kalli) `kallim「より高価な」
   kaunis (`kauni) `kaunim「よりきれいな」
(d) 属格語尾の母音が -e に変わるもの：
   vana (vana) van-em「より年取った」
   `pikk (pika) pik-em「より長い」
   `tark (tarka) tark-em「より賢い」
   `halb (halva) halv-em「より悪い」
   `külm (külma) külm-em「より寒い」
   `lai (laia) lai-em「より広い」

第13課　形容詞変化と比較法

　`soe（sooja）sooj-em「より暖かい」
　`paks（paksu）paks-em「より厚い」

(2)　最上級は，複数分格形に語尾 -(i)m をつける。(括弧内は複数分格形)
　`suur（`suuri）suuri-m「もっとも大きい」
　`noor（`noori）noori-m「もっとも若い」
　`pikk（`pikki）piki-m「もっとも長い」
　ilus（ilusaid）ilusai-m「もっとも美しい」
　`uus（`uusi）uusi-m「もっとも新しい」
　vana（vanu）vani-m「もっとも古い」
　または，比較級形の前に kõrge「高い」をつけて表わすこともできる。
　kõige suurem「もっとも大きい」，kõige pikem「もっとも長い」

3．比較級の変化
　1．主格　　kõrgem `puu「より高い木が」
　2．属格　　kõrgema `puu「より高い木の」
　3．分格　　kõrgemat puud「より高い木を」
　4．入格　　kõrgema-sse puu-sse「より高い木の中へ」
　5．内格　　kõrgema-s puus「より高い木の中に」
　6．出格　　kõrgema-st puust「より高い木の中から」
　7．向格　　kõrgema-le puule「より高い木の上へ」
　8．所格　　kõrgema-l puul「より高い木の上に」
　9．離格　　kõrgema-lt puult「より高い木の上から」
　10．変格　　kõrgema-ks puuks「より高い木に（なる）」
　11．到格　　kõrgema puu-ni「より高い木まで」
　12．様格　　kõrgema puu-na「より高い木として」
　13．欠格　　kõrgema puu-ta「より高い木なしに」
　14．共格　　kõrgema puu-ga「より高い木で」
変格，到格，様格，欠格，共格では，比較形は属格のまま用いられる。

puu

4. 不規則な比較形

原級		比較級
`hea	～	parem「よりよい」
`väike	～	`väiksem (vähem)「より小さい」
pisike	～	pisim「より小さい」
palju	～	`rohkem (enam)「より多くの」
lühike	～	lühem「より短い」
õhuke	～	õhem「より狭い」

用例

(1) Isa on vanem *kui* ema.「父は母より年上だ。」
(2) Õunad on kallimad *kui* kartulid.
　　「りんごはポテトより高い。」（いずれも複数形）

　　　　õun　　　　　　　kartulid

(3) Tool on laua-*st* madalam.「椅子はテーブル (laud) より低い。」
　　比較の基準となる名詞は，接続詞 kui「より」をとるか，出格形をとる。
(4) Õde on minu-*st* kuus aastat vanem, vend aga kolm aastat noorem.
　　「姉は私より（出格）6歳（分格）大きいが，弟は3歳小さい。」
(5) Maa on suurem kui kuu.「地球は月よりも大きい。」
(6) Järvi on väiksem kui meri.「湖は海より小さい。」
　[**同等比較**]　Kas täna on *niisama* külm *kui* eile?
　　　　　　　　「今日は昨日と同じくらい寒いですか？」
　　　　　　　　Ei, täna *ei* ole *nii* külm *kui* eile.
　　　　　　　　「今日は昨日ほど寒くありません。」
(7) Aasta lühim öö on 21. juunil, kuna päev on sel ajal kõige pikem.
　　「1年で一番夜が短いのは6月21日である。一方 (kuna)，昼は (päev)

第13課　形容詞変化と比較法

その時一番長い。」
(8) Need kingad on väikesed, palun üks number suuremad.
「これらの靴は小さい，一号大きいのお願いします。」
(9) Kahjuks need on küll pikemad aga kitsamad.
「残念ながら（kahjuks）十分長いが，狭すぎます。」
(10) Joosep on pikk.「ヨーセップは背が高い。」(pikk「長い」は背の「高い」も意味する)
(11) Juhan on pikem.「ユハンはもっと背が高い。」
(12) Jaan on kõige pikem.「ヤーンがいちばん背が高い。」

Joosep on `pikk.　　Juhan on pikem.　　Jaan on kõige pikem.

5．副詞の比較法

次に副詞の比較級を比べてみよう。

原級	比較級
vähe「少し」	vähem「もっと少し」
`kiire-sti「早く」	`kiire-mini「もっと早く」
hilja「遅く」	hiljem「もっと遅く」
`kauge-l「遠くに」	`kauge-mal「もっと遠くに」

用例
(1) Mul ei ole aega kauem oodata, tee rutem.
「私にはもっと長く（kauem）待っている時間がありません，もっと早く（rutem）やってください（tee）。」

(2) Koer jookseb kiiremini kui kass.「犬は猫よりも早く走る。」
(3) Palun räägi kõvemini, ma ei kuule.
「もっとはっきり（kõvem「強く」）言ってください，私には聞こえません。」(kõvemini は kõvem「より強い」の副詞形)

Harjutus（練習）

(1) 次の例文を日本語に訳しなさい。
　1) Peeter on Unost targem, sest ta on vanem.（sest「〜だから」）
　2) Pärnu on väiksem kui Tallinn.
　3) Elevant on raskem kui hobune.（elevant「象」, hobune「馬」）

elevant 　　　　　hobune

　4) Talv on sügisest külm.

talv

(2) 次の日本語文をエストニア語に訳しなさい。
　1) ユハンはヨーセプより背が高い。
　2) ユハンはヤーンほど背が高くない。
　3) ヨーセプはいちばん背が低い (lühike)。

第14課（Nelijateistkümnes peatükk）
動詞（3）完了形
（Tegusõna pöördkond : perfekt）

Linda Kivi「リンダの石」

Kas teie olete kuulnud Linda Kivist? Tallinna lõuna poole on Ülemiste järvi. Seal on suur kivi järves. Seda nimetatakse Linda kiviks. Ka sellest on muistend.

See on meie eeposest 》Kalevipoeg 》. Kui vana Kalev suri, kandis tema naine Linda mehe kalmule kivi, et jääks mälestusmärk. Üks suur kivi kukus Lindal kandes maha ja ta ei jõudnud seda uuesti üles tõsta. Linda istus kivile ja hakkas nutma. Tema pisaratest tekkis Ülemiste järv. Seal on Tallinna Toompea, muistendi järgi Kalevi kalm, kuhu Linda kivid kandis.

Linda Kivi

Sõnad（語彙）

`kuulma(`kuulan)「聞く」, kivi(-, -)「石」, lõuna pool「南の方に」, `järv(-e, `-e)「湖」, muistend(-i, -it)「伝説」, nimetama(nimetan)「名づける」, `eepos(-e, -t)「叙事詩」, surema(suren)「死ぬ」, `kandma(kannan)「運ぶ」(kandes [現在分詞内格形]「運んでいるとき」, nimetatakse [非人称形]「名づけられている」, `kalm(-u, `-u)「墓」, `jääma(jään)「残る」, mälestus`märk(märgi, `märki)「記念の印」, `kukkuma(kukun)「落ちる」, mahe「地面に」, `jõudma(jõuan)「できる」, uuesti「もう一度」, üles

— 109 —

「上へ」，`tõusma(tõusen)「上げる」，`isutma(istun)「座る」，`hakkama (`hakkan)「始める」，`nutma(nutan)「泣く」，pisar(-a, -at)「涙」，`tekkima(tekin)「生じる」，`järgi「～によれば」。

　「あなたはリンダの石について聞いたことがありますか。タッリンの南にユレミステの湖があります。そこには，湖の中に大きな石があります。それはリンダの石と呼ばれています（受動形）。そして，これについては（出格）伝説があります。

　それは私たちの叙事詩『カレヴィポエク』です。年取ったカレヴが死んだとき（kui），彼の妻リンダは，記念の印が残る（条件形）ように（et）夫の墓として(向格)，石を運びました。リンダが運んでいるとき（分詞内格形），大きな石が一つ地面に落ちました。だが，彼女はそれをもう一度持ち上げることができませんでした。リンダは石の上に座って泣き始めました。彼女の涙からユレミステの湖が生じました。あそこにタッリンのトーンペアがあります。伝説によれば，リンダが石を運んで行ったカレヴの墓です。」

Grammatika（文法）
(1) 現在完了
　現在完了形は olema 動詞の現在形＋～nud 分詞形 で形成される。
　動詞 kirjutama「書く」の現在完了形：
　　Ma olen kirjuta-nud.「私は書いてしまった。」
　　Sa oled kirjuta-nud.「君は書いてしまった。」
　　Ta on kirjuta-nud.「彼(女)は書いてしまった。」
　　Me oleme kirjuta-nud.「私たちは書いてしまった。」
　　Te olete kirjuta-nud.「あなた方は書いてしまった。」
　　Nad on kirjuta-nud.「彼(女)らは書いてしまった。」（単数形動詞 on が用いられている）

用法
1) 現在における動作の完了
　　Mina lugesin selle raamatu.「私はこの本を読んだ。」（過去）
　　Mina olen selle raamatu läbi lugenud.「私はこの本を読み終えた。」（läbi lugema「読み通す」）

第14課　動詞 (3) 完了形

2) 現在までの経験を表わす。
Mina käisin Tallinnas.「私はタッリンへ行った。」(過去)
Mina olen mitu korda Tallinnas käinud.「私は何回かタッリンへ行ったことがある。」

3) 現在までの継続する行為
Kui kaua te olete eesti keelt õppinud?
「どれくらい長くエストニア語を勉強しましたか？」
Mina olen õppinud kaks aastat Eestis.
「私は２年間エストニアで勉強しました。」
Kus sina oled sündinud?「君はどこで生まれましたか？」
Mina olen sündinud Tallinnas.
「私はタッリンで生まれました。」(生存している)
Mu vanaisa sündis Tartus.
「私のおじいさんはタルットゥで生まれました。」

4) 現在完了の否定
Ka sa oled söönud lõuna?「君は昼飯を食べましたか？」
Ma ei ole veel lõunat söönud.「まだ昼飯を(分格)食べていません。」
現在完了の否定形は 人称代名詞＋ei＋ole＋〜nud 分詞形 の形式となる。

ma, me
sa, te } ei ole kirjutanud 「書かなかった」
ta, nad

Ma ei ole kirjutanud kirja.「私は手紙を書きませんでした。」
Ma kirjutasin kirja.「私は手紙を書きました。」

(2) **過去完了**

過去完了肯定形は olema 動詞の過去形＋〜nud 分詞形 の形をとる。
（肯定形）「書いて(しまって)いた)」　　（否定形）「書いて(しまって)いなかった」

Ma olin kirjutanud.　　　　　Ma ei olnud kirjutanud.
Sa *olid* kirjutanud.　　　　　Sa ei olnud kirjutanud.
Ta oli kirjutanud.　　　　　　Ta ei olnud kirjutanud.

　　　　　　Me olime kirjutanud.　　　　Me ei olnud kirjutanud.
　　　　　　Te olite kirjutanud.　　　　　Te ei olnud kirjutanud.
　　　　　　Nad *olid* kirjutanud.　　　　Nad ei olnud kirjutanud.
　2人称単数形と3人称複数形は同じ olid となる。
用法
　ある過去より以前の行為や状態を表わす。
1)　Kui päike oli juba loojunud, tuli ta meile.
　　「日がすでに沈んでから，彼は私の所へきた。」(kui「ときに」, `loojuma「沈む」)
2)　Kui ma koju tulin, oli ma väsinud.
　　「私が家へ (koju) 帰ったとき，すっかり疲れていた。」(väsima「疲れる」) 過去における継続した行為を表わす。
3)　Eile ma olin töötanud hommikust õhtuni.
　　「きのう私は朝から晩まで働いた。」
　過去完了の否定形は 人称代名詞＋ei＋olnud＋〜nud 分詞 という形をとる。
4)　Ma ei teadnud seda ja ei olnud sellest ka kuulnud.
　　「私はそのことを知らなかったし，それについて聞いてもいなかった。」(ka「また」)

Harjutus（練習）
　次の文の動詞を現在完了形で表わしなさい。
(1)　Peeter (`käima「行く」) Tartus.
(2)　Peeter (elama「住む」) Tallinnas.
(3)　Peeter (`sündima「生まれる」) Eestis.
(4)　Peeter (nägema「見る」) seda filmi.
(5)　Peeter (`sööma「食べる」) hommikusöögit.
　　　(hommiku`söök (söögi, `sööki)「朝食」)

第15課 (Viieteistkümnes peatükk)
動詞（4）命令法
(Tegusõna pöördkond : käskiv kõneviis)

Külastus「訪問」

Uno	: Tere õhtust, tulge sisse!「今晩は，中へ入ってください。」
Harri	: Vabandage, et me hiljaks jäime!「遅くなってすみません。」
Aili	: Võtke mantlid ära ja astuge edasi!「コートを脱いで，中へ入ってください。」
Taavi	: Palun, siin on sulle lilled, ja mõned väikesed koogid!「どうぞ，ここにあなたにお花を，そしていくつか小さなケーキがあります。」
Aili	: Oi, kui kaunid! Aitäh!「まあ，なんってきれい。ありがとう。」
Uno	: Mida te joote, valget või punast veini?「なにをお飲みになりますか，白ですか赤ワインですか？」
Harri	: Mulle palun valget!「私には白をください。」
Taavi	: Mina prooviksin hea meelega punast.「私はよろこんで赤をいただきましょう。」
Uno	: Ole hea!「どうぞ。」
Harri	: Pererahva terviseks!「ご家族の皆さんに乾杯。」
Uno	: Aitäh!「ありがとう。」
Aili	: Siin on seenesalat, suitskalasalat.「ここにきのこと燻製のさかなのサラダがあります。」
Uno	: Palun proovige!「どうぞ召し上ってください。」
Taavi	: Oi, seenesalat on tõesti väga maitsev!「まあ，きのこのサラダは本当にとてもおいしい。」

Sõnad（語彙）

külastus(-e, -t)「訪問」, tulema(tulen)「くる」(命令), `sisse「中へ」, hiljaks `jääma(jään)「遅れる」, `võtma(võtan) ära「脱ぎ去る」(命令), `asutuma(asutun)「歩く」(命令), edasi「前へ」, `lill(lille, `lille)「花」, `väikne `kook(väikse koogi)「小さなケーキ」, mõni(mõne)「いくつかの」, kaunis(kauni)「きれいな」, `jooma(`joon)「飲む」, `valge(-, -t)「白い」, puna-ne(-se, -st)「赤い」, `vein(veini,`veini)「ワイン」, `proovima(proovin)「味わう」(条件形), hea meelega「よろこんで（よい気持ちで）」, pererahavas「家族の人たち」, `seen(e)「きのこ」, `suitskala「燻製のさかな」, terviseks「乾杯（`tervis「健康」のために）」, tõesti「ほんとうに」, `maitsev(maits-va, -vat)「おいしい」。

Grammatika（文法）

(1) エストニア語の命令法は次のように変化する。
lugema (lugeda)「読む」の命令形

	（単数）	（複数）
1人称	—	luge-gem!「読もう」
2人称	loe!「読め」	luge-ge!「読みなさい」
3人称	(ta) luge-gu! 「彼（女）に読ませよ」	(nad) luge-gu! 「彼（女）らに読ませよ」

(2) 単数2人称の命令形は，現在単数2人称形から導きだされる。
    sa loed「君が読む」 → loe!「読め」（人称語尾 -d を削除する）
    sa võtad「君が取る」 → võta!「取れ」
    sa annad「君が与える」 → anna!「与えよ」
    sa tuled「君が来る」 → tule!「来い」

(3) 禁止形は，これら命令形の前に，ära をつける。
    loe! → ära loe!「読むな」
    võta! → ära võta!「取るな」

第15課　動詞（4）命令法

　　　　tule!　→　ära tule!「来るな」
(4) 2人称単数形以外は -da (-ta) 不定詞から導きだされる。
　　luge-da　→ luge-ge!「読みなさい」　ooda-ta → ooda-ke!「待ちなさい」
　　võt-ta　→ võt-ke!「取りなさい」　laul-da → laul-ge!「歌いなさい」
　　`an-da　→ `and-ke!「与えなさい」　käi-a　→ käige!「行きなさい」
　　`pan-na → pan-ge!「置きなさい」　teh-a　→ teh-ke!「しなさい」
　　　ただし，oo〜öö の要素をもつ語幹は，-ma 不定詞から導く。
　　`joo-ma (`juu-a)　→ joo-ge!「飲みなさい」
　　`söö-ma (`süü-a)　→ söö-ge!「食べなさい」
(5) 複数形の禁止形には ärge がつく。
　　lugege!　→ ärge lugege!「読んではいけない」
　　oodake!　→ ärge oodake!「待ってはいけない」

用例
(a) 2人称単数形
　　Palun tule sisse!「どうぞ中へ入ってください。」
　　Istu siia!「ここに座ってください。」
　　Uno, tõuse püsti, ja loe!「ウノ，立って，読みなさい。」(`püsti`tõusma「立ち上がる」)
　　Palun anna mule raha!「私にお金をください。」
　　Panke riided kappi.「服をたんすに入れなさい。」
　　Tulge niin ruttu kui võimalik.
「できるだけ急いで (`ruttu) きてください。」(niin 〜 kui võima`lik「できるかぎり」)
　　Ära joo nii palju kohvi!
「そんなにコーヒーをたくさん飲んではいけない。」
　　Ära rääkige nii kiireti! Hääldage selgesti!
「そんなに早く話さないでください。はっきり発音してください。」
　　Ära suitsetage!
「タバコを吸わないでください。」(suitsetama「喫煙する」)

(b) 2人称複数形（丁寧な依頼）
Tehke aknad lahti！「窓を開けてください。」(`lahti tegema「開ける」)
Ütlege veel kord！「もう一度言ってください。」
Vastake küsimustele！「質問に答えなさい（生徒たちに向かって）。」
Pange tähele！「注意してください。」(tähele panema「注意をはらう」)

(c) 1人称複数形
Õppigem võõrkeeli！「外国語を学ぼう。」　→　Õppime võõrkeeli！
　こうした勧誘の「〜しよう」は，一般に直説法の複数1人称形（右）が用いられる。

(d) 3人称の命令形は使役の意味をもつ。
(ta) luge-gu！「彼に読ませよ。」
(nad) luge-gu！「彼らに読ませよ。」
Tõusku hommikul varem.「朝もっと早く起きさせなさい。」
Miks nad esikus seisavad? Mingu tuppa ja istugu diivanile.
「なぜ彼らは玄関に立っているのか。中へ入れて，ソファに座らせなさい。」

(e) 命令形の目的語は「主格形」となる。
Tooge *see raamat* siia！「その本を(主格)ここへ持ってきなさい。」

Harjutus（練習）

(a) 次の動詞の2人称の単数と複数の命令形（肯定と否定）を与えなさい。
1) kirjutama (kirjutada, kirjutan)「書く」
2) panema (`panna, panen)「置く」

(b) 次の文の括弧内に与えられた動詞の命令形を与えなさい。
1) Palun (tulema) sisse！「中へ入りなさい。」
2) (`Istuma) siia！「ここに座りなさい。」
3) (Vaatama) seda ajakirja！「この新聞を見なさい。」
4) Enne (`mõtlema), siis (`ütlema).「先に考え，それから話しなさい。」
5) Ole hea, (`võtma) siit kaks paperit.「どうぞ，ここから紙を2枚とりなさい。」

第16課 (Kuuesteistkümnes peatükk)
動詞 (5) 条件法
(Tegusõna pöördkond: tingiv kõneviis)

Sööklas「飲食店にて」

> 1) Jaan ja Aili lähed sööklasse.
> Jaan : Kas see laud (koht) on vaba?
> Ettekandja : See on reserveeritud.
> Jaan : Sooviksin saada laua kahele inimesele akna äärde.
> 5) Jaan : Ettekandja, palun lubage toidukaart.
> Ettekandja : Mida te võiksite soovitada?
> Jaan : Sooviksime süüa lõunat (hommikusööki, õhtusööki)
> Jaan : Palun suppi, vasikapraadi kartulite ja salatiga ning mingit magustoitu. Sooviksime pudeli veini (õlut).
> 10) Aili : Mulle meeldib kuum kohv. Tooge kohvi koorega.
> Jaan : Kas te annaksite mull võileiva?
> Jaan : Neiu, soovime maksta. Kas ma saaksin arve!

Sõnad (語彙)

söökla(-, -t)「飲食店」, `reserveeri-ma(`-da, -in)「予約する」, `soovi-ma(-in)「望む」, inime-ne(-se, -st)「人」, aken(`akna, akent)「窓」, `äärde「～の側」, luba-ma(-n)「許す」, toidu`kaart(kaardi, `kaarti)「メニュー (食べ物の表)」, või-ma(-n)「できる」, `supp(supi, `suppi)「スープ」, vasika-s(-, -t)「子羊」, `praad(`prae, `praadi)「ステーキ」, lõuna(lõuna, lõunat)「昼食」, `söök(söögi, `sööki)「食事」, `kartul(-i, -t)「ポテト」, `vein(veini, `veini)「ワイン」, õlu(õlle, õlut)「ビール」, mingi「なにか」, magus-`toit(toidu, `toitu)「デザート」, `kuum(-a, `-a)「熱い」, `tooma (`toon)「もってくる」, `maks-ma「支払う」, neiu(-, -t)「娘」, või`leib (leiva, `leiba)「バターパン」, `meeldi-ma(-n)「気に入る」, arve(`-, -t)「勘定書」。

飲食店にて

1) ヤーンとアイリが飲食店へいく。
    ヤーン：「このテーブル（席）はあいていますか？」
    給　仕：「これは予約されています。」
    ヤーン：「窓際の2人用のテーブルが欲しいのですが。」
5) ヤーン：「ウエイター，メニューをください。」
    給　仕：「何がお望みですか？」
    ヤーン：「私たちは昼食（朝食，晩食）をとりたいのですが。」
    ヤーン：「スープ，子羊のステーキをポテトとサラダつきで，それに何かデザートをください。」「ワイン（ビール）一本いただきたいが。」
10) アイリ：「私はホットのコーヒーがいい。」
    「クリームのついたコーヒーをもってきてね。」
    ヤーン：「私にはバターとパンをいただけませんか？」
    ヤーン：「お姉さん，お支払いしたい。」
    「勘定書をもらえませんか。」

Grammatika（文法）

条件法には，現在形と完了形とがあり，それぞれ肯定形と否定形をもつ。

(1) 条件法の肯定現在形は，直説法現在動詞語幹＋ksi＋人称語尾 の構成をなす。

条件形は -ksi- ～ -ks- という標識をもつ。kirjuta＋ksi＋n「私が書けば」

1. ma kirjuta-ksi-n 　　 me kirjuta-ksi-me
   「私が書けば」　　　　　　「私たちが書けば」
2. sa kirjuta-ksi-d 　　 te kirjuta-ksi-te
   「君が書けば」　　　　　　「あなたが書けば」
3. ta kirjuta-ks 　　　 nad kirjuta-ksi-d
   「彼（女）が書けば」　　　「彼（女）らが書けば」

第16課　動詞（5）条件法

条件法はある条件のもとで予測される行為や状態を表わす。
語形は直説法現在形から導きだすことができる。
(ma) kirjuta-n「私が書く」→ kiruta-ksi-n「私が書けば」
(ma) loe-n「私が読む」　　→ loe-ksi-n「私が読めば」
(ma) õpi-n「私が学ぶ」　　→ õpi-ksi-n「私が学べば」
ただし，3人称単数形は人称語尾をもたない。
(ta) kirjutab「彼（女）が書く」→ kirjuta-ks「彼（女）が書けば」
また，3人称複数形は人称語尾として -d をとるので，2人称単数形と同形となる。
(sa) kirjutad「君が書く」　→ kirjuta-ksi-d「君が書けば」
(nad) kirjutavad「彼らが書く」→ kirjuta-ksi-d「彼らが書けば」

用例
(1) Kui mul rohkem aega ole-ks, lähe-ksi-n mängima tennist.
「もし (kui) 私にもっと時間が (aega) あれば，テニスをやりに (`mängima) 行くのだが。」
(2) Ei ole küll lund, et või-ksi-me suusatama minna.
「スキーをしに (suusatama) いくことが (`minna) できる (võiksime) には (et)，十分に雪 (`lund) がない。」

(2) 条件法の否定形は，次のように 人称代名詞＋ei＋単数3人称形 となる。
ma, me
sa, te　　→ ei räägi-ks「もし話さなければ」
ta, nad

用例
(1) Ma ei oota-ks niin kauan.
「私はそんなに長くは (kauan) 待てないでしょう。」
(2) Te ei unusta-ks uusi sõnu, kui te kirjuta-ksite nad vihikusse.
「あなたが新しいことば (`uusi sõnu) をノートに (vihikusse) 書いていれば，それらをわすれ (unustama) ないだろう。」

(3) 条件法完了形（肯定）

　　人称代名詞＋oleks＋〜nud 分詞　（oleks は olema 動詞の単数 3 人称の条件形）

　　ma, sa, ta
　　me, te, nad } → ole-ks kirjutanud「書いてしまったなら」

(4) 条件法完了形（否定）

　　ma, sa, ta,
　　me, te, nad } → ei ole-ks kirjutanud「書いてしまわなかったら」

用例
(1) Tiina oleks juba eile kirjutanud, aga talle tulid külased.
　　「ティーナはもう昨日書いてしまっただろうに，だがお客さんが彼女の所へやってきた。」
　　次のような丁寧な依頼を表わすとき，条件形が用いられる。

(2) Palun, kas sa laenaksed mulle oma sõnaraamatut?
　　「どうぞ君の辞書を私に貸してもらえませんか？」(`laenama「借りる」)

(3) Vabandage, kas te näitaksite meile aulat?
　　「すみません，私を会場（aula）へ案内していただけませんか？」(`näitama「示す」)

(4) Ma tõmbaksin akna kinni.「私が窓を閉めましょうか。」(`tõmbama「引く」, `kinni「閉じた」)

(5) 条件形と命令形：条件形の方が疑問形でていねいな依頼となる。
　　Palun, kas te ütleksite, mis kell on?
　　「どうか，何時か教えてくださいませんか？」
　　Palun, ütlege, mis kello on.「どうか，何時か教えてください。」
　　Palun, kas te ulataksite mulle leiba?
　　「どうぞ，パンを私に廻してくださいませんか？」(uletama「渡す」)
　　Palun, ulatage mulle leiba.「どうぞ，パンを廻してください。」

第16課　動詞（5）条件法

Palun, kas te teeksite aknad lahti?（`lahti tegema「開ける」）
「どうぞ，窓を開けてくださいませんか？」
Palun, tehke aknad lahti.「どうぞ，窓を開けてください。」
　　taldrik (-u, -ut)「皿」, `kahvel (kahvli, kahvlit)「フォーク」
　　nuga (`noa, nuga)「ナイフ」, lusikas (lusika, lusikast)「スプーン」

Harjutus（練習）

次の文における現在形の動詞を条件形に変えなさい。
(1)　Kas sina (lähed) ka jalutama?「君は散歩にでかけられますか？」
(2)　Tema (tahab) vähe puhata.「彼はすこし休みたいと望んでいる。」
(3)　Ma (joon) külma vett.「私は冷たい水が飲むことができればと思っている。」
(4)　Nad (loevad) meelsasti iluskirjandust.「彼らは好んで文学を読めればと思っている。」
(5)　Meie (sõidame) teiga kaasa.「私たちはあなたとご一緒に行ければと思っている。」

コラム6
Postkontoris「郵便局で」

> A.: Vabandage, kui palju maksab kirja saatmine Saksamaale?
> 　　「すいません，ドイツへ手紙を送るのにはいくらかかりますか？」
> B.: Kas lennu- või tavalise postiga?
> 　　「航空便ですか，普通便ですか？」
> A.: Lennupostiga.「航空便で。」
> B.: 5 krooni ja 50 senti.「5クローン50セントです。」
> A.: Palun mulle siis kaks marki!「では，切手を2枚ください。」
> B.: Ma sooviksin saata paki Rootsi!
> 　　「スウェーデンへ小包を送りたいのですが。」
> A.: Teie pakk kaalub 800 grammi.
> 　　「あなたの小包は800グラムあります。」

> Kas saadame lennuspostiga? 「航空便で送りますか？」
> B.: Jaa. 「そうします。」
> A.: Palun kirutage aadress peale! 「住所を上に書いてください。」

Sõnad（語彙）

`post ( -, ` -i)「郵便」, `kontor ( `-i, `-it)「局」, kiri (kirja, `kirja)「手紙」, `saatma (saadan)「送る」, lennu-「航空の」, tavalline (-se)「普通の」, `mark (margi, `marki)「切手」, `soovima「願う」（条件形）, `pakk (paki, `pakki)「包」, kirjutama「書く」（命令形）, `kaaluma「重さがある」, aad`ressi (-i, ` -i)「住所」。

用語：tähitud kiri「書留」, `saaja「受取人」, `saatja「送り主」

動詞の名詞化：

 (a) Ma saadan kirja Saksamaale.「私はドイツへ手紙を送ります。」
→ (b) kirja saatmine Saksmaale「ドイツへ手紙を送ること」

上の書き換え例では, `saatma「送る」> saatmine「送ること」のように, ma 不定詞語尾を -mine という名詞化語尾に改めている。Saatmine（主格）は, saatmise（属格）, saatmist（分格）と変化する。

用例

Ma panin kirja posti.
「私は手紙をポストへ投函しました（ポストへ入れる）。」

第17課 (Seitsmeteistkümnes peatükk)
動詞 (6) 非人称態
(Tegusõna pöördkond : umbisikuline tegumood)

Tartu Ülikool (1)

> Tartu ülikool loodi Rootsi kuninga Gustav II Adolfi poolt allakirjutatud seaduse alusel 1632. a. See ülikool töötas mõningate vaheaegadega kuni Põhjasõjani. Sõjasündmuste eest kolis ülikool Pärnusse, kust evakueerus 1710. a. Rootsi. Sellega lõppes esimene etapp Tartu ülikooli ajaloost.
>
> Tartu ülikool avati uuesti 1802. a. Vene riigi ülikoolina. Aadlike eesõigused säilisid ning õppetöö toimus saksa keeles. Uuest sai Tartu ülikoolilinnaks. Tartu ülikool kujunes kiiresti Baltimaade haridus- ja teaduskeskuseks.

Sõnad（語彙）

`loo-ma(-n)「作る」, Rootsi kuninga-s「スウェーデン国王」, `poolt「～により」, allakirjutatud「署名された」, `seadus(e)「法律」, alusel「基づいて」, `tööta-ma(-n)「活動する」, mõnigane「いくらかの」, vahe`aeg(aja, `aegu)「休止」, Põhasõda(sõja)「北方戦争」(-ni は到格語尾), `sündmus(e)「発生」, `eest「前に」, koli-ma(-n)「移る」, kust「そこから」, `evakueeru-ma(-n)「撤退する」, `lõppema(lõpen)「終える」, esimene「最初の」, `etap-p(-i, -pi)「段階」, ajalugu(loo)「歴史」, ava-ma(-n)「開く」, uuesti「再び」, vene「ロシアの」, `riik(riige)「国」, aad`lik(u)「貴族」, eesõigus(e)「特権」, `säili-ma(-n)「保持される」, ning「そして」, `õppe`töö「学業」, toimu-ma「行なう」, kujunema「発展する」, `kiiresti「速やかに」, haridus(e)「教育」, `teadus(e)「学問」, `keskus(e)「中心」。

タルットゥ大学 (1)

「タルットゥ大学はスウェーデン王アドルフ2世の署名した法律に基づいて，1632年に作られた（受動過去）。この大学はいくらかの休止期間をおいて（共格），北方戦争まで（到格）活動した。戦争が勃発する前に，大学はパルヌへ移ったが，そこから1711年にスウェーデンへと退去した。これでタルットゥ大学の歴史についての第1段階は終わった。

タルットゥ大学は1802年にロシアの国立大学として再開された（受動過去）。貴族の特権が保持されていて，授業はドイツ語で行なわれた。ふたたびタルットゥは大学の市となった。タルットゥ大学は速やかにバルト諸国の教育と学問の中心となった。」

Tartu Ülikool (2)

Ülikooli pääsesid esiaegu väga vähesed eestlased. Ülikooli lõpetasid eesti rahvusliku liikumise esindajad Friedrich Robert Faehlmann (1798-1850) ja Friedrich Reinhold Kreutzwald (1803-1882). Mõlemad õppisid arstiteadust ning töötasid hiljem arstidena, kuid olid ühtlasi silmapaistivad eesti kirjanikud ja ühiskonnategelased. Faehlmann alustas eesti rahva-eepos 》Kalevipoeg 》 kirjutamist, Kreutzwald viis selle töö lõpuni ning 》Kalevipoeg 》 ilmus aastail 1857-1861 teadusliku väljaandena. Rahvale trükiti 》Kalevipoeg 》 Kuopios 1862. a.

Sõnad （語彙）

`pääse-ma(-n)「入る」, esiaeg「当座は」, vähe-ne(-se)「わずかな」, `lõpetama「終える」, `rahvus`lik(u)「民族的」, liikumi-ne(-se)「運動」, esindaja「代表者」, mõlemad「両方」, arsti`teadus「医学」, `arst(arsti, `arsti)「医者」, hiljem「後に」, `ühtlasi「同時に」, `silma`paistav「すばらしい」, kirja`nik(u)「作家」, ühiskonnategela-ne(se)「有名人（社会的人物）」, alustama(-da, -n)「始める」, `rahva`eepos「民族叙事詩」, viima「もっていく」, lõpuni「終わりまで」, `teadus`lik(u)「学術的」, `väljaan-ne(de)「出版」, `trükkima(türkin)「出版する」（受動過去）。

— 124 —

第17課　動詞 (6) 非人称態

タルットゥ大学 (2)

「大学へは当座ほんのわずかなエストニア人が入学した。エストニア民族運動の代表，フリードリッヒ・ロベルト・ファールマン(1798-1850)とフリードリッヒ・ラインホルト・クロイツワルト (1803-1882)が大学を卒業した。両者は医学を修め，後に医者として(様格)働いたが，彼らは同時にすばらしいエストニアの作家であり，有名な人物である。ファールマンはエストニアの民族詩『カレヴィポエク』を書き始め，クロイツワルトはこの作品を最後へと導いた。そして，『カレヴィポエク』は1857-1861年にわたり，学術的作品として世に出た。民衆のために(向格)，1862年にクオピオで印刷された。」

Grammatika（文法）

　エストニア語には，人称態(Isikuline tegumood)と非人称態(Umbisikuline tegumood)との対立がある。人称態は能動態，非人称態はほぼ受動態に相当するが，前者は行為者が明示されている場合，後者は行為者が不明もしくは特定できない場合に用いられる。従って，自動詞でも行為者が不定であれば，非人称態となる。

　非人称形は，-takse, -dakse, -akse という語尾により，-nud 非人称分詞とともに，受動的な意味を伝え，行為者不明の行為を表わす。非人称形は，現在と過去，およびそれぞれ完了形とそれらの肯定形と否定形をもつ。

(1) **非人称の現在形は，直説法現在形から次のように形成される。**

(a) 直説法現在から導かれるもの：

直説法現在	-nud 非人称分詞	非人称現在形
(kirjuta-n)「私が書く」	kirjuta-tud「書かれた」	kirjuta-takse「書かれる」
(õpi-n)「私が学ぶ」	õpi-tud「学ばれた」	õpi-takse「学ばれる」
(`loe-n)「私が読む」	`loe-tud「読まれた」	`loe-takse「読まれる」
(rääagi-n)「私が話す」	rääagi-tud「話された」	rääagi-takse「話される」

(b) 語幹部が子音で終わる場合，da 不定詞から導かれ，非人称語尾 -dakse をとるもの：

エストニア語入門

da 不定詞	-dud 非人称分詞	非人称現在形
(laul-da)「歌う」	`laul-dud「歌われた」	`laul-dakse「歌われる」
(naer-da)「笑う」	`naer-dud「笑われた」	`naer-dakse「笑われる」

(c) 語幹部が子音で終わる場合で，da 不定詞が -la, -na, -a となれば，非人称語尾-akse をとる。

(`ol-la)「ある」	`ol-dud「あった」	`oll-akse「ある」
(`tul-la)「来る」	`tul-dud「来た」	`tull-akse「(人々が) 来る」
(`min-na)「行く」	`min-dud「行った」	`minn-akse「(人々が) 行く」
(`pan-na)「置く」	`pan-dud「置かれた」	`pann-akse「置かれる」
(teh-a)「する」	`teh-tud「なされた」	`teh-akse「なされる」
(näh-a)「見る」	näh-tud「見られた」	näh-akse「見られる」

自動詞 tulla「来る」と minna「行く」の場合は，「人々が来る，行く」の意となる。長母音と2重母音と語幹部の後では，非人称語尾は -akse となる。

(`juu-a)「飲む」	`joo-dud「飲まれた」	`juu-akse「飲まれる」
(`süü-a)「食べる」	`söö-dud「食べられた」	`süü-akse「食べられる」
(käi-a)「行く」	`käi-dud「行った」	`käi-akse「人々が行く」

また，

aja-da「運転する」	`ae-tud「運転された」	`ae-takse「運転される」
`pes-ta「洗う」	`pes-tud「洗われた」	`pes-takse「洗われる」
veda-da「導く」	`vee-tud「導かれた」	`vee-takse「導かれる」
an-da「与える」	`an-tud「与えられた」	`an-takse「与えられる」

なお，

kõnel-da「話す」	kõnel-dud「話された」	kõnel-dakse「話される」

(2) 受動の過去形は，$\boxed{\text{-takse, -dakse, -akse} > \text{-ti}}$ と改めればよい。

非人称現在形		非人称過去形
kirjuta-takse	→	kirjuta-ti「書かれた」
`loe-takse	→	`loe-ti「読まれた」

第17課　動詞（6）非人称態

`juu-akse	→	`juu-ti「飲まれた」
`teh-takse	→	`teh-ti「なされた」
`ant-akse	→	an-ti「与えられた」

用例

(1) Kuumal suvel süüakse palju jäätist.
「暑い夏はたくさんアイスクリーム（jäätis）が食べられる」
(2) Päeval töötakse, öösel magatakse.
「昼間人々は働き（`tööta-ma(-n)），夜寝る（maga-ma(-n)）」
(3) Tartus ehitati uut silda.
「タルットゥでは新しい橋が（`sild（silla, `silda））作られた(ehita-ma)」

(3) 非人称現在の否定形は，非人称分詞語尾 -tud(dud) を -ta(-da) に改めて，否定の ei をつける。

非人称分詞		非人称現在の否定形
kirjuta-tud	→	ei `kirjuta-ta「書かれない」
`loe-tud	→	ei loe-ta「読まれない」
käi-dud	→	ei käi-da「人々は行かない」
`söö-dud	→	ei `söö-da「食べられない」
`tul-dud	→	ei `tul-da「人々は来ない」

用例

(1) Talvel ei supelda Ema jões.
「冬エマ川では，泳げ（`supple-ma）ない」
(2) Meie algkoolides ei õpetata inglise keelt.
「私たちの小学校では，英語は教えられていない」

エストニア語入門

(4)

(a) -ma 不定詞と非人称形が一致するもの：

-ma 不定詞	-tud「分詞」	非人称形(肯定)	(否定)
küsi-ma 「尋ねる」	küsi-tud	küsi-takse	ei küsi-ta 「尋ねられない」
ˋtööta-ma 「働く」	tööta-tud	tööta-takse	ei tööta-ta 「人々は働かない」
ˋseis-ma 「立つ」	ˋseis-tud	ˋseis-takse	ei ˋseis-ta 「人々は立たない」
ˋmaks-ma 「払う」	ˋmaks-tud	ˋmaks-takse	ei ˋmaks-ta 「払われない」

(b) -ma 不定詞と非人称形に差異があるもの：

-ma 不定詞	-tud「分詞」	非人称形(肯定)	(否定)
ˋoota-ma 「待つ」	ooda-tud	ooda-takse	ei ooda-ta 「待たれない」
ˋjooks-ma 「走る」	ˋjoos-tud	ˋjoos-takse	ei ˋjoos-ta 「人々は走らない」
ˋoska-ma 「できる」	osa-tud	osa-takse	ei osa-ta 「人々はできない」
ˋsõit-ma 「出かける」	sõide-tud	sõide-takse	ei sõide-ta 「人々は出かけない」
ˋvõt-ma 「取る」	ˋvõe-tud	ˋvõe-takse	ei võe-ta 「取られる」
ˋütle-ma 「言う」	ütel-dud	ütel-dakse	ei ütel-da 「言われない」
	～ ˋöel-dud	～ ˋöel-dakse	ei ˋöel-da 「言われない」
ˋmõtle-ma 「考える」	mõtel-dud	mõtel-dakse	ei mõtel-da 「考えられない」

第17課　動詞 (6) 非人称態

用例

(1) Kõike, mis mõeldakse, ei õelda.
　　「考えられるすべてのことの全部は言えない。」
(2) Kuidas seda väljakut nimetatakse？ (nimetama「名づける」)
　　「この広場(väljak (-u, -ut))はなんと呼ばれていますか？」
(3) Väljaku nime ei teata.
　　「広場の名前は(分格)知られていない。」(ˋteadma「知る」)
(4) Kuhu meid viiakse？
　　「私たちはどこへ連れていかれるのですか？」(ˋviima「連れて行く」)
(5) Kas minnakse kaubamajja？
　　「デパートへ行くのですか？」(minema「行く」の非人称形)

　エストニア語では，行為者が明確な文は受動的無人称形にはできない。
　　Peeter armastab Reeda.「ペーテルはレート (Reet) を愛している」
上の文では，行為者がペーテルであるから，「レートはペーテルに愛されている」という受動文は成立しない。次の非人称形の文では，
　　Klassis armastatakse Reeda.「クラスでレートは（みんなに）愛されている」となる。
　次の非人称形と人称形を比較してみれば，前者では，行為者が不明であることが分かる。

非人称態(umbiskuline tegemood)	人称態 (isikuline tegemood)
Loomadele antakse leiba. 「動物にパンが与えられる。」	Lapsed annavad loomadele leiba. 「子供たちが動物にパンを与える。」
Kes annavad？ Ei tea. 「だれが与えるのか？」「分からない。」	Kes annavad？ Lapsed. 「だれが与えるのか？」「子供たちが。」
Loomadele ei anta leiba. 「動物にパンが与えられない。」	Lapsed ei anna loomadele leiba. 「子供たちは動物にパンを与えない。」
Loomadele anti leiba. 「動物にパンが与えられた。」	Lapsed andsid loomadele leiba. 「子供たちは動物にパンを与えた。」
Loomadele ei antud leiba. 「動物にパンが与えられなかった。」	Lapsed ei andnud loomadele leiba. 「子供たちは動物にパンを与えなかった。」

(5) 非人称態の完了形
(a) 現在完了の肯定形：

> olema 動詞の現在形＋〜-tud (dud) 無人称分詞

on kirjuta-tud　　　　on ˋlaul-dud　　　　on ˋmüü-dud
「書かれてしまった」　「歌われてしまった」　「売られてしまった」

(b) 現在完了の否定形

ei ole kirjuta-tud　　　ei ole ˋlaul-dud　　　ei ole ˋmüü-dud
「書かれてしまわなかった」「歌われてしまわなかった」「売られてしまわなかった」

(c) 過去完了の肯定形：

> olema 動詞の過去形＋〜-tud 無人称分詞

oli kirjuta-tud　　　　oli ˋlaul-dud　　　　oli ˋmüü-dud

(d) 過去完了の否定形：

ei ol-nud kirjuta-tud　ei ol-nud ˋlaul-dud　ei ol-nud ˋmüü-dud

用例

(1) Kas see sild on enne sõda ehita-tud?
「この橋は戦前に作られましたか？」

(2) Ei, see sild ei ole enne sõda ehita-tud.
「いいえ，この橋は戦前には作られていませんでした。」

(3) Kuulsin, et siin oli ainult kollaseid roose müüdud, aga punaseid ei olnud müüdud.
「そこでは黄色いバラだけ売られていて，赤いバラは売られていなかったと，私は聞きました。」

(6) 完了分詞の様格形

完了分詞の -nud (能動) と -tud (無人称) の様格形として，-nuna と -tuna がある。

(a) -nuna：Ta pöördus raskelt solvununa kõrvale.
「彼は深く傷ついて脇へ (kõrvale) 曲がった。」(ˋsolvuma「傷つく」)

(b) -tuna：Mere poolt vaadatuna oli linn ilus.
「海から見（られ）ると，町は美しかった。」(ˋvaatama「見る」)

第17課　動詞 (6) 非人称態

完了分詞の様格形は，行為の完了による状態をあらわす。(Tauli II. 207頁)

Harjutus（練習）

(1)　次の和文をエストニア語に訳しなさい。
  1)　エストニア語はエストニアで話されている。(`rääkima「話す」)
  2)　日本では，エストニア語は教えられていません。(õpetama「教える」)

(2)　次の例文にならって，a) における下線部の代名詞と動詞を b) のような無人称形に改めなさい。
  a) Õhtul <u>nad vaatavad</u> televiisorit.「夕方彼らはテレビを見る。」
  → b) Õhtul vaadatakse televiisorit.「夕方テレビが見られている。」

  1)　<u>Me tuleme</u> tagasi bussiga.「私たちはバスでもどってきます。」
  2)　Inglismaal <u>nad joovad</u> teed.「イギリスではみな紅茶を飲みます。」
  3)　Augustis <u>me läheme</u> matkama.「八月に私たちは旅行に出ます。」
  4)　Sügisel <u>me võtame</u> kartuleid.「秋に私たちはポテトを取ります。」
  5)　Kevadel <u>me istutame</u> puid.「春私たちは木を植えます。」

コラム7
Telefoni kaudu「電話で」

> Juhan : Halloo, kas Riina kuuleb?
> 　　　　「もしもし，リーナ聞いているかい？」
> Riina : Jah, ma kuulen.「ええ，聞いているわ。」
> Juhan : Tere, siin Juhan.「今日は，こちらはユハンだよ。」
> 　　　　Oled sa täna õhtul vaba?「今晩，君ひまかい？」
> Riina : Jaa, olen küll.「ええ，十分ひまよ。」
> Juhan : Lähme siis tennist mängima.
> 　　　　「じゃあ，テニスをやりに行こうよ。」
> Riina : Olgu, aga mis kell?「いいわ，でも何時に？」

エストニア語入門

> Juhan: Kohtume kell seitse tenniseväljakul.
> 「7時にテニス場で会おうよ。」

Sõnad（語彙）

`kuulma (kuulen)「聞く」(kuuleb は 3 人称形)，õhtul「晩に」，vaba「ひま」，minema (lähen)「行く」（勧誘形），`mängima「遊ぶ」，`kohtuma「会う」（勧誘形），väljak (-u, -ut)「広場」，telefon (-i, -i)「電話」，`kaudu「～を通して」。

動詞 `mängima「遊ぶ」と共に：tennis (-i, -it)「テニス」，`jalg`pall (-, `-)「サッカー」，korv`pall「バスケットボール」，`võrk`pall「バレーボール」
`mängima klaver (-i, -it)「ピアノ」, viiul (-i, -it)「バイオリン」
Riina mängib klaverit.「リーナはピアノをひく」。

用例

Hallo! Kas neiu N-iga saaks rääkida？
　「もしもし，N(嬢)さんとお話できますか？」(saaks「できる」の条件形)
Kas ma saaksin rääkida proua (härra) N-iga？
　「夫人(氏)とお話できますか？」(saaksin「できる」の1人称条件形)
Kas härra N ei ole kodus？「N さんは家におられませんか？」
Üks hetk, palu.「ちょっとお待ちください。」
Olen telefoni juures.「私は電話にでています。」
Helista mulle？「私に電話を下さい。」(helistama「鳴らす，電話をする」)

タルットゥ大学の正面

第18課 (Kaheksateistkümnes peatükk)
動詞 (7) 不定詞 1
(Infinitiiv 1)

Suur Vanker (1)

> Ammu-ammu oli maa peal suur põud: kuivasid kõik jõed, ojad, kaevud; kuivasid ka puud, põõsad ja rohi ning janusse surid inimesed, loomad.
>
> Siis läks kord öösi tütarlaps kannuga oma haigele emale vett otsima. Tütarlaps ei leidnud kustiki vett ja väsinult heitis ta põllul rohule ning uinus magama. Kui ta ärkas ja kannu järele kahmas, pidi ta peaaegu sealt vee maha valama; kann oli puhast, värsket vett täis. Tütarlaps sai rõõmsaks ja pidi oma janu kustutama, aga siis mõtles ta, et emal tuleb ehk puudus, ja jooksis veekannuga koju. Ta tõttas seevõrra, et ei pannud jalus koera tähele, komistas selle peale ja pillas kannu maha. Koer hakkas haledasti kiunuma. Tütarlaps kahmas kann järele.

Sõnad (語彙)

ammu「昔」, maa `peal「地上に」, põud「旱魃」, `kuiva-ma「乾く」, jõgi (`jõe)「川」, oja「小川」, `kaev(kaevu)「泉」, `puu(puu)「木」, põõsas (`põõsa)「灌木」, rohi(rohu)「草」, janu(janu)「乾き」, surema(suren)「死ぬ」, inime-ne(-se)「人間」, `loom(a)「動物」, `kord「あるとき」, öösi「夜に」, `kann(u)「ジョッキ」, `haige「病気の」, vesi(`vee, `vett)「水」, `otsima「探す」, `leidma「見つける」, kustiki「どこにも」, väsinud「疲れた(完了分詞)」, väsinult「疲れて」, `heitma「投げる」, `põld(põllu)「畑」, `uinuma「眠る」, magama「横たわる」, `ärkama「目覚める」, järele「後へ」, `kahmama「つかむ」, pidama「思う」, `pea`aegu「ほとんど」, maha「地面へ」,

valama「注ぐ」, puhas(ˋpuhta, puhast)「清い」, ˋvärske(-, -t)「おいしい」, täis「満ちた」, rõõm-us(-sa)「喜んで」, ˋsaama(saan)「なる」, kustutama「消す」, ˋmõtlema「考える」, ehk「おそらく」, puudus「不足」, ˋjooksma「走る」, ˋtõttama「急ぐ」, seevõrra「それほどに」, panema tähele「注意する」, jalus「足もとに」, komistama「つまづく」, peale「上に」, ˋpillama「こぼす, 落とす」, ˋhakkama「始める」, haledasti「悲しそうに」, ˋkiunuma「吠える」, ˋkahmama(-da, ˋ-n)「つかむ」.

北斗七星 (1)

「昔々地上に大旱魃がありました。すべての川，小川，泉も干上がり，木も灌木も草も枯れて，渇きの中に人間も動物も死にました。

そこで，あるとき，夜に女の子がジョッキをもって，病気の母親のために(向格)，水を探しに出かけました。女の子はどこにも水を見つけられず，疲れて畑で草の上に倒れて横になって寝てしまいました。彼女が目を覚ましてジョッキをつかみました。彼女は水が流れ出たと思いました。ジョッキには清らかなおいしい水が一杯はいっていました。彼女は嬉しくなり，自分の渇きを消そうと思いました。しかし，そこで彼女は母親が（水に）不足していると考え，ジョッキをもって家へ走りました。彼女はあまり急いだので，足もとの犬に気がつかず，それにつまずいて，ジョッキを地面に落としてしまいました。犬は悲しそうに吠え始めました。娘はまたジョッキをつかみました。」

Grammatika（文法）

(1) エストニア語不定詞

エストニア語には，**ma 不定詞**と **da 不定詞**の２種類がある。不定詞は動詞が名詞化したもので，名詞と動詞と両方の性質をもっている。名詞としては，他の動詞の目的語の位置を占めることができる。動詞としては，それ自体が名詞の目的語をとることができる。

(a) Ma hakkan kirjutama.「私は書き始める。」
(b) Ma tahan kirjutada.「私は書きたい。」

(a)動詞の ˋhakkama「はじめる」は ma 不定詞を，(b) 動詞の ˋtahtma

第18課　動詞 (7) 不定詞 1

「望む」は da 不定詞を要求する。このように，これらの不定詞は，先行する動詞の種類によって決定される。そこで，この章では，ma 不定詞を扱うことにする。

(2) ma 不定詞の用法

1) 移動動詞と共に用いる。

   Poiss jooksis välja jalgpalli mängima.
   「少年はサッカー（`jalg`pall (palli, `palli「ボール」, `jalg「足」) をしようと走り出た。」
   (`jooksma `välja「走り出る」, `mängima「遊ぶ」) (不定詞 mängima は「サッカーを」を目的語としてとっている)

   Ma lähen suusatama. 「ぼくはスケートをしに行く。」
   Me ruttame pileteid ostama.
   「私たちは切符を (pilet の複数分格) 買いにいそいでいる。」
   Kuhu te puhkama sõidate?
   「あなたは休む（`puhkama）ためにどこへ出かけますか。」

2) `hakkama「はじめる」, pidama (`pean)「しなければならない」は ma 不定詞をとる。

   Me hakkame eesti keelt õppima.
   「私たちはエストニア語を習い始めます。」
   Peeter peab kirja kirjutama.
   「ペーテルは手紙を書かなければならない (peab)。」
   Kõik inimesed peavad surema.
   「人間はみな死ななければならない。」

3) ある状態に導く，あるいは続ける場合。

   See paneb mind naerma.
   「それが私を笑わせる。」(panema「おく，〜させる」)
   Kas sa jääd mind ootama?
   「君は私を待っていますか？」(`jääma「とどまる」)
   Laps jäi magama.「子供は寝ていた（寝た状態にあった）」

4) õppima「学ぶ」の内容を表わす。

Riina õpib klaverit mängima.
「リーナはピアノをひくことを習っている。」
5) 形容詞の valmis「用意がある」，nõus「賛成する」と共に。
Ma olen valmis sellest rääkima.「私はそれについて話す用意がある。」
Kas oled nõus mind aitama?「君は私を助けることに賛成ですか?」

(3) **ma 不定詞の変化**
ma 不定詞は 4 格に変化する。
1) 入格　lugema 「読む行為に入っていく」
2) 内格　lugemas 「読む行為を行なっている」
3) 出格　lugemast 「読む行為から離れる」
4) 欠格　lugemata 「読む行為を行なわない状態」

1) Jaan läks kohvikusse kohvi jooma.
「ヤーンは喫茶店へコーヒーを飲みに行った。」
2) Kas Jaan on praegu kohvi joomas?
「ヤーンはいまコーヒーを飲んでいますか?」
3) Jaan tuli juba kohvi joomast.
「ヤーンはもう (juba) コーヒーを飲んできました。」

次の動詞は ma 不定詞の出格形を要求する。
Nõusin magamast kell kaheksa.
「私は 8 時に起きました (寝ることから)。」
Mari *hoidus* Jaaniga kohtumast.
「マリはヤーンに会うのを避けている。」
(`hoiduma「避ける」は出格の名詞を，`kohtuma「会う」は共格の名詞を要求する)
Peeter *keeldus* sellele küsimusele vastamast.
「ペーテルはその質問に答えることを拒んだ。」
(`keelduma「拒む」は vastamast「答えることから」のように出格形を要求する)

第18課　動詞（7）不定詞 1

　　Kuidas elad? *Tänan* küsimast hästi.
　　「いかがお過ごしですか？」「お尋ねくださり，ありがとうございます。」
　　(tänama「感謝する」, küsimast「質問について」)
4)　See töö on lõpetamata.「その仕事は終わっていません。」
　　Kas need õunad on pestud või pesemata?
　　　「これらのリンゴは洗ってありますか，洗ってありませんか？」
　　See film jäi mul vaatamata.
　　　「このフィルムは私は見ていません（見ないままである）。」
　　(ˋjääma「残る」)
　　Jaan unustas piletid ostmata.
　　　「ヤーンはチケットを買うのを忘れていた。」
　　(unustama「忘れる」, 買わないままで)

Harjutus（練習）
括弧内に与えられた不定詞に適当な格語尾を与えなさい。
(1)　Laps jättis piima (ˋjooma).
　　「子供は牛乳を飲まないでおいた。」
(2)　Peeter peab Enele sünnipäevaks lilli (ˋostma).
　　「ペーテルはエネに誕生日のために花を買わなければならなかった。」
(3)　Tänan teid (tulema).
　　「来てくれてあなたに感謝します。」
(4)　Anne käis sõbraga (jalutama).
　　「アンネは友達と散歩にいきました。」

第19課 (Üheksateistkümnes peatükk)
動詞 (8) 不定詞 2
(Infinitiiv 2)

Suur Vanker (2)

> Ta arvas, et vesi on maha läinud: aga ei. Kannu seisis ilusasti püsti ja vesi oli kõik alles. Tütarlaps valas endale peopessa vett ja koer lakkus selle sealt ning sai rõõmsaks. Kui tütarlaps tahtis uuesti kannu võtta, oli see juba puu asemel muutunud hõbedaseks. Tütarlaps tõi kannu koju ja andis emale. Ema ütles :》Mina suren niikuinii, joo parem ise》, ja andis kannu tütarlapsele tagasi. Ja samal silmapilgul muutus kann hõbedasest kuldseks. Nüüd ei suutnud tütarlaps enam hoiduda ja tahtis kannu huulile tõsta. kui äkki rändaja uksest sisse astus ja juua palus. Tütarlaps surus oma neelud tagasi ja ulatas kannu rändajale. Ja äkki ilmus kannule seitse määratu suurt briljanti ning temast voolas puhas, värske vesi.
>
> Seitse briljanti tõusid aga ikka kõrgemale ja kõrgemale ning kerkisid taevasse, kus neist sai Suur Vanker.

Sõnad (語彙)

`arvama「考える」,`seisma「立つ」, ilusast「見事に」,`püsti「まっすぐに」, valama「そそぐ」, alles「まだ」,`tahtma「望む」, uuesti「再び」, asemel「〜の代わりに」,`muutma「変わる」, peopesa「手の平」,`lakkuma「なめる」, hõbeda-ne(-se)「銀の」,`kuld-ne(-se)「金の」,`andma「与える」,`niikui`nii「しかしながら」, parem「ずっとよい」,`suutuma「出来る」, tagasi「後へ」, sama「同じ」, silma`pil-k(-gu)「瞬間」,`hoiduma「控える」,`huul(e)「唇」,`tõstma「持ち上げる」,`äkki「突然」, rändaja「巡礼」,

— 138 —

第19課　動詞 (8) 不定詞2

`uks(e)「ドア」, `astuma「入る」, paluma「願う」, suruma「おさえる」, `neel(u)「のど」, ulatama「渡す」, `ilumuma「現れる」, määratu「限りない」, `briljan-t(di)「ダイヤモンド」, voolama「流れる」, `tõusma「上る」, ikka「たえず」, `kõrgem(a)「より高く」, taeva-s(`taeva)「空」, `kerkima「上がる」, `Suur `Vanker「北斗七星」（大きな四輪車）。

北斗七星 (2)

「彼女は水が地面に入ってしまったと思いました。しかし，ジョッキは立派にまっすぐに立っていました。そして，まだ水が一杯ありました。女の子は自分の手の平に水を注ぎました。犬はそこから水をなめ，うれしくなりました。女の子が再びジョッキを取ろうと思うと，それはすでに木から銀に変わっていました。女の子はジョッキを家へ持っていって，お母さんに渡しました。お母さんは「私はどうせ死ぬのだから，お前がお飲み」といってジョッキを女の子に戻しました。すると，その瞬間にジョッキは銀から金に変わりました。いまや，女の子はこれ以上控えることができなくなり，ジョッキを唇へ持ち上げようと思いました。その時突然巡礼が戸口から中へ入ってきて，飲みたいと願いました。女の子は自分ののどを押さえて，ジョッキを巡礼に渡しました。すると，突然ジョッキに限りなく大きな7つのダイヤモンドが現われ，これから清らなおいしい水が流れ出ました。だが，7つのダイヤモンドは高く高く空へと上り，そこで北斗七星となりました。」

Grammatika（文法）

da 不定詞の用法と変化

(1) **da 不定詞の用法**

(a) `saama, `võima「できる」, `tohtima「許される」, `julgema「敢えて〜する」は da 不定詞をとる。

Haige ei saa käia, tal jalg valutab.
「病人は歩くことができない，彼は足が痛む (valutama)。」
Kas võin teid aidata?
「私はあなたにお手伝いできますか？」(`aitama「助ける」)

Kas tohin tei saata?
「私はあなたとご一緒してよろしいですか？」(`saatma「一緒に行く」)

(b) `püüdma「努力する」, `suutma, `jõudma「できる」と共に。

Olen nii väsinud, et ei jõua enam käia.
「私はたいへん疲れてしまったので，(nii～et) これ以上歩けません。」
Püüdsin kiiresti kirjutada, aga ma ei suuda terve päev laua taga istuda.
「私は急いで書こうとしたが，まる1日机に座っていることはできない。」(laua taga「机の後ろに」, `laud (laua)「机」, terve「全部」)

(c) `tahtma「望む」, `soovima「願う」と共に。

Mida te soovite juua, teed või kohvi?
「何をお飲みになりますか（お望みですか），ティーですかコーヒーですか？」
Õpilased tahavad õues mängida.
「子供たちは中庭で遊びたがっている。」

(d) `aitama「助ける」, `laskma「～させる」, lubama「約束する，許す」, `käskima「命じる」と共に。

Ma aitan sul.「私は君を助けます。」
Riina lubas mulle raamatu tuua.
「リーナは本を持ってくると私に約束した。」
Lase mul minna.
「私を行かせてください。」（させる相手は所格 mul となる）

(e) armastama「好む」, `kartma「恐れる」, `mõtlema「考える」, `oskama「出来る」, `meeldima「気に入る」と共に。

Mari armastab laulda.「マリは歌うのが好きだ。」
Kas sa ei karda hilineda?
「君は遅れる（hilinema）のがこわくないのか？」
Mulle meeldib televiisorit vaadata.「私はテレビを見るのが好きだ。」
Ta oskab kasutada aruvutit.
「彼はコンピュータを使うことができる。」(arvuti (-, -t)「コンピュータ」)

第19課　動詞 (8) 不定詞 2

　　　Ma oskan eesti keelt rääkida.
　　　「私はエストニア語を話すことができる。」
(f)　tulema と共に，義務を表わすことがある。
　　　Raamatuid teleb hoida.
　　　「本は大切にしなければいけない。」(`hoidma「保管する」)
(g)　「olema 動詞 + 形容詞，もしくは名詞」の配列が da 不定詞をとるもの。
　1)　On meeldiv teiega tutvuda.
　　　「あなたと(共格)知り合いになれてありがたいです。」(`meeldiv「うれしい」)
　　　On tarvis tõsiselt töötada.
　　　「まじめに (tõsiselt) 働くことが必要で (tarvis) ある。」
　　　Seda on raske uskuda.
　　　「それは信じるのがむずかしい (raske)。」
　　　On vaja iga päev õppida uut ja korrata vana.
　　　「毎日 (iga päev) 新しいこと (uut) を学び，古きを (vana) 改める (kortama) ことが必要で (vaja) ある。」
　2)　On rõõm sind näha.「あなたに会えてうれしい。」(rõõm「よろこび」)
　　　On aeg magama minna.「寝に行く時間 (aeg) です。」
(h)　et 目的構文と共に。
　　　Sa oled liiga noor, et sellest aru saada.
　　　「君はそれが分かる (aru `saama) のに若すぎる (liiga noor)。」
　　　Sööme selleks, et elada, kui ei ela selleks, et süüa.
　　　「生きるために (selleks, et) 食べるので，食べるために生きるのではない。」

Harjutus（練習）

次の文において，ma 不定詞と da 不定詞のいずれか正しい方を選びなさい。
(1)　Täna võin (puhkama, puhata), aga homme peab (töötama, töötada).

「今日は私は休むことができるが、明日は働かなければならない。」
(2) Salmele meeldib kooris (laulma, laulda).
「サルメはコーラスで (kooris) 歌うのがすきだ。」
(3) See kohver on raske (kandma, kanda).
「このトランクは運ぶのに重い。」
(4) Rein on valmis (sõitma, sõita).
「レインは出かける用意ができている。」
(5) Täna hakkab (sadama, sadada) vihma (lund).
「今日は雨（雪）が降り始める。」
(6) Maret õpib klaverit (mängima, mängida).
「マレットはピアノを弾く勉強をしている。」

コラム8
Laulupidu「歌の祭典」

> 初めてエストニア語の新聞を発行した J.V. Jannsen はその新聞を用いて人々に歌の祭典の企画とそのための準備を訴えた。最初の歌の祭典は1869年にタルットゥで開催された。その近隣の人々は長い行列をなして歌の広場に集合し、1万5千人もが参加してエストニアの歌謡が歌われたが、その中には、後にエストニアの国歌になった Mu isamaa, mu õnn, ja mu rõõm「わが祖国ぞわが幸せにしてわが喜び」が含まれていた。
>
> この歌の祭典は、エストニア人の民族としての自覚を高め、エストニア語教育の向上を促した。その後、歌の祭典は連綿として受け継がれてきた。ソ連支配の末期になると、ロシアの歌がエストニアの歌へと取り替えられ、1990年には、45万の人々が歌の広場に集結し、1991年には1発の銃声も発せられることなく、ソ連から離脱してエストニアは独立を獲得した。こうした歌による革命はバルト諸国に波及し、1990年にリトアニア、1991年にラトビアが独立を達成した。

第20課 (Kahekümnes peatükk)
動詞 (9) 分詞
(Tegusõna pöördkond : partitsiibid)

Lembit (1)

> Eesti rahva mineviku ööst tõuseb nagu mingi hele täht üks nimi : Lembit. See nimi oli eestlaste viimse kunninga oma. Tal ajal oli Eesti uba eri hõimudest riiklikuks rahvaks ühinenud. Kes muistsete maalinnade varemeid vaatleb, see aimab juba neistki, et maas valitses kindel ühiskondlik kord, mis oli sündinud rahva võrdlemisi kõrge kultuuri mõjul! Niisugune rahvas ei võinudki oma vabadusest loobuda ilma verise võitluseta, päälegi et tal juhiks oli julge, osav ja armastatud Lembit.

Sõnad (語彙)

rahv-as(`-a)「民族」, mine`vik(u)「過去」, `öö(ööd)「夜」, `tõusma (tõusen)「上る」, nagu「～のように」, `mingi「ある」, hele「輝いた」, `täht (tähe)「星」, `viim-ne(-se)「最後の」, `aeg(aja)「時」, kuning-as(-a)「王」, oma「自分の」, uba「すでに」, eri「異なる」, `hõim(u)「部族」, `riik`lik(u)「国家的」, ühinema「統一する」, `muist-ne(-se)「昔の」, `maa`linn(a)「砦」, vare(-me)「廃墟」, `vaatlema「見張る」, `aimama(`aiman)「推測する」, neist「それらについて」, `maa(-)「土地」, valitsema「支配する」, `kindel「固い」, ühis`kond`lik「社会的」, `kord(korra)「組織」, `sündima「生まれる」, võrdlemi-ne(-se)「比較的」, `kõrge「高い」, kul`tuur(i)「文化」, mõju「影響」, `niiskugune「そのような」, võima「できる」, vabadus(e)「自由」, `loobuma「あきらめる」, ilma「～なしに」, veri-ne(se)「血の」, `võitlus(e)「戦闘」, `päälegi「とくに」, `julge「勇敢な」, `juht(juhi)「指導者」, osav「有能な」, armastatud「愛された」.

エストニア語入門

レンピット（1）

「エストニアの過去の宵闇から輝く星のように，レンピットという名前が上がってくる。その名前はエストニア人最後の王のものである。その当時エストニアは異なる部族の中から国家的部族に（変格）統一されていた。昔の砦を見た者なら（kes 〜 see），すぐにそうしたものから（出格），土地に固い社会的組織が支配し，民族の比較的高い文化の影響のもとに（所格），発生したことを推測できる。そのような民族は，血にまみれた戦闘なしで（欠格）自己の自由を（出格）あきらめることができなかった。とくに，彼らには指導者として（変格）有能で愛されていたレンピットがいたからで（et）ある。」

Lembit（2）

Sakslased olid juba võitnud ja oma liitlasteks meelitanud või sundinud lätlased ja liivlased, aga veriselt löödi vaenlase ühinenud sõjavägi mitu korda Eestist tagasi. Aastal 1217 (tuhat kakssada seitseteist), kui sakslased, lätlased ja liivlased, üksteist toetades, jälle olid Eestisse tunginud, süttis Pala jõe kaldal suur lahing, kus Lembit langes. Aga langes ka Kaupo, liivlaste kuningas, kes sakslaste liitlasena võitles. Missugune traagiline hetk meie hõimurahvaste ajaloos! Ning ühes sellega näis ka vabaduspäike ennast jäädavalt pilve peitvat.

Sõnad（語彙）

`saksla-ne(-se)「ドイツ人」, `võitma「勝つ」, `liitna-ne(-se)「同盟者」, meelitama「へつらう」, `sundima「強いる」, `lätla-ne(-se)「ラトビア人」, `liivla-ne(-se)「リボニア人」, vaela-ne(-se)「敵」, ühinema「まとまる」, sõjavägi「軍隊」, `lööma「打ち勝つ」, `kord(korra)「回」, `toetama「支える」, `tungima「押し入る」, kallas(`kalda)「岸」, `süttima「発生する」, lahing(u)「戦い」, `langema「倒れる」, missugune「なんという」, traagiline「悲劇」, aja-lugu(-`loo)「歴史」, `hetki(hetke)「瞬間」, hõimrahvas「同族」, ühes sellega「同時に」, `näima「見える」, `päike(-se)「太陽」,

— 144 —

第20課　動詞 (9) 分詞

jäädavalt「永遠に」, `pilv (pilve, `pilve)「雲」, `peitma「隠す」。

レンピット (2)

「ドイツ人はすでにラトビア人とリボニア人を打ち負かし，その同盟者として取り入り，強制した。しかし，合体した敵の軍隊は何回もエストニアに(出格)血にまみれては打ち負かされた(非人称形)。1217年ドイツ人，ラトビア人とリボニア人は互いに助け合って(da不定詞のdes形)，再びエストニアへ押し入った。パラ川の岸辺で大きな戦が起こり，そこでレンピットは倒れた。しかし，またリボニアの王カウッポも倒れた。彼はドイツ人の同盟者として(様格)，戦ったのである。その時こそ同族の歴史においてはなんという悲劇であったことか！　そして，それ以後，自由の太陽が永遠に雲に隠れているように見える(間接法)。」(エストニア人とリボニア人は同じフィン系の民族であるが，ラトビア人はバルト・スラブ系に属する)

Grammatika (文法)

動詞が形容詞化したものが分詞 (partitsiip) である。分詞は現在分詞と過去分詞に分かれ，それぞれが，能動と無人称（受動）の別をもつ。

(1) 分詞の種類

(a)型：kirjutama「書く」

	（能動形）	（非人称形）
現在分詞	kirjuta-v「書いている」	kirjutata-v「書かれている」
過去分詞	kirjuta-nud「書いた」	kirjuta-tud「書かれた」

(b)型：lugema「読む」

	（能動形）	（無人称形）
現在分詞	luge-v「読んでいる」	loeta-v「読まれている」
過去分詞	luge-nud「読んだ」	`loe-tud「読まれた」

上述の(a)型では，現在分詞と過去分詞ともに，同じ語幹部をもつが，(b)型では，能動形と無人称形において，語幹部に相違が見られる。無人称形

については，すでに第17課で説明しておいた。

(2) **現在分詞の形成**

現在分詞の能動形は，ma 不定詞の語尾を現在分詞の -v に改めればよい。

kirjuta-ma → kirjuta-v 「書いている」
luge-ma → luge-v 「読んでいる」

ただし，ma 語尾の前に子音をもつものは，-ev となる。

`seis-ma → seis-ev 「立っている」
`laul-ma → laul-ev 「歌っている」
`kand-ma → kand-ev 「運んでいる」

こうした -ev 語尾をもつ分詞であるが，これに格変化を施すと，

(単数)	主格	属格	分格
	luge-v	luge-va	luge-vat
	laul-ev	laul-va	laul-vat

すなわち，主格だけが -ev となり，他の格では，共通の語尾をとることが分かる。

(3) 現在分詞は，形容詞として名詞と共に次のように変化する。

	(能動形)	(非人称形)
(主格)	lugev inimene 「読んでいる人」	loetav raamat 「読まれている本」
(属格)	lugeva inimese 「読んでいる人の」	loetava raamatu「読まれている本の」
(分格)	lugevat inimest 「読んでいる人を」	loetvat raamatut「読まれている本を」
(入格)	lugevasse inimesse 「〜人の中へ」	loetavasse raamatusse「〜本の中へ」
(内格)	lugevas inimeses 「〜人の中に」	loetavas raamatus「〜本の中に」
(出格)	lugevast inimesest 「〜人の中から」	loetavast raamatust「〜本の中から」

内格と出格，および，向格，所格，離格と変格は格語尾をとるが，到格，様格，欠格，共格については分詞は属格形のままである。

第20課　動詞 (9) 分詞

用例

(1) Me elame kiirest muutuva maailmas.
「私たちは急速に (kiirest) 変化している (muutava) 世界に住んでいる。」

(2) Oodavat kirja ei tulnud.
「待たれている手紙は (kiri (kirja))（分格）来なかった。」

(3) Talvel söödava toidus on väihe vitamiine.
「冬に食べられている食品の中には (`toit (toidus))、ビタミンが少ない。」

(4) Lembit oli osav armastatud juht.
「レンピットは有能で愛されている指導者であった。」

(5) Pestud õunad pane sellesse kaussi.
「洗った（洗われた）りんごは（複数主格）このボウルに入れなさい。」

(6) Eile toodud piimast võib suppi keeta.
「昨日もってきた（もってこられた）牛乳からスープを作る（料理する）ことができる。」

次の例文では，分詞が olema 動詞の補語になっている。

(7) Inimiste maitse on väga erinev.
　(erinev は erinema「異なる」の能動分詞形)
「人間の好みはおおいに異なっている。」

(8) Need seened ei ole söödavad.
「これらのきのこは食べられない。」

非人称の現在分詞は，非人称語尾 -takse を -tud もしくは -dud に改め，これらを -tav もしくは -dav という分詞形に置き換える。

kirjuta-takse「書かれる」>kirjuta-tud「書かれた」>kirjuta-tav「書かれている」
`loe-takse「読まれる」　>`loe-tud「読まれた」　>loe-tav「読まれている」
kan-takse「運ばれる」　>`kan-tud「運ばれた」　>kan-tav「運ばれている」
teh-takse「なされる」　>`teh-tud「なされた」　>teh-tav「なされている」
`laul-dakse「歌われる」>`laul-dud「歌われた」>laul-dav「歌われている」
joo-dakse「飲まれる」　>`joo-dud「飲まれた」　>joodav「飲まれている」

ただし，非人称の過去分詞 -tud は，これが修飾する名詞と共に変化しない。
　（主格）loe-tud raamat「読まれた本が」

（属格）`loe-tud raamatu「読まれた本の」
（分格）`loe-tud raamatut「読まれた本を」
（複数主格）`loe-tud raamatud「読まれた複数の本が」

(3) 過去分詞 -nud は da 不定詞から引き出される。
　　luge-da＞luge-nud「読んだ」　　väsi-da＞väsi-nud「疲れた」
　　lõppe-da＞`lõppe-nud「終わった」
　　ruta-ta＞ruta-nud「急いだ」　　võt-ta＞`võt-nud「取った」
　　and-a＞`and-nud「与えた」　　leid-a＞`leid-nud「見つけた」
nud 分詞は olema 動詞と共に完了形を作るし，過去や完了の否定文にも用いられる。
　　Ta on kirjutanud.「彼は書きおえた。」　（現在完了）
　　Ta oli kirjutanud.「彼は書きおえていた。」（過去完了）
　　Ta ei kirjutanud.「彼は書かなかった。」（過去の否定）
　　Ta ei ole kirjutanud.「彼は書きおえなかった。」（現在完了の否定）
　　Ta ei olnud kirjutanud.「彼は書きおえていなかった。」（過去完了の否定）
また，この分詞が次の名詞を修飾することもある。
　　Väsinud matkaja leidsid hea laagrikoha.
　　「疲れた徒歩旅行者はよいキャンプ場をみつけた。」
　　(`laager(laagri)「キャンプ」，`koht(koha)「場所」)

Harjutus（練習）

次のように，関係代名詞で導かれる節を現在分詞で表わすことができる。
　　Üliõpilane, kes valmistub eksamiks「試験の準備をしている学生」
　　→ Eksamiks valmistuv üliõpilane（valmistub＞valmistuv（現在分詞）
上の例にならって関係節の代わりに現在分詞を用いて表わしなさい。
(1) Naine, kes kaebab peavalu「頭痛（`peavalu）を訴える女の人」
　　`kaebama(kaevata, `kaeban)「訴える」
(2) Kask, mis kasvab tee ääres
　　「道の脇に（ääres）生えている白樺の木（kask）この書き換えは無人称動

— 148 —

第20課　動詞 (9) 分詞

詞にもあてはまる。」(oodatakse＞oodatav「待たれる」)
(3) Supp, mida kodus keedetakse「家で (kodus) 調理されるスープ (ˋsupp)」

過去の内容については，次のように -nud 分詞を用いる。
　　Teade, mis kõik rõõmustas「皆を喜ばしたニュース (teade)」
　　→ kõik rõõmustanud teadus (rõõmustas＞rõõmustanud)「喜ばした」
(4) Ametnik, kes hilines tööle「仕事に遅れた官吏 (ametˋnik)」
(5) Konverents, mis lõppes eile「昨日終わった会議 (konveˋrents)」

タッリンの中心部 (90〜91頁参照)

第21課（Kahekümnes esimene peatükk）
分詞構文
(Partitsipiaalne ehitamine)

Kalevipoja sõit maailma otsa (1)

Kalevipojal tekkis mõte sõita maailma otsa. Ta tahtis jõuda kohta, kus taevavõlv on maa külge kinnitatud. Selleks otsustas ta minna põhja poole lootuses, et Soome sugulased annavad tema ettevõttele ka omalt poolt abi.

Tähtsaimaks ettevalmistuseks oli laeva ehitamine. Targad seletasid, et maailma otsa ei saa minna puust paadiga, sest see ei pea virmaliste kuumusele vastu. Seepärast tehtagu laev rauast ja vasest. Kalevipoeg laskis laeva valmistada hõbedast ja pani talle nimeks "Lennuk". Kehakatte enesele käskis ta valmistada kullast, ülematele hõbedast ja vanematele vasest, et virmalised ka riietust ei rikuks.

Reisks laskis Kalevipoeg kanda laeva rohkesti toitu. Kõik, kes kaasa kutsuti, olid õnnelikud; kurvaks jäid need, keda pikale teekonnale kaasa ei võetud. Laeva meeskonda võeti ka tarku, kellest loodeti pikal reisil kasu.

kalevipoeg

Sõnad（語彙）

`tekkima「起こる」, mõte(`mõtte)「考え」, `sõitma「旅に出る」, `maa`ilm (a)「世界」, `otsa(otsa)「果て」, `tahtma「望む」, `jõudma「着く」, `koht (koha, `kohta)「場所」, `taevas`võlv(i)「空のドーム」, `maa「地」, `külge

— 150 —

第21課　分詞構文

(külje)「面」, kinnitama「結びつく」(無人称), selleks「そのために」, otsustama「決心する」, minna「行く」, põhi(põhja)「北」, `lootus(e)「望み」, sugula-ne(-se)「親族」, abi `andma「助ける」, `ettevõte「企て」, `tähtsaim(a)「最も重要な」, `ettevalmistus(e)「準備」, `laev(a)「船」, ehitama「建造する」, `tark(targa)「賢人」, seletama「説明する」, `puu(puu)「木」, `paat(paadi)「ボート」, pidama「保持する」, virmalised「極光, オーロラ」, `kuumus(e)「熱」, vastu「～に対して」, seepärast「それ故」, tegema「作る」(命令), `raud(raua)「鉄」, `vask(vase)「銅」, valmistama「用意する」, hõbedane「銀の」, panema「おく, つける」, nimi(nime)「名前」, keha-kate(`katte)「着物」, enesele「自分に」, käskima「命じる」, `kuld(kulla)「金」, ülema(a)「すぐれた」, vanem(a)「より年取った」, riietus(e)「着物」, `rikkuma「傷つける」(条件), reis(reisi)「旅行」, `kandma「運ぶ」, rohkesti「たくさん」, `toit(toidu)「食物」, `kõik(kõige)「すべて」, `kutsuma「呼び寄せる」(非人称), kaasa「共に」, õnne`lik(-liku)「幸せな」, `kurb(kurva)「悲しい」, `jääma「残る」, `pikk(pika)「長い」, `tee-`kond(-konna)「旅」, `võtma「連れて行く」(非人称), `mees-`kond(-konnas, -`konda (入格))「船員」, `tarku(tark の複数分格), `looma「創る」(非人称), kasu「利益」.

カレヴィポエクの世界の果てへの旅 (1)

「世界の果てへ(入格)旅行するという考えがカレヴィポエクに浮かんだ。空のドームが地面と接する場所へ行きたいと思った。そこで, 彼は, スオミの親族が彼の企てを彼らの側から助けてくれると (et) いう望みをもって, 北へ行こうと決めた。

もっとも重要な準備は船を作ることであった。賢人たちは, 世界の果てへ木の船では(共格), オーロラの熱に耐えられないから (sest), 行けないと説明した。そのために船は鉄と銅で作らせるべきである (3人称命令)。カレヴィポエクは船を銀で用意させ,「レンニック (飛ぶもの)」と名づけた。彼はオーロラが衣類を損なわないように (et), 自分の着物は金で, 上位の者は銀で, 年長の者は銅で用意させた。

旅行のために(変格), カレヴィポエクは船にたくさんの食糧を積み込ませた。呼び寄せられた者はみな幸せだったが, 長い旅行に行けない者は悲

しく居残った。仲間には賢人が加えられた(無人称)，彼らから長い旅での利益が得られたのである(無人称)。」

Kalevipoja sõit maailma otsa 「カレヴィポエクの世界の果てへの旅」(2)

　　Kalevipoeg asus tüürimehe kõrvale ja laev lahkus kodusadamast. Nagu võis oodata, tuli reisijail ületada palju raskusi nende teekonnal. Soome nõiad ajasid mere mässama. Seitse ööd-päeva oli laev tormis, kuni viimaks hakkas paistma kallas. Kalevipoeg hüppas maale ja tõmbas laev kaldale. Lindudelt said sõitajad teada, et see on Lapu rand. Kalevipoeg võttis rannalt kaasa Lapu targa Varraku ja jätkas teekonda.
　　Pärast mitmepäevast purjetamist sattus laev veekeerisesse, mis tahtis laeva kogu koormaga vee alla kiskuda. Varrak heitis välja sööda, millele tuli otsa valaskala, kes vedas laeva keerisest välja. Laev purjetas mitu ööd ja päeva, kuni läbi udu hakkasid paistma Sädemete saare suitsusambad. Laev juhiti saare randa. Seal nägid reisijad mägesid, kust paiskus välja tuld, suitsu ja kuuma vett. Üks Kalevipoja kaaslastest sammus tulemäe suunas, kuid pidi poolelt teelt kuumuse tõttu tagasi pöörduma.

Sõnad（語彙）

asuma「場所をとる」, kõrvale「横に」, tüüri`mees「舵取り」, `lahkuma「離れる」, kodusadam(a)「母港」, nagu「～のように」, `võima「できる」, `ootama「待つ」, tulema「～しなければならない」, `reisija「旅行者」, ületama「乗り越える」, palju「多くの」, `raskus(e)「困難」, `tee`kond (konna)「旅路」, `nõid(nõja)「呪術師」, ajama「おくる」, meri(mere)「海」, mässama「反乱」, torm(i)「嵐」, kuni「～まで」, viimaks「最後に」, `hakkama「始める」, `paistma「現われる」, kallas(`kalda)「岸」, `hüppama「飛び降りる」, `tõmbama「引っ張る」, `lind(linnu)「鳥」, `saama「できる」, `teadma「知る」, `rand(ranna)「岸辺」, `jätkama「つづける」pärast「後で」, mitme「いくつか」, purjetama「帆走する」,

— 152 —

第21課　分詞構文

purjetami-ne(-se, -st(分格))「帆走すること」, `sattuma「起こる」, `vee-keeris(e)「渦巻き」, kogu「すべて」, `koorem(a)「荷物」(共格), `kiskuma「引き込む」, välja `heitma「投げ込む」, `sööt(sööda)「えさ」, otsa「上へ」, valakala「鯨」, vedama「引く」, udu(-)「霧」, läbi「～を通して」, `saar(saare)「島」, suits-sammas(-`samba)「煙の柱」, `juhtima「向く」, nägema「見る」, mägi(`mäe)「山」, välja `paiskuma「噴出する」, tuli(tule)「火」, `kaasal-ne(-se)「仲間」, `sammuma「大またに歩く」, suunas「～の方へ」, `tee(-)「道」, `tõttu「～のために」, tagasi「後へ」, `pöörduma「戻る」。

カレヴィポエクの世界の果てへの旅 (2)

「カレヴィポエクは舵取りの横に座った。船は故郷の港を出た。予想したように，旅行者はこの旅路で多くの困難を乗り越えなければならなかった。7日7夜船は嵐の中にあって，ついに岸辺が現われた。カレヴィポエクは，陸へ飛び降りて，船を岸へと引き寄せた。鳥（のようす）から（離格），旅行者はそれがラップ（伝説の場所）だと知ることができた。カレヴィポエクは，岸辺からラップの賢人ヴァラックを引き入れて旅をつづけた。

　数日の帆走の後，船は渦巻きの中へ入った。これは荷物もろとも（共格）船を水の中へ引き込もうとした。ヴァラックは餌をばら撒いた。これに向かって鯨が現われた。これが船を渦巻きから引き出してくれた。

　船はいく日か昼夜帆走し，ついに霧を通してサテメッテの島の煙の柱が見え始めた。そこで，旅行者は火と煙と熱湯を吐き出す山を見た。カレヴィポエクの仲間の一人が火山の方へ歩いて行ったが，熱のために道の途中で引き返さなければならなかった。」

Kalevipoja sõit maailma otsa「カレヴィポエクの世界の果てへの旅」(3)

　　Edasi sõites jõudsid mehed hiiglaste maale. Seal heitsid nad põõsa all puhkama.

　　Hiiglaneitsi leidis mehed hommikul ja viis nad põlles oma isa ette. Vana hiiglane proovis mõistatuste abil meeste tarkust. Saanud tabavad vastused, laskis ta mehed endisse kohta tagasi

viia. Tüdruk viis nad laevale ja puhus laevagi lainetele.
　Kalevipoeg purjetas nüüd edasi põhja poole. Mõne aja pärast kerkis merel esile uus võõras rand, kus asusid inimese pea ja koera kehaga elanikud. Viimased ei lasknud võõraid laevalt maale tulla. Kalevipoeg vihastus nende vastupanust ja tappis neid sadade kaupa. Kui nad surmasid Kalevipoja hobuse, hakkas Kalevipoeg nennde maad viljakandmatuks kündma. Sealne tark noomis Kalevipoega tema tegude pärast. Kalevipoeg sai oma vihas tehtud eksitusest aru ja palus Ukult maale uuesti õnnistust. Viimaks pöördus Kalevipoeg laeva tagasi ja andis käsu koju sõita.
　Koju tagasi jõudnud, tegi Kalevipoeg järeldused oma reisist. Ta leidis, et maailmal polegi otsa ja et tarkus ning teadmised, mis reisilt saadud, kaaluvad üles kõik ebaõnnestumised.

Sõnad（語彙）

edasi「さらに」, ˋsõit(sõidu, ˋsõitu, ˋsõite(複数分格))「旅行」, ˋhiigla-ne(-se, -ste（複数属格))「巨人」, ˋheitma ˋpuhkama「寝て休む」, põõsas(ˋpõõsa)「茂み」, ˋneitsi(neitsi)「娘」, ˋleidma「見つける」, ˋviima「持っていく」, ˋpõll(e)「エプロン」, ˋette「前に」, ˋproovima「調べる」, mõistatus(e)「謎」, abil「～によって」, tabav「適切な」, endi-ne(-se)「前の」, puhuma「吹く」, laine(ˋlaine)「波」, ˋaeg(aja)「時間」, esile ˋkerkima「現われる」, võõras(ˋvõõra)「見知らない」, inime-ne(-se)「人間」, ˋpea「頭」, keha「体」, elaˋnik(-u)「住民」, viima-ne(-se)「最後の」, ˋlaskma「許す」, vihastuma「憎む」, vastupanu「反抗」, ˋtapma「殺す」, sadade ˋkaupa「何百人も」, viha「怒り」, eksituse(e)「誤り」, aru ˋsaama「分かる」, surmama「殺す」, hobu-ne(-se)「馬」, vilja-ˋkandmatu「不毛の」, ˋkündma「耕す」, ˋsealne「そこの」, ˋnoomima「とがめる」, tegu(ˋtee)「行為」, paluma「願う」, Uku「雷神」, õnnistus(e)「恵み」, ˋkäsk(käsu, ˋkäsku)「命令」, kohu「家へ」, järeldus(e)「結論」, pole(= ei ole)「ない」, ˋtarkus(e)「知恵」, teadmi-ne(-se)「知識」, ˋkaaluma「評価する」, ebaõnnestumi-ne(-se)「失敗」。

第21課　分詞構文

カレヴィポエクの世界の果てへの旅 (3)

　「さらなる旅において，人々は巨人の国に着いた。そこで，彼らは茂みの下に休んで寝た。
　朝巨人の娘が人々を見つけた。彼女は彼らをエプロンに入れて，父親の所へ持っていった。年取った巨人は謎をかけて，賢人を試した。適切な答えが得られたので(分詞構文)，人々を前の場所へ戻すように命じた。娘は彼らを船へ連れて行き，息を吹いて船を波に乗せた。
　カレヴィポエクはさらに北へ向かって帆走した。多くの時を経て，海上に未知の国が現われた。そこには首が人間で体が犬をした(共格)生物が住んでいた。この連中は異国人が船から陸へ上がることを許さなかった。カレヴィポエクは彼らの反抗を憎み，何百人も殺した。彼らがカレヴィポエクの馬を殺したので (kui)，カレヴィポエクは彼らの土地を耕して不毛にし始めた。そこでの賢人はカレヴィポエクをその仕業ゆえにとがめた。カレヴィポエクも怒ってやった自分の過ちを悟り，雷神ウックに土地が再び実るように祈った。
　最後にカレヴィポエクは船を廻して家路につくように命じた。また，家に戻って(分詞構文)，彼は自分の旅行について結論を出した。彼は世界に果てがないこと，旅で得られた知恵と知識からして，みな失敗に終わったことが分かった。」

Lennuk

Grammatika（文法）

分詞構文には，現在分詞によるものと，過去分詞によるものとがある。
現在分詞の構文：「動詞＋分格主語＋現在分詞形 va-t」（vat は現在分詞の分格形である）。

(1) 現在分詞構文は，同じ時に発生する事件を現在分詞形により表現したもので，「見る」「聞く」といった知覚動詞や「言う」「思う」などの言明，思考動詞の内容を伝える。

　Mu sõber ütles, et ta vend tuleb varsti tagasi.
　＝Mu sõber ütles oma venna varsti tagasi tule-vat.
　「私の友人は彼の兄さんはすぐ戻ってくると言っている。」（varsti「すぐに」）

上の分詞構文では，現在分詞の分格形 tule-vat が用いられ，主格形の動作主 vend は属格形 venna となる。

　Nägin, et poiss (ta) raamatut luges.（`poiss, ta は主格形）
　＝Nägin poissi (teda) raamatut luge-vat.（poissi, teda は分格形）
　「私は少年（彼）が本を読んでいるのを見た。」
　Kuulen, et linnud laulavat.（linnud は複数主格形）
　＝Metsas kuulsin lindu laul-vat.（lindu は複数分格形）
　「森の中で，私は鳥が（`lind (linnu, `lindu) 歌うのを聞いた。」
　Tean et mees on ehitanud maja.（mees「人」は主格形）
　＝Tean meest maja ehitanud ole-vat.（meest は分格形）
　「私はあの人が家を建てた（完了形）のを知っている。」

(2) 過去分詞構文では，過去分詞の -nud により，それ以前の行為を表わす。
　Kirjuta-nud kirja, läks ta jalutama.
　「手紙を書いてから，彼は散歩に出かけた。」
　Mantil selga pan-nud, märkas ta, et puudub üks nööp.
　「コートを着る（背中におく）と，彼は1つボタンが欠けているのに気がついた。」（`märkama「気づく」, `puuduma「不足する」）
　Koju tagasi jõud-nud, tegi Kalevipoeg järeldused oma reisist.

第21課　分詞構文

「家に戻ってきて，カレヴィポエクは自分の旅行について結論を出した。」

(3) **間接法 (kaudne kõneviis)**

間接法は，内容が伝聞であることを伝える構文である。

（間接法現在形）	（間接法完了形）
ma, sa, ta ⎫ kirjuta-vat me, te, nad ⎭「書くそうだ」	ma, sa, ta ⎫ (ole-vat) kirjutanud me, te, nad ⎭「書いたそうだ」

完了形では，ole-vat が省略された形もある。

（間接法現在否定形）	（間接法完了否定形）
ma, sa, ta ⎫ ei kirjuta-vat ma. sa, ta ⎭「書かないそうだ」	me, te, nad ⎫ ei ole-vat kirjutanud me, te, nad ⎭ 〜 pole-vat kirjutanud 「書かなかったそうだ」

Sa ole-vat mind eile otsinud?
「君は昨日ぼくを探していたそうだね。」
Jah, sest kuulisin, sa ole-vat juba esmapäeval Tallinnast saabunud.
「ええ，君がもう月曜日にタッリンから着いたようだと，聞いたものだから。」
Ene ja Rein kavatse-vat varsti abielluda.
「エネとレインは間もなく結婚するつもりだそうだ。」
(kavatse-ma「意図する」, abiellu-ma「結婚する」)
Ene emale see abielu ei meeldi-vat.
「エネのお母さんはその結婚が気に入らないそうだ。」(`meeldima「気に入る」)
Ta taht-vat, et tütar lõpetaks enne ülikooli.
「彼女は娘がその前に大学を終えるように望んでいるそうだ。」
　(lõpetaks「終えるの条件形」)

(4) **時間的表現文**
　(a) da 不定詞の内格形 -des により，同時的な出来事を表わすことができる。

Kui orkester mängis, jalutas rahvas pargis.
→ Orkester mängi-des jalutas rahvas pargis.
「オーケストラが演奏しているとき，人々（rahvas）は公園へやってきた。」
「オーケストラの演奏」と「人々の公園への移動」は同時である。
(b) 完了語尾 -nud を用いると2つの出来事が前後して発生していることを指す。
Kui pidu oli lõppenud, lahkusid kõik.
→ Pidu lõppenud, lahkusid kõik.
「宴会（pidu）が終わってから，皆（`kõik）立ち去った。」
「宴会の終了」の後で「皆の退去」が発生している。

(a) 同時的関係
この場合は，da 不定詞から導きだされる現在分詞の内格形 -des が用いられる。
õppida → õppides「学びながら」　lugeda → lugedes「読みながら」
hakata → hakades「始めながら」　korrata → korrates「繰り返しながら」
võtta → võttes「取りながら」

用例
(1) Teed juues luges ta ajalehte. (<`juua「飲む」)
「紅茶を飲みながら彼は新聞を読んだ。」
(2) Neiud läksid teed mööd lauldes. (<laulda「歌う」)
「娘たちは (neiud) 歌いながら道を (mööd「沿って」) 歩いていった。」
(3) Naerdes jooksid lapsed toast välja. (<naerda「笑う」)
「子供たちは笑いながら部屋から (`toast) 走りでた (`välja)。」
(4) Üliõpilased tervitavad õppeõudu püsti tõustes.
(`püsti tõusta「立ち上がる」)
「学生は先生に (õppeõudu) 立ち上がって挨拶する (tervitama「挨拶する」)。」
(5) Lapse õppides ajasid naised juttu. (<õppida「学ぶ」)

第21課　分詞構文

「子供が勉強しているとき，女たちは話をしていた (ajama `juttu「話をする」)。」分詞内格形の主語は属格形 (lapse) となる。
(6) Rongis sõites kohtasin ma kena tütarlast.
(sõita「乗り物に乗る」)
「列車に (rongis) 乗っているとき，かわいい女の子に出会った。」
(7) Merenrannas suvitades, käis ta sageli kalale.
「海岸で (mererannas) 夏をすごしている (suvitama) とき，彼はよく魚を釣りに行った。」(minema kalale「魚を釣りに行く」)

(b) 前後的関係

この場合は da 不定詞から導かれる能動の完了分詞形 nud，もしくは無人称の完了分詞形 tud が用いられる。

õppida → `õppi-nud「学んだ」　　hakata → haka-nud「始めた」
`õppima → õpi-tud「学ばれた」　`hakkama → haka-tud「始められた」

用例

(1) Ajalehe läbi luge-nud, panin selle riiulile.
「新聞を（属格）読み終えて (läbi「終える」) からそれを戸棚の上に (riiulile) 置いた。」
(2) Ajaleht läbi loe-tud, panin selle riiulile.
「新聞が（主格）読み終えられてから，それを戸棚の上に置いた。」
(3) Lõpeta-nud keskkooli astas Jaan ülikooli.
「高等学校を（属格）終えてからヤーンは大学へ入った。」
(4) Keskkool lõpeta-tud tuli Jaan ülikooli.
「高等学校（主格）が終えられてからヤーンは大学へ行った。」
(5) Lõuna söö-dud, läksime raamatukogusse.
「昼食が食べられてから，私たちは図書館 (raamatukogu) へ行った。」
(6) Kui ma olin kirjandi valmis kirjuta-nud, andsin selle õpetajale.＝Kirjandi valmis kirjuta-nud, andsin selle õpetajale.
「作文 (`kirjand (-i, -it) を書き終えて (valmis) から，それを先生に渡した。」

エストニア語入門

Harjutus（練習）

(1) 次の文の括弧の中の動詞を用いて分詞構文を作りなさい。
  1) Jões nägin kalu (ujuda「泳ぐ」).
     「川の中に魚が泳いでいるのを見た。」
  2) Ma mõtlesin ta haige (`olla). (`haige「病気の」)
     「私は彼が病気だと思った。」
  3) Ma näen lund (sadada).
     「私は雪が降っているのを見ている。」

(2) 次の括弧の中の動詞を用いて同時的または前後的表現文を作りなさい。
  1) Vanemate (rääkida) istusid lapsed vaikselt.
     「両親が話しているとき，子供たちはだまって(`vaikselt)座っていた。」
  2) Teed (`juua) ma vaatasin videot.
     「私はお茶を飲みながらビデオを見た。」
  3) (Lõpetada) keskooli astud ta ülikooli.
     「彼は高等学校を終えて大学へ入った。」
  4) Pilte (vaadada), Jüri hakkas naerma.
     「絵を見てからユリは笑い出した（`naerma「笑う」)。」
  5) Hilja õhtul koju (jõuda), heitsin ma kohe magama.
     「おそく晩に (õhtul) 家に着くと，私はすぐに (kohe) 寝た (magama `heitma)。」

第22課 (Kahekümne teine peatükk)
側置詞と接続詞
(Adpositsioonid ja sidesõnad)

Eesti kuulutatakse iseseisvaks vabariigiks (1)

> Detsembris 1917 sõlmis enamlik Venemaa Saksamaaga vaherahu ja sõjategevus kummalgi poolel lõpetatati. Kohe seejärel alustati Poola linnas Brest-Litovskis ühelt poolt Venemaa ja teiselt poolt Saksamaa ning ta liitlaste vahel läbirääkimisi lõpliku rahu tegemiseks. Nüüd selgus, et Saksamaa tahab endale rea maaalasid, mis seni olid kuulunud Vene riigi külge, muude hulgas ka Eesti ala. Vene enamlaste juhtivad tegelased sellega ei nõustunud ja nende saatkonna juht läbirääkimistel Leo Trotski teatas 10. veebruaril 1918, et Venemaa lõpetab sõja ja saadab oma sõdurid koju ilma rahulepingut sõlmimata. Saksalased aga lugesid vaherahu lõpetatuks ja algasid nädal hiljem uuesti sõjategevust.
>
> Nüüd tuli Eesti Maapäeva juhtivail meestel ruttu tegutseda, et Eestis saaks enne iseseisvuse välja kuulutada, kui Saksa väed sisse tulevad. Need polnud kaugel, õigupoolest olidki juba nii-ütelda ühe jalaga Eesti, sest olid Eesti saared Saaremaa, Hiiumaa ja Muhu nende valduses.

Sõnad（語彙）

kuulutama「宣言する」(無人称形で「宣言される」となっている), ise`seisev(a)「独立した」, vaba`riik(riigi)「共和国」(変格), `sõlmima「結ぶ」, enam`lik(-liku)「ボルシェビイキの」, vahe-rahu(-)「休戦」, sõjategevus(e)「軍事行動」, `kumb(kumma)「両方」, `pool(poole, `poolt)「側」, lõpetama「停止する」(非人称), kohe「すぐ」, `seejärel「その後で」,

alustama「始める」(非人称), ühelt poolt「一方で」, teiselt poolt「他方で」, ning「そして」, ˋliitla-ne(-se)「同盟者」, vahel「間で」, läbiˋrääkimine「交渉」, ˋlõpˋlik「最後の」, rahu(-)「平和」, tegemi-ne(-se)「行なうこと」, ˋselguma「明らかになる」, ˋtahtma「望む」, endale「自分に」, rida(ˋrea)「列」, maa-ala「領地」, seni「まで」, ˋkuuluma「属する」, ˋliik(liigi)「国」, ˋkülge(külje)「〜に」, muude hulgas「数ある中で」, ala(-)「地域」, ˋjuhtiv(a)「指導的」, tegela-ne(-se)「実力者」, ˋnõustuma「同意する」, ˋsaat-kond(konna)「代表団」, ˋjuht(juhi)「指導者」, ˋteatama「発表する」, sõda(sõja)「戦争」, sõdur(i)「兵士」, ˋsaatma koju「帰らせる」, rahuleping(-u, -ut)「平和条約」, sõlima「結ぶ」(欠格), lugema「読む, 考える」, lõpetatud「終えられた(変格)」, ˋalgama「始める」, nädal「週」, hiljem「後に」, uuesti「再び」, ˋmaaˋpäev(e)「国会」, mees(mehe, ˋmeest)「人」, ˋruttu「早く」, tegutsema「行動する」, tulema「〜しなければならない」, iseˋseisvus(e)「独立」, vägi(ˋväe)「力」, väed「軍隊」, enne〜kui「〜より前に」, ˋvälja「外に」, kuulutama「宣言する」, saaks(saama「得る」の条件形), polnud=ei olnud「いなかった」, ˋkaugel「遠くに」, sest「〜だから」, õigupoolest「実は」, ˋnii-ütleda「いわば」, ˋjalg(jala, ˋjalga)「足」, saadik「まで」, ˋsaar(e)「島」, ˋvaldus(e)「支配」。

エストニアが独立共和国を宣言する (1)

「1917年12月ボルシェビイキのロシアは、ドイツと休戦を締結し、相互に軍事行動が停止された。その後、ただちにポーランドの市ブレスト・リトブスキで、一方がロシア、他方がドイツおよびその同盟国との間で最終的和平を成立させるために交渉が始まった。いまや、ドイツがいままでロシアの国に属していた一連の地域、中でもエストニアの領域を自国のものにしようと望んでいることが明らかになった。ロシアのボルシェビイキの指導的実力者はそれに同意しなかった。交渉における代表団長レオ・トロツキは、ロシアが戦争を停止し、平和条約を締結することなく、自国の兵士を帰国させることを1918年2月10日に発表した。しかし、ドイツ人は休戦が終わったと見なし、1週間後に軍事行動を起こした。

　いまやエストニア国会の指導的な人々は、ドイツが国内に入ってくる前に独立が宣言されるように、早く行動しなければならなかった。実は、ド

第22課　側置詞と接続詞

イツ人は遠くではなく，いわばすでにエストニアへ1歩踏み込んでいたのであった。というのは，エストニアの島々，サーレマー，ヒーウマーとムフを支配していたからである。」

Eesti kuulutatakse iseseisvaks vabariigiks (2)

19. veebruaril 1918 võeti Maapäeva Vanematekogu poolt iseseisvuse manifest vastu. 24. veebruaril (Pärnus juba 23. veebrari õhtul) kuulutati Eesti iseseisvaks demokraaatlikuks vabariigiks. Täidesaatev võim anti Päästekomitee kätte, mille liikmeteks olid Konstantin Päts, Jüri Vilms ja Konstantin Konik. Manifesti ei saadud trükkida, sest kõikk trükikoja olid enamlaste käes. 23. veebruaril hakkasid enamlased ühes Vene väe riismetega Tallinnast lahkuma. 24. veebruaril mindi manifestiga "Päevalehe" trükikotta, et seda seal trükkida. Ladujad ei olnud kohal.

Saadeti käskijalg järele, aga ladujad ei julge tulla, kardavad enamlasi. Kuid nad annavad ise head nõu : "Saatke meile püssimehed järele, siis otsekui sunniksite meid väevõimuga." Tehtigi nii, saadeti kaks püssimeest järele. Ladujad tulid kohale ja algasid tööd, mis läks üsna ruttu. Kell kaks olid juba esimesed eksemplarid "Manifestist kõigile Eestimaa rahvastele" linnas välja pandud.

Järgmisel päeval seati eesti sõjaväeosad reaalkooli ette, kus Päästekomitee pidas koosolekut. Umbes kell 11 väljus K. Päts, Päästekomitee poolt moodustatud Ajutise Valitsuse peaminister, ja luges iseseisvuse manifesti sõdureile ja kokkutulnud rahvale ette. Rahvas paljastas pead ja sõjaväeorkester mängis "Mu isamaa, mu õnn ja rõõm". Parajasti jõuti hümniga lõpule, kui ilmusid esimesed Sakas sõdurid.

Parijõgi-Algma-Koit, "Eesti ajalugu"

Sõnad（語彙）
võeti(`võtma「取る」の非人称), `vastu`võtma「受ける」, vanematekogu

「長老会議」, manifest(i)「宣言書」, `täide`saatev「実行の」, võim(u)「力」, `anti(`andma「与える」の無人称), `Päästekomitee「救世会議」, käsi (`käe, `kätt, `kätte「手の中へ」), pidama「行なう」, liikme-ne(-se)「メンバー」, `trükkima「印刷する」, trükki-koda(koja, koha, kotta「入格」)「印刷所」, ühes「〜と共に」, riime「残り」, jahkuma「立ち去る」, mindi (minema「行く」の非人称), Päeva`lehti(lehe)「エストニアの新聞」, laduja「植字工」, järele `saatma「派遣する」, `käsk`jalg「使い」, `julge「勇敢な」, `kardma「恐れる」, `hea「よい」, `nõu「忠告」, nõu `andma「忠告する」, kuid「しかし」, püssi`mees「武装兵」, siis「それで」, otse`kui「あたかも」, `sundima「強制する」, `väe`võimu(u)「暴力」, tehti(tegema「行なう」の無人称), `tõõ(-, -d)「仕事」, üsna「かなり」, `ruttu「いそいで」, eksemplar(i)「コピー」, rahvas(rahva)「民衆」, panema `välja「提示する」, `järgmi-ne(-se)「次の」, `seadma「整列する」(非人称), re`aal`kool(i)「中等学校」, `ette「前に」, `koosolek(u)「会合」, pidama「もつ」, `väljuma「現われる」, moodustama「形成する」, ajutise valitsus(e)「臨時政府」, `kokku-tulema「集まる」(の tud 形), paljastama「脱ぐ」, `pea「頭」, (脱帽する), `mängima「演奏する」, isamaa「祖国」, `õnn(e)「幸せ」, `rõõm(u)「喜び」, parajasti「ちょうど」, `hümn(i)「聖歌」, `lõpp(lõpu)「終りに」, `jõudma「達する（無人称）」, `ilmuma「現われる」.

エストニアが独立共和国を宣言する (2)

　「1918年2月19日国会の長老会議からの独立宣言文が受け入れられた。2月24日（パルヌではすでに2月23日の晩）エストニアは独立民主共和国を宣言した。実行的権力が救世委員会の手に与えられた。そのメンバーは，コンスタンチン・パッツ，ユリ・ヴィレムスとコンスタンチン・ユニクであった。すべての印刷所がボルシェビイキの手中にあったので，宣言文は印刷できなかった。2月23日ボルシェビイキはロシア軍の残留部隊と共にタッリンから退去しはじめた。2月24日宣言文は印刷するために，パエヴァレヘティ紙の印刷所にもちこまれたが，植字工は勇気がなく，ボルシェビイキを恐れていた。彼らはうまい口実を伝えてきた：『われわれの許へ武装兵を送ってもらいたい。そうすれば，われわれはあたかも暴力で強制されていることになるので』そのようにとり計られ，2人の武装兵が送

第22課　側置詞と接続詞

られた。植字工は職場へやってきて，仕事をはじめた。仕事はかなり手早く進んだ。2時にはすでに最初の宣言文のコピーが市内のすべてのエストニアの住民に提示された。

　次の日，エストニアの兵士たちが中等学校の前に整列した。ここで救世委員会は会合をもった。11時ころ，救世委員会により構成された臨時政府の首相 K. パッツが現われ，独立宣言文を軍隊と集まってきた民衆に向かって，読み上げた。民衆は帽子を脱ぎ，軍隊のオーケストラが「われらが祖国ぞわが幸せにして喜び」を演奏し，やがて聖歌が終わりに達したとき，最初のドイツ軍が現われた。」(パリユキ，アルクマ，コイット『エストニアの歴史』）（注：2月24日はエストニアでは独立記念日とされている）

Grammatika（文法）
(1)　側置詞 (kaassõna) は後置詞 (tagasõna) と前置詞 (eessõna) に分かれる。エストニア語では，後置詞の方が前置詞よりもよく用いられる。
  (a)　後置詞　laua *all*「テーブルの下に」　(b)　前置詞　*pärast* lõunat「食事の後で」
  (a)　後置詞には，属格名詞をとるものと，分格名詞をとるものとがある。
　　(a1)　属格名詞をとる後置詞：
　　1.　alla「下へ」～ all「下に」～ alt「下から」
　　　Kass jooksis laua alla.「猫がテーブルの下へ走りこんだ。」
　　　Kass istub laua all.「猫がテーブルの下に座っている。」
　　　Kass tuli laua alt.「猫がテーブルの下から出てきた。」
　　2.　ette「前へ」～ ees「前に」～ eest「前から」
　　　Auto sõitis kooli ette.「車が学校の前へ走っていった。」
　　　Auto seisab kooli ees.「車が学校の前に止まっている。」
　　　Auto sõitis ukse eest.「車がドアの前から走り去った。」
　　3.　juurde「…の所へ」～ juures「…の所に」～ juurest「…の所から」
　　　Ema läks arsti juurde.「母は医者の所へ行きました。」
　　　Ema on arsti juures.「母は医者の所にいます。」
　　　Ema tuli arsti juurest.「母は医者の所からもどって来ました。」
　　4.　peale「…の上へ」～ peal「…の上に」～ pealt「…の上から」

Ta pani raamatu laua peale. 「彼はテーブルの上に本をおいた。」
Raamat on laua peal. 「テーブルの上に本がある。」
Võtke raamat laua pealt！「テーブルの上から本を取りなさい。」

5. taha「…の後ろへ」〜 taga「…の後ろに」〜 tagant「…の後ろから」
   Lapsed läksid metsa taha. 「こどもたちは森の後ろへ行った。」
   Ta elab metsa taga. 「彼は森の後ろに住んでいる。」
   Nad sõitsid metsa tagant. 「彼らは森の後ろから出てきた。」

6. poole「…の方へ」〜 pool「…の方に」〜 poolt「…の方から」
   Ta sammus metsa poole. 「彼は森の方へ歩いていった。」
   Metsa pool sadas vihma. 「森の方では雨が降っている。」
   Põhja poolt puhus külm tuult.
   「森の方から冷たい風が吹いてきた。」

7. järele「…の後ろへ」〜 järel「…の後ろに」, järelt「…の後ろから」
   Tema tuli minu järele. 「彼は私の後ろへ来た。」
   Suve järel tuleb sügis. 「夏の後に秋が来る。」
   Ta kadus minu järelt. 「彼は私の後ろから消えた。」

8. keskele「…の中へ」〜 keskel「…の中に」〜 keskelt「…の中から」
   Metsade keskel tekkis uus linn.
   「森の中に新しい町が生まれた。」(`tekkima「生じる」)
   Küla keskelt käänab tee järvele.
   「村の中から道が湖の方へ曲がっている。」

9. kehale「…の上方へ」〜 kehal「…の上方に」〜 kehalt「…の上方から」
   Linna kohale ilmus lennuk. 「市の上の方に飛行機が現われた。」
   Lennuk lendas mere kohal. 「飛行機が海の上を飛んだ。」
   Lennuk kadus mere kohalt. 「飛行機が海の上から消えた。」

10. kõrvale「…のそばへ」〜 kõrval「…のそばに」〜 kõrvalt「…のそばから」
    Istu minu kõrvale. 「私のそばに座りなさい。」
    Ta istub minu kõrval. 「彼は私のそばに座っている。」

第22課　側置詞と接続詞

　　　　Ta läks ära minu kõrvalt.「彼は私のそばから立ち去った。」
11．äärde「…の近くへ」〜 ääres「…の近くに」〜 äärest「…の近くから」
　　　　Läheme mere äärde.「海の近くへいきましょう。」
　　　　Istume mere ääres.「海の近くに座りましょう。」
　　　　Tuleme mere äärest.「海の近くから離れましょう。」
12．vahele「…の間へ」〜 vahel「…の間に」〜 vahelt「…の間から」
　　　　Pane see voodi ja seina vahele.
　　　　「それを寝台と壁の間に置きなさい。」
　　　　Kapp on voodi ja akna vahel.「戸棚は寝台と窓の間にある。」
　　　　Ta läks põõsaste vahelt läbi.「彼は茂みの間を通っていった。」
13．sisse「…の中へ」〜 sees「…の中に」，seest「…の中から」
　　　　Ta astus maja sisse.「彼は家の中へ入っていった。」
　　　　Ta on maja sees.「彼は家の中にいる。」
　　　　Maa seest tuli vett.「地面の中から水が出てきた。」
14．tõttu「〜のために」（原因）
　　　　Ta puudus koolist haiguse tõttu.
　　　　「彼は病気のために学校を休んだ。」(`puuduma「〜が欠けている」)
15．ümber「〜の周りを」
　　　　Maa käib päikese ümber.「地球は太陽の周りを回る。」
（b1）　属格をとる前置詞
　1．läbi「…を通って」
　　　　Kuul tungis läbi seina.「弾丸（kuul）は壁を突き抜けた。」
　2．üle「…を越えて」
　　　　Ta läks üle tanava.「彼は通りを横切った。」
　　　　Lennuk lendas üle metsa.「飛行機は森を越えて飛んだ。」
　　　　Kraadiklaas näitas üle nulli neli kraadi.
　　　　「寒暖計は零下（超えて）4度（kraad）を示している。」
　3．ümber「…の周りを」
　　　　Ta kõndis umber järve.「彼は湖の周りを歩いた。」
　4．piki「…に沿って」

Jalgrada läks piki metsa.「小道が森に沿って走っている。」
5. vastu「…に対して」
Ma lõin peaga vastu seina.「私は頭が（で）壁に当たった。」
(`lööma「打て」)
6. allpool「下を」
Lennuk lendas allpool pilvi.「飛行機は雲（pilv）の下を飛んだ。」
7. põiki「…をこえて」
Palk oli asetatud põiki jõge.「丸太（palk）が川に（をこえて）おかれていた。」

(b2) 分格をとる前置詞
1. enne「…の前に」
Ma pean lõpetama töö enne õhtut.
「私は夕方前に仕事を終えなければならない。」
2. keset「…の間に」
Ta jäi seisma keset tänavat.「彼は通りの間に立っていた。」
(`seisma「立つ」, `jääma「とどまる」)
3. peale「…の以外」
Kõik õpilased oskavad eesti keelt peale minu.
「私以外のすべての生徒はエストニア語ができる。」
4. pärast「…の後に」
Pärast lõunat lähen jalutama.「食事の後で散歩に行きます。」
5. mööd「…に沿って」
Autod sõidavad mööda maanteed.
「自動車が国道に沿って走っている（`sõitma）。」

(2) 接続詞

接続詞には，同じ資格で語句や節を結びつける同位接続詞と一方を他方に従属する関係におく従位接続詞とがある。

(a) 同位接続詞 (rinnastavad sidesõnad)
1. ja「と」
Kolm ja neli on seitse.「3と4は7」（合接）

第22課　側置詞と接続詞

2. nii 〜 kuin「…と同じように」
   Ma nii hästi kuulsin kui ka sain kõigest aru.
   「私はすべてをよく聞き，よく理解した。」
   (kõigest「すべてについて」，aru ˋsaama「理解する」)
3. aga「だが」
   Ta lahkus toast aga ei tulnud tagasi.
   「彼は部屋から出て行ったが，戻ってはこなかった。」（逆接）
4. või「それとも」
   Kas see on kass või koer?
   「あれは猫ですか，それとも犬ですか。」（離接）
5. seepärast「それで」
   Olin haige, seepärast ma ei tulnud kooli.
   「ぼくは病気だった，それで学校へ行かなかった。」（説明）
6. sest「…というのは」
   Ta puudus, sest ta oli haige.
   「彼は欠席した，と言うのは病気だったから。」
7. siiski「それでもなお」
   Ta õppis palju, aga siiski ei saanud ülikooli.
   「彼はよく勉強したが，それでも大学へはいれなかった。」

(b) 従位接続詞 (alistavad sidesõnad)
1. 接続詞 et はさまざまな内容を伝える。
   Ma arvasin, et sa seda tead.
   「君はそれを知っていると，私は思った。」（内容節）
   Jäin koju, sest et olin väsinud.
   「私は疲れていたので，家に残っていた。」(ˋjääma「とどまる」)（理由節）
   Olime nii väsinud, et uinusime kohe.
   「私たちはたいそう疲れていたので，すぐに眠った。」（結果節）
   Sõitke kiiremini, et me rongile ei hilineks.
   「私たちが汽車に遅れないように急いで走らせてください。」（目的節）

Olin imelik, et ta eksamil läbi kukkus.
「君が試験で失敗したのに驚いた。」(läbi `kukkuma「試験に落ちる」)（原因節）
2. kas「～かどうか」
Ma ei tea, kas mu sõber on kodus.
「私の友人が家にいるかどうか私には分からない。」
3. kuigi「…でも」
Kuigi mees on väike, on seadus vankumatu.
「人間は小さいけれど，法はゆるぎない。」（譲歩節）
4. 接続詞 kui はさまざまな意味を表わすのに用いられるので，注意を要する。
　　（時間）Kui ma koju tulin, olin ma väsinud.
　　　　　「私は家に帰ったとき，疲れていた。」
　　（条件）Kui mul aega oleks, läheksin ma jalutama.
　　　　　「もし私に時間があれば，散歩に出かけます。」（条件法）
　　（比較）Ma olen vanem kui te.「私はあなたより年上だ。」
　　（様態）Tee (nii) kui ütlesin.「私が言ったように，しなさい。」
5. kuna「…なので」
Ma ei tule kooli, kuna ma haige olen.
「ぼくは病気だから，学校へいかない。」
6. seni ～ kui「…まで」
Ma jään koju seni, kui ma terveks saan.
「私は元気になるまで，家にいます。」

Harjutus（練習）
次の例文において，括弧内の適切な前置詞を選びなさい。
(1) Kass jooksis tooli (alla, all, alt).
「猫が椅子の下へ走りこんだ。」
(2) Auto seisab ülikooli (ette, ees, eest).
「自動車が大学の前に止まっている。」
(3) Võtke pilt seina (peale, peal, pealt).

— 170 —

第22課　側置詞と接続詞

　　　「絵を壁の上からはずしなさい。」
(4)　Ema läks kaevu (juurde, juures, juurest).
　　　「母は泉の所へ行った。」
(5)　Põhja (poole, pool, poolt) puhus külma tuult.
　　　「北から冷たい風が吹いた。」
(6)　Istu minu (kõrvale, kõrval, kõrvalt).
　　　「私の脇に座りなさい。」
(7)　Maa (sisse, sees, seest) tuli vett.
　　　「地面の中から水が出てきた。」

第23課 (Kaheskümnes kolmas peatükk)
名詞変化の型
(Käändkondade tüübid)

Kalev, Salme ja Linda (Kalevipojast) (1)

Kaugel põhjas tammemetsa ääres seisis kaljudel suur talu, kus kasvas kolm poega. Üks poegadest läks Venemaale, teine Turjamaale. Kolmas poeg Kalev aga istus kotka tiivale ja lendas üle Läänemere lõuna poole, kuni kotkas heitis tema Viru randa kõrgele kaljule. Venemaale läinud vennast sai kaupmees, Turjamaale asunud vennast sõjamees, aga meie maale tulnud vend rajas siin riiki, mida hakka kindla käega valitsema.

Läänes elas ühes talus noor lesk. Ühel hommikul läks ta karja saatma ja leidis teelt kana, tedremuna ning varesepoja. Naine viis leiu koju, tegi vakka pesa ja pani tedremuna kana alla hauduma. Varesepoja aga heitis ta kirstu taha nurka. Mõne aja pärast läks lesk neid vaatama ja leidis end üllatuseks, et kanast oli kasvanud noor neiu — Salme, tedremunast Linda ja varesepojast vaene orjatüdruk.

Sõnad (語彙)

kaugel「遠く」, põhi(põhja)「北」, tamme`mets(`metsa)「樫の森」, `seisma「立つ」, kalju(-)「岩」, talu(-)「農園」, kasvama「育つ」, Turja`maa「スカンジナビア」, kotkas(`kotka)「鷲」, tiib(tiiva)「翼」, Läänemer(mere)「バルト海(西の海)」, kuni「～まで」, `heitma「投げる」, Viru「エストニア」, `rand(ranna, `randa)「岸」, läinud(minema(lähen)の完了分詞)「行った」, `vend(venna)「兄弟」, kaup`mees「商人」, asunud(asumaの完了分詞)「住んだ」, sõja`mees「戦士」, tulnud(tulemaの完了分詞)「来

第23課　名詞変化の型

た」, rajama「建てる」, `kindel(kindla)「確かな」, käsi(`käe)「手」, valitsema「治める」, `lesk(lese)「やもめ」, kari(karja, `karja)「家畜」, `saatma「追い立てる」, `leidma1「見つける」, kana(-)「めんどり」, tedre-muna「黒雷鳥の卵」, vares`poiss(poha)「鳥の子」, `viima「持ってくる」, `leid (leiu)「見つけたもの」, `vakk(vaka, `vakka)「枡」, pesa(-)「巣」, `hauduma「卵がかえる」, `kirst(kirstu)「箱」, `nurk(nurga, `nurka(入格)「隅」, üllatus(e)「驚き」, neiu「娘」, vaene「哀れな」, ori(orja)「奴隷」.

カレヴ，サルメ，リンタ（カレヴの息子たち）(1)

　「遠く北の樫の森の端で岩の上に大きな農園がありました。そこで3人の男の子が育ちました。男の子の中で1人はロシアへ行き，2番目はスカンジナビアへ行きました。3番目の息子のカレヴは鷲の翼に乗って，バルトの海を越え南の方へ飛んできましたが，鷲は彼をエストニアの岸辺の高い岩の上に投げ出しました。ロシアへ行った兄弟は商人になり，兄弟の内でスカンジナビアに住んだ兄は戦士になりました。しかし，われわれの国へ来た息子は，そこに国を建て，この国を確かな手法で治め始めました。

　西にある農園に若いやもめが住んでいました。ある朝彼女が家畜を追っていくと，道にめんどりと黒雷鳥の卵とからすの子を見つけました。女は見つけたものを家へ持ち帰り，枡で巣を作り，雷鳥の卵をかえすために，めんどりの下に置きました。しかし，彼女はからすの子を箱の後ろの隅に投げ捨てました。長く時間が過ぎてから，やもめはそれらを見に行くと，驚いたことに，にわとりは若い娘に，雷鳥の卵はリンタに，そしてからすの子は哀れな奴隷の娘になっていました。」

Kalev, Salme ja Linda (Kalevipojast) (2)

> 　Salmele tuli kolm kosilast — kuu, päike ja täht, Salme hülgas nii kuu kui ka päikese. Tähe hobused aga käskis ta talli viia, neid hästi sööta ja kosilase oma söögilauda paluda. Täht aga keeldus söömast ning jõõmast ja nõudis oma mõrsjat. Viimaks tuli Salme tuppa. Murueti oli tema nii kauniks ehtinud, et kasuema tema vaevalt ära tunids.

Kui peeti Salme pulmi, tulid kuu ja päike uuesti lese majja — Lindale kosja. Linda hülgas need kui ka mitmed teised kosilased, ja nad läksid kurvalt koju. Viimaks tuli Kalev uhke täku seljas, suur saatjaskond kaasas, neiule kosja. Ehkki lesel Kalev ei meeldinud, hüüdis Linda ; "See mul meesi meele pärast!"

Muruetit ehtis ka Linda nii kauniks, et kasuema teda ära ei tundnud. Peeti uhked pulmad, mille järele Kalev ja Linda sõitsid läbi tihedate metsade ja laiade lagendikkude Kalevite koju.

Kalevi ja Linda abielust sündis palju lapsi. Meesteks kasvanud, jätsid pojad kodu maha ja siirdusid laia maailma oma õnne otsima. Kalev, tundes oma surma lähenevat, ennustas abikaasale poja sündi, kes tugevuselt ja mõistuselt ületab vennad. Ta soovis, et riik pärast tema surma jääks ainult ühe poja valitseda.

Sõnad（語彙）

kosila-ne (-se, -st)「求婚者」, `täht (tähe)「星」, `hülgama「断る」, hobu-ne (-se)「馬」, `käskima「命じる」, `tall (talli, `talli, `talli (入格))「馬小屋」, `keelduma「ことわる」, `nõudma「要求する」, `mõrsja「花嫁」, muru`eit「妖精」, `ehistama「飾る」, kasuema「育ての親」, vaevalt「骨折って」, `tundma「感じる」, `uhke (-, -t, -id)「立派な」, pulmad (-e, -i「複数」)「結婚式」, pidma「行なう」(無人称), `kosja tulema「求婚に来る」, mitme「多くの」, kurvalt「悲しく」, `uhke「すばらしい」, `täkk (täku)「牡馬」, raatjas`kond「従者」, `ehkki「～だけれども」, `meeldima「気に入る」, `hüüdma「叫ぶ」, meele pärast「好みに合う」, `sõitma「乗り物で行く」, tihe (tiheda)「深い」, `lai (laia)「広い」, lagen`dik (-diku, -dikk) (-`dikke)「平原」, abielu「結婚」, `meesteks「大人になる」(分詞構文), maha `jätma「捨てる」, `siirduma「移る」, `õnn (e)「幸せ」, `otsima「探す」, `surm (a)「死」, lähenema「近づく」(間接法), ennustama「予言する」, `sünd (sünni, `sündi)「出産」, tugevus (e)「力」, mõistus (e)「思慮」, ületama「すぐれる」, `soovima「願う」, valitsema「治める」。

— 174 —

第23課　名詞変化の型

カレヴ，サルメ，リンタ（カレヴの息子たち）(2)

「サルメの所へ，月，太陽と星の3人の求婚者がやってきました。サルメは太陽と同じく月も断りました。そして，彼女は星の馬を馬小屋へ連れて行き，よく食べさせるように，また，求婚者に食卓についてもらうように言いつけました。しかし星は食べることも飲むことも（出格）ことわり，自分の花嫁だけを求めました。ついにサルメが部屋へ入ってきました。妖精が彼女をたいそう美しく飾りたてたので，育ての親も彼女を見分けるのに苦労しました。

サルメの結婚式が行なわれると，月と太陽はまたもややもめの家へリンタに求婚するためにやってきました。リンタは他の多くの求婚者と同じように，彼らを退けました。そこで彼らは悲しそうに家へ帰っていきました。最後にカレヴが立派な牡馬に乗り，おおぜいの従者を連れて，娘の許へ求婚にやってきました。カレヴはやもめの気に入らなかったけれど，リンタは，この人が私の心にかないますと，さけびました。

妖精はリンタをたいそう美しく飾り立てたので，育ての親も見分けがつきませんでした。りっぱな結婚式が行なわれました。その後，カレヴとリンタは深い森と広い平原を通ってカレヴの家へ向かいました。

カレヴとリンタは結婚して，たくさんの子供を産みました。大人に成長すると（分詞構文），息子たちは家を離れ，自分の幸せを求めて広い世界へと向かいました。カレヴは自分の死期が近づいているのを悟り（間接法），妻に息子の出産と，その子が力量と思慮において兄弟に勝ると予告しました。彼は自分の死後ただ一人国を治めるために残っていてもらいたい（条件法）と願っていました。」

Grammatika（文法）
(1) 名詞変化の条件

　　エストニア語の名詞変化は，その基底となる語形がかなり複雑である。
1)　単数属格形が単数変化の基底形となる。また，
2)　単数属格形は複数主格形を派生させる。さらに，
3)　単数分格形が複数属格形を派生させる。
4)　この複数属格形が複数変化の基底形をなす。

エストニア語入門

```
              （単数形）              （複数形）
    主格：    *jalg「足が」          jala-d「複数の足が」
    属格：  ┌ *jala「足の」2)        ┌ jalga-de「複数の足の」
    分格：  │ *jalga「足を」3)       │ *jalgu「複数の足を」
    入格：  │ jala-sse「足の中へ」   │ jalgade-sse「複数の足の中へ」
    内格：  ┤ jala-s「足の中に」     ┤ jalgade-s「複数の足の中に」
    出格：  └ jala-st「足の中から」  └ jalgade-st「複数の足の中から」
            1)                      4)
```

　そこで，単数と複数の名詞変化を行なうためには，＊の付いた単数の主格，属格，分格と複数分格の4格を基本形として覚えておく必要がある。

　ただし，複数分格は単数分格と類似しているが，次のような5つのタイプがある。

(単数)	主格	属格	分格	(複数)分格
[1]	`jalg「足」	jala	`jalga	`jalg-u
[2]	`kott「袋」	koti	`kotti	`kott-e
[3]	sulg「羽」	sule	`sulge	sulg-i
[4]	jõgi「川」	`jõe	jõge	jõg-sid
[5a]	`puu「木」	puu	puud	`pui-d
[5b]	`pea「頭」	pea	pead	`päi-d
[5c]	süda「心」	südam	südant	südamei-d

　以上のように，複数分格には5つのタイプがあり，5番目はさらに3つの下位タイプをもっている。すなわち，上の表のように7つのタイプの複数分格があることになる。そこで，名詞の変化は「単数の主格，属格，分格と複数の分格」を基づいて形成されることになる。

　さらに，入格について，例えば，pesa「巣」であるが，

	主格「が」	属格「の」	分格「を」	入格「の中へ」
(単数)	pesa	pesa	pesa	pesa-sse ～ `pessa
(複数)	pesad	pesade	pesi ～ pesasid	pesi-sse pesade-sse ～ pesisse

— 176 —

第23課　名詞変化の型

単数入格形「の中へ」には，pesa-sse と `pessa の2種がある。また，複数入格形「の中へ」にも，次のような2種がある。
　　複数属格形による　pesade＞pesade-sse となるもの。
　　複数分格形による　pesi＞pesi-sse となるもの。
このように，入格に2つの異形を備えている名詞の数も多い。そこで，入格形についての配慮も必要となる。
　上記の pesa に示された基本形に従って，名詞の変化形には次のようにタイプが見出される。

(2)　名詞変化の型
I型(a)：階程交替がなく，長母音もしくは2重母音をもつ名詞。

	主格	属格	分格	入格
(単数)	`puu	puu	puud	puu-sse
(複数)	「木」	puude	`puid	puude-sse ～ `pui-sse

(他に)　kuu「月」, maa「土地」, suu「口」, tee「道」, öö「夜」など。

(単数)	`koi	koi	koid	koi-sse
(複数)	「蛾」	koide	koisid	koide-sse

II型(a)：階程交替がなく，2音節で，-a, -i, -o, -u の母音で終わる名詞。

	主格	属格	分格	入格
(単数)	liha	liha	liha	liha-ssa
(複数)	「肉」	lihade	lihasid	lihade-sse

(他に) isa「父」, maja「家」, lumi(lund)「雪」, nimi(nime)「名前」など。
　(b)：階程交替がなく，外国語起源の名詞。

| (単数) | seminar | seminari | seminari | seminari-sse ～ seminari |

— 177 —

エストニア語入門

| (複数) | 「セミナー」 | seminaride ～ seminare | seminarisid | seminaride-sse seminare-sse |

(他に) restoran「レストラン」, telefon「電話」など。

Ⅲ型(a)：階程交替をもち，2音節で，母音 -e で終わる名詞。

	主格	属格	分格	入格
(単数)	tubli	tubli	tublit	tubli-sse
(複数)	「良い」	tublide	tublisid	tublide-sse

(他に) juni「6月」, palju「たくさん」, takso「タクシー」など。
  (b)：

	主格	属格	分格	入格
(単数)	kõne	kõne	kõne	kõne-sse
(複数)	「話」	kõnede	kõnessid	kõnede-sse

(他に) pere「家族」, ime「驚異」など。

Ⅳ型(a)：階程交替なしで，2音節以上の名詞。

	主格	属格	分格	入格
(単数)	`aasta	aasta	aastat	aasta-sse
(複数)	「年」	aastate	aastaid	aastate-sse ～ `aastai-sse

(他に) kõrge「高い」, raske「重い」など。
  (b)：

	主格	属格	分格	入格
(単数)	`number	numbri	numbrit	numbri-sse
(複数)	「数」	`numbrite	numbreid	numbrite-sse ～ numbrei-sse

(他に) mantel (mantli)「コート」, korsten (korstna)「煙突」など。
  (c)：

| (単数) | õpik | õpiku | õpikut | õpiku-sse |

第23課　名詞変化の型

| (複数) | 「教科書」 | õpikute | õpikuid | õpiku-sse
～ õpikui-sse |

(他に) hommik「朝」, ilus(ilusa)「美しい」, kevad(kevade)「春」など。

Ⅴ型(a)：階程交替がなく，-ne や -s で終わる名詞。

	主格	属格	分格	入格
(単数)	`paene	paese	paest	paese-sse
(複数)	「石灰の」	paeste	paeseid	paeste-sse ～ paei-sse

(他に) vaene「哀れな」, teos「作品」など。
　　(b)：

(単数)	soolane	soolase	soolast	soolase-sse
(複数)	「塩辛い」	soolaste	soolaseid	soolaste-sse ～ soolassei-sse

(他に) pakene「霜」, tehas「工場」など。
　　(c)：

(単数)	`tööline	töölise	töölist	töölise-sse
(複数)	「労働者」	tööliste	töölisi	tööliste-sse

(他に) `sakslane「ドイツ人」, esimene「第1」など。
　　(d)：

(単数)	`raudne	raudse	raudset	raudse-sse
(複数)	「鉄の」	raudsete	raudseid	raudsete-sse ～ raudsei-sse

(他に) täpsne「正確な」, vaikne「静かな」など。

Ⅵ型：階程交替を行い，主格と分格が強，属格が弱となる名詞
　1群：(a)　語幹を母音で終わる名詞。

— 179 —

エストニア語入門

	主格	属格	分格	入格
(単数)	`jalg	jala	`jalga	jala-sse 〜 `jalga
(複数)	「足」	`jalgade	`jalgu	`jalgade-sse 〜 jalu-sse

(他に) aeg(aja)「時」, ilm(ilma)「天気」, kool(kooli)「学校」など。
 (b) 同じ条件で，語尾 -nik, -lik, -mik, -stik, -ndik, -kond, -elm をもつ名詞。

(単数)	maa`stik	maastiku	maa`stikku	maastiku-sse 〜maa`stikku
(複数)	「風景」	maa`stikkude	maa`stikke	maa`stikkude-sse 〜 maastike-sse

(他に) õnnelik「幸せな」, kirjalik「作家」, perekond(konna)「家族」, kujutelm(a)「イメージ」など。
 (c) 同じ条件で変化し，主格が2音節の名詞。語幹部でd＞ゼロとなるもの。

(単数)	rida	`rea	rida	rea-sse 〜 `ritta
(複数)	「列」	ridade	ridu	ridade-sse
			〜 ridasid	

(他に) sada「100」, sõda「戦」など。
 (d) 同じ条件で変化し，g＞ゼロとなる名詞。

(単数)	jõgi	`jõe	jõge	jõe-sse 〜 `jõkke
(複数)	「川」	jõgede	jõgesid	jõgede-sse

(他に) mägi「山」, lugu(loo)「物語」など。
 (e) 語尾が -er や -i となるもの。

(単数)	sõber	sõbra	`sõpra	sõbra-sse 〜 `sõpra
(複数)	「友人」	sõprade	`sõpru	sõprade-sse 〜 sõbrusse

(他に) põder「となかい」, mari「いちご」など。

第23課　名詞変化の型

VI型：
2群：語幹が子音で終わる名詞
(a) 子音 -l, -n, -r で終わる名詞。

	主格	属格	分格	入格
(単数)	`keel	keeli	`keelt	keele-sse 〜 `keelde
(複数)	「言語」	keelte	`keeli	keelte-sse 〜 keeli-sse

(他に) hääl「音」, meel「心」, tuul「風」など。
(b) 属格形が -e をとる2音節の名詞。

	主格	属格	分格	入格
(単数)	käsi	`käe	`kätt	käe-sse 〜 `kätte
(複数)	「手」	käte	käsi	käte-sse 〜 käsi-sse

(他に) mesi「蜜」, vesi「水」など。
(c) 長母音または2重母音の語幹をもち，属格で -e をとる名詞。

	主格	属格	分格	入格
(単数)	`uus	uue	`uut	uue-sse 〜 `uude
(複数)	「新しい」	uute	`uusi	uute-sse 〜 uusi-sse

(他に) kuus「6」, vars(varke)「柄」など。

VII型：階程交替を行い，主格が弱で，属格が強となる名詞。
(a) 子音 -l, -n, -r で終わる名詞。

	主格	属格	分格	入格
(単数)	tütar	`tütre	tütart	tütre-sse
(複数)	「娘」	tütarde	`tütreid	tütarde-sse 〜 tütrei-sse

(他に) küünal「ろうそく」, aken(akna)「窓」など。
(b) 子音 -s で終わる名詞。

	単数/複数	属格	分格	入格
(単数)	hammas	`hamba	hammast	hamba-sse
(複数)	「歯」	hammaste	`hambaid	hammate-sse 〜 hambi-sse

(他に) kallas(kalda)「岸」など。
　(c)　母音 -e で終わる名詞。

(単数)	mõte	`mõtte	mõtet	mõtte-sse
(複数)	「考え」	mõtete	`mõtteid	mõtete-sse ～ `mõttei-sse

　(d)　母音 -e で終わるが，属格形で -me, -ne が現われる名詞。

(単数)	liige	`liikme	liikmet	liikme-sse
(複数)	「メンバー」	liikmete	`liikmeid	liikmete-sse ～ liikmei-sse

(他に) seitse(seitsme)「7」, aste(astme)「階段」など。

　以上 7 型を提示したが，各型が下位部類をもつので，24 タイプとした。しかし，『エストニア・フィンランド語辞典』(1971)では，名詞が 90 タイプに分類されている。

第 24 課 （Kahekümne neljas peatükk）
動詞変化の型
（Pöördkondade tüübid）

Jaanipäev「ヨハネの日」

> Jaanipäev on 24 juunil. Jaanipäeval tehakse jaanituld ja käiakse kiigel. Tehakse nii suur külajaanitulesid kui ka väikseid perejaanitulesid. Tuld tehti tavaliselt jaanilaupäeval — 23 juunil. Jaanilaupäeval käidi ka saunas, tehti toad puhtaks. Jaaniõhtut peeti küla kiigelplatsil. Sageli toodi tule juurde ka loomi, kuna usuti, et tuli toob kõigile õnne. Tule ääres mängiti pilli, tantsiti, lauldi, mängiti ringmänge ja joodi koduõlut. Jaanituli pidi nii inimestele kui loomadele, nii põldudele kui heinamaadele head tooma. Sellepärast valiti tule jaoks alati kõrgem koht. Rannarahavas tegi tule mere kaldale, sest tuli pidi alati kaugele merele paistma. Rannas pandi põlema vanad paadid.
>
> Tuppa toodi kased. Jaaniöösel ei tohtinud palju magada. Jaaniussi leidmine metsas pidi õnne tooma, ka meheõnne. Samuti sõnajalad, mis pidid õitsema jaanilaupäeva öösel kella kaheteistkümne ja ühe vahel. Kes leidis sõnajalaõie, pidi saama õnnelikuks. Kes korjas üheksa erinevat lille ja need padja alla pani, see nägi oma tulevast peigmeest unes.

Sõnad （語彙）

tegema(teha, `teen)「作る」(無人称), `käima(käia, käin)「行く」(無人称), tuli(-e, `tuld, tulesid(複数))「火」, `kiik(kiige, `kiike)「ブランコ」, küla「村」, pere(-, -t)「家族」, tavaliselt「普通」, jaani-tul(-tule)「ヨハネ（夏至）の火」, laupäev「土曜日」, tuba(`toa, tuba)「部屋」, puhas(puhta)

「きれいな」, ˋõhtu(-, -t)「晩」, pidama(pidada, ˋpean)「行なう」(無人称), ˋplats(-i, -i)「広場」, sagel「しばしば」, ˋtooma(ˋtuua, ˋtoon)「連れてくる」, ˋloom(-a, ˋ-a, ˋ-i(複数分格))「動物」, kuna「～のため」, kõigele「皆に」, ˋõnn(-e, ˋ-e)「幸せ」, ˋmängima(mängin)「演じる」(無人称), ˋpill(-, -)「楽器」, ˋtantsima「踊る」, ˋlaulma「歌う」(非人称), ringmäng(-u, -u)「輪舞」, ˋuskuma(usun)「信じる」(無人称), inimiste「人間」, loomad「動物」, põldud「畑」, heinamaad「草地」(複数形), ˋhea(ˋ-, ˋ-d)「よいこと」, ˋjooma(ˋjoon)「飲む」, kodu-õlu(õlle, õlut)「自家製のビール」, selle-pärast「そのために」, valima(valin)「選ぶ」(非人称), jaoks「～のために」, alati「つねに」, ˋkoht(koha)「場所」, rand(ranna)「岸辺」, ˋpaistma「照らす」, ˋkask(kase, kaske)「白樺」, ˋtohtima「望む」, paat(paadi)「ボート」, põlema「燃やす」, magama「寝る」, ˋuss(-i, -i)「虫」, ˋleidma「見つける」, sõnajalg「しだ」, ˋõitsema「探す」, õis(õie, ˋõit)「花」, ˋkorjama「集める」, padi(padja)「枕」, panema「置く」, tulev(a)「将来の」, peigˋmees「婿」, uni(une)「夢」。

kiik

ヨハネの日

「6月24日はヨハネの日です。ヨハネの日にはヨハネの火が作られ,ブランコ遊びに出かけます。小さい家族のヨハネの火と同じく大きな村のヨハネの火が作られます。普通は,ヨハネの土曜日,6月23日には火がたかれました。ヨハネの日には,サウナへ行き,部屋をきれいにしました。ヨハネの夕べは,ブランコ広場で行なわれました。よく火のところへ動物を連れてきました。火が皆に大きな幸せをもたらしてくれると信じていたから

第24課　動詞変化の型

です。火の側で楽器を演奏し，踊り，歌い，輪舞を行い自家製のビールを飲みました。ヨハネの火は人間にも，動物にも，畑にも，草原にもよいことをもたらしてくれると思われていました。それ故に，火のためには，常に高い場所が選ばれました。海辺の人々は，海岸で火をたきました。それはいつも海の遠くを照らしてくれるからです。海岸では，古いボートが燃やすために持ち込まれました。

　部屋には白樺が持ち込まれました。ヨハネの夜はあまり寝ようとは思いませんでした。森でヨハネの虫（土ぼたる）を見つけると（見つけることは），幸せ，人の幸せを持ってくると思われていました。同じく羊歯（しだ）ですが，これはヨハネの土曜日の夜，12時から1時の間に見つけなければなりませんでした。羊歯の花を見つけた人は幸せになると思われていました。違った花を9つ集め，これを枕の下に置いた人は，未来のお婿さんを夢に見ました。」

Grammatika（文法）
動詞変化の型
(1) 動詞変化の基本型
　動詞の変化は次の7つの基本形から形成される。
1) ma 不定詞　　2) da 不定詞　　3) 現在1人称形　　4) tud 分詞
　luge-ma「読む」　luge-da「読む」　`loe-n「私は読む」→　`loe-tud「読まれた」
　　↓　　　　　　　↓　　　　　　　　　　　　　　　　　　　↓
5) luge-sin　　6) luge-nud　　　　　　　　　　　　7) `loe-ta-kse
　「私は読んだ」　「読んだ」　　　　　　　　　　　　　「読まれる」
　（過去形）　　（nud 分詞）　　　　　　　　　　　　（無人称形）

　いずれの動詞も以上のような7つの基本形をもっている。そして，相互の間に次のような派生関係がある。
a)　1) ma 不定詞から過去形が導かれる。5) luge-sin「私は読んだ」
b)　2) da 不定詞から nud 分詞が導かれる。6) luge-nud「読んだ」
c)　3) 現在1人称形から 4) tud 分詞が導かれる。
d)　4) tud 分詞から 7) 無人称形が導かれる。

　以上のように，いずれの動詞も7つの基本形をもっている。相互の派生

(2) 動詞変化のタイプ

I 型：階程交替がなく，語幹が 1 音節の長母音もしくは 2 重母音をもつ動詞。

(a)

(ma 不定詞)	(da 不定詞)	(現在形)	(過去形)	(nud 分詞)
`tooma	`tuua	`toon	toin	toonud
「もってくる」	「もってくる」	「もってくる」	「もってきた」	「もってきた」
		(無人称)		(tud 分詞)
		`tuuakse		`toodud
		「もってこられる」		「もってこられた」

(他に) jooma「飲む」, saama「手に入れる」など。

(b)

(ma 不定詞)	(da 不定詞)	(現在形)	(過去形)	(nud 分詞)
`käima	`käia	`käin	käisin	käinud
「行く」		`käiakse		`käidud

(他に) `müüma「売る」, `võima「できる」など。

II 型：階程交替がなく，2 音節以上をもつ動詞。

(a) 2 音節の動詞。

(ma 不定詞)	(da 不定詞)	(現在形)	(過去形)	(nud 分詞)
`muutuma	muutuda	muutun	muutusin	muutunud
「変わる」				
		(無人称)		(tud 分詞)
		muututakse		muututud

(他に) asuma「住む」, elama「生きる」など。

(b) 3 音節以上の動詞。

| kirjutama | kirjutada | kirjutan | kirjutasin | kirjutanud |

第24課　動詞変化の型

| 「書く」 | kirjutatakse | kirjutatud |

（他に）asutama「建てる」, osutama「示す」など。
　(c)　同じ条件で，-ele の要素をもつ動詞。

| kõnelema | kõnelda | kõnelen | kõnelesin | kõneldud |
| 「話す」 | | kõneldakse | | kõnelnud |

（他に）sülelema「抱く」など。
　(d)　2音節で語幹に -e の要素をもつ動詞。

| tulema | ˋtulla | tulen | tulin | tulnud |
| 「来る」 | | tullakse | | ˋtuldud |

（他に）olema「ある」, panema「置く」など。

Ⅲ型１群：階程交替を行なう動詞で，ma と da 不定詞が強，現在形が弱となるもの。
　(a)　不定詞語尾の前に母音がくる動詞。

(ma 不定詞)	(da 不定詞)	(現在形)	(過去形)	(nud 分詞)
ˋõppima	õppida	õpin	õppisin	ˋõppinud
「学ぶ」				
		(無人称)		(tud 分詞)
		õpitakse		õpitud

（他に）ˋlõppema「終わる」, ˋsündima「生まれる」, ˋistuma「座る」など。
　(b)　ma 不定詞と da 不定詞が弱になる動詞。

| lugema | lugeda | ˋloen | lugesin | lugenud |
| 「読む」 | | ˋloetakse | | ˋloetud |

（他に）pidama「保持する」, sadama「降る」など。

　2群：不定詞語尾 ma, da の前に子音がくる動詞
　(a)　不定詞語尾の前に，t- もしくは p- が来る動詞。

(ma不定詞)	(da不定詞)	(現在形)	(過去形)	(nud分詞)
ˋsaatma「送る」	ˋsaata	saadan	ˋsaatsin	ˋsaatnud
		(無人称)		(tud分詞)
		saadetakse		saadetud

（他に）ˋvõtma「取る」，ˋjätma「残す」など。
　(b) 不定詞語尾の前に，d- がくる動詞。

ˋmurdma「こわす」	murda	murran ˋmurtakse	ˋmurdsin	ˋmurdnud ˋmurtud

（他に）ˋandma「与える」，ˋkandma「運ぶ」など。
　(c) 不定詞語尾の前に，-s がくる動詞。

ˋseisma「立つ」	ˋseista	seisan ˋseistakse	ˋseisin	ˋseisnud ˋseistud

（他に）ˋtõusma「起きる」，ˋmaksma「払う」など。
　(d) 不定詞語尾の前に，-l, -n, -r がくる動詞。

ˋlaulma「歌う」	ˋlaulda	laulan ˋlauldakse	ˋlaulsin	ˋlaulnud ˋlauldud

（他に）ˋkuulma「聞く」，ˋveenma「すすめる」，ˋnaerma「笑う」などがある。

Ⅵ型：階程交替を行ない，da不定詞が弱，現在形が強となる動詞。
　(a) 語幹が -a で終わり，ma と da の不定詞が3音節になる動詞。

(ma不定詞)	(da不定詞)	(現在形)	(過去形)	(nud分詞)
ˋhakkama「始める」	hakata	ˋhakkan	ˋhakkasin	hakanud
		(無人称)		(tud分詞)
		hakatakse		hakatud

第24課　動詞変化の型

(他に) ˋhüppama「跳ぶ」, ˋkäänama「曲がる」など。

(b)　要素 -l(e) をもつ動詞。

ˋõmblema	õmmelda	ˋõmblen	ˋõmblesin	õmmelnud
「縫う」		õmmeldakse		õmmeldud

(他に) ˋvõistlema「戦う」, ˋsuudlema「キスする」など。

同類ものを2例挙げておく。

ˋmõtlema	mõtelda	ˋmõtlen	ˋmõtlesin	mõtelnud
「考える」		mõteldakse		mõteldud
ˋütlema	ütelda	ˋütlen	ˋütlesin	ütelnud
「言う」	〜 ˋöelda			〜 ˋöelnud
		üteldakse		üteldud
		〜 ˋöeldakse		〜 ˋöeldud

　以上13の変化型を提示したが,『エストニア・フィンランド語辞典』(1971) では, 動詞が24のタイプに分類されている。

第25課 (Kahekümne viies peatükk)
読み物
(Lugemispalad)

A Poiss ja liblik (1)

> Metsaga põhituulte eest varjatud aasal kasvas ilusal kevadel palju lillesid. Aga asjata ootasid nad noppijat, ja nii mõnigi oli poetanud oma õilmed enne oodatava tulemist. Sumises küll mesilane, aga see ei noppinud, lendas liblik, aga seegi ei murdnud.
>
> Ja juba hakkasid lilled lootust kaotama ning nurisedes pöörsid nad Jumala poole. Ja Jumal saatis nende juure poisi, kes lillesid armastas ja neid häämeelega noppis.
>
> Ja kui poss aasale astus, tuli lilledesse suur rõõm, ja nagu ühest suust hüüdsid nad :》Nopi mind, nopi mind !》
>
> Ja nende magus lõhn täitis õhku.

Sõnad (語彙)

`mets(-a, `-a)「森」(共格), põhi-`tuul(tuule, `tuult)「北風」, eest「から」, varjatud「隠された」(<`varjama(`varjan)「隠す」の無人称分詞), ilus(a)「美しい」, kevad(-e, -et)「春」の所格形, `aas(aasa, `aasa)「牧場」, `lill(lille, `lille)「花」, `kasvama「生える」, aga「だが」, asjata「むなしく」, noppija「摘む人」(<`noppima(nopin)「摘む」), `ootama(`oodan)「待つ」, oodatav(a)「待たれる」, mõnigi「いく人か」, `õis(-e, `-t)「花」, õile(õilme)「花」(古語), `poetama (`poetan)「落とす」, tulema(tulen)「来る」, enne「～の前に」, `küll「たしかに」, muhila-ne(-se, -st)「蜜蜂」, sumisema「羽音を立てる」, `liblik-as(`-a, `-at)「蝶」, `lendama(`lendan)「飛ぶ」, aga-seegi「それさえも」, `murdama(murran)「折る」, juba「すでに」, `lootus (-e, -t)「望み」, `kaotama(kaotan)「捨てる」, `hakkama(`hakkan)「始

— 190 —

第25課　読み物

める」, ning「すぐ」, nurisema (nurisen)「不平を言う (des 分詞)」, Jumal (-a, -at)「神様」, poole「向かい」, `pöörama (pööran)「向く」, juure「～の許へ」, `saatma (saatan)「送る」, `poiss (poisi, `poissi)「少年」, armastama (armastan)「愛する」, häämeelega「喜んで (嬉しい心で) 共格」, `astuma (astun)「歩く」, `suur `rõõm (-u, -u)「大きな喜び」, `hüüdma (hüüan)「叫ぶ」, mind「私を」, ühes suust「口をそろえて (一つの口から)」, nende「それらの」, magus「甘い」, `lõhn (-u, -u)「香り」, `täitma (täitan)「満たす」, `õhk (õhu, `õhku)「空気」。

少年と蝶 (1)

　「森で北風から隠された牧場では美しい春にたくさん花が生えていた。だが，空しくそれらは摘む人を待っていた。そしてたいそう多くが待たれる人の来る前に，その花を落としてしまった。たしかに蜜蜂は羽音を立てたけれど，それも摘みはせず，蝶は飛んだが，それも折りはしなかった。

　そして，すでに花は望みを捨て始めた。そしてそれらは不満をかこちながら，神様の方を向いた。そこで，神様はそれらの許へ，花を愛し喜んで摘んでくれる少年を差し向けた。

　そこで，少年が牧場へ入ってくると，花の中に大きな喜びが起こった。そして，それらは口を揃えて「私を摘んで，私を摘んで」と叫んだ。

　そして，それらの甘い香りが空気を満たした。」

Poiss ja liblik (2)

　Joovastuses lähenes poiss esimesele lillele. Ja juba sirutas ta käe, et seda murda, kui liblik lendu tõusis: tükk siidi, teine sametit ja siis nagu kalliskivi sädemed. Lumehelbe petlik helk — nii oli liblik, kui ta edasi, jällegi lillele laskudes, kus ta oma tiivad laiali ajas.

》Lase, ma võtan su kinni》, ütles poiss lilli unustades.

》Püüa》, vastas liblik.

》Ega ma haiget tee, vaatan ja lasen jälle lahti.》

》Võta kinni, sii võid kõik.》

Ja poiss hakkas püüdma. Esiteks hiilis ta salaja liblikale lähemale. Aga vaevalt sai ta mõne sammu astuda, kui liblik juba teisele lillele liugles ja nagu narrides oma ilusaid tiibu lehvitas.

Sõnad（語彙）

joovastus(-e, -t)「夢中」, esimene「最初の」, lähenema (lähenen)「近づく」, käsi (`käe, `kätt)「手」, sirutama「延ばす」, `murdma「折る」, `liblik (`-as, `-st)「蝶」, lendu `tõusma (tõusen)「飛び上がる」, `siid (-i, `-i)「絹」, `tükk (tüki, `tükki)「一片」, `samet (`-i, `-it)「しゅす」, lume-helve (`helbe)「雪の断片」, pet`lik (u)「幻想的」, `helk (helgi)「輝き」, säde (-me, -t)「きらめき」, `tiib (tiiva, `tiiva)「羽」, kus「そこで」, levitama (levitan)「広げる」, laiali「広く」, ajama (ajan)「進む」, ainult「ただ」, edasi「前へ」, `jällegi「再び」, `laskuma (`laskun)「下りる」, `võtma (võtan) `kinni「つかまえる」, `laskma (lasen)「させる」, `ütlema (`ütlen)「言う」, unustama (unustan)「忘れる」, `püüdma (püüan)「捕らえる」, `vastama (vastan)「答える」, ega「たしかに〜ない」, `haige (-, -t)「害」, tegema (`teen)「する」, `vaatama (`vaatan)「見る」, `jälle「また」, lahti「放す」, siis「そうすれば」, `kõik「すべて」, `võima (võin)「できる」, esitekas「はじめに」, salaja「ひそかに」, lähem「より近くに」, `hiilima (`hiilin)「しのび寄る」, vaevasti「骨折って」, `samm (-u, `-u)「歩」, `astuma (astun)「歩く」, `liuglema (liuglen)「滑る」, `narrima (narrin)「あざける（des分詞）」.

少年と蝶(2)

「少年は夢中になって最初の花へ近づいた。そしてそれを折ろうとすでに手を延ばしたとき, 蝶が舞い上がった。一切れの絹, もう一切れのしゅす, そしてまさしく宝石のきらめきのように。雪の断片, 幻想的な輝き — 蝶が羽を広げたとき, まさにそうだった。

　そしてちょっと前に飛び, ふたたび花の上に下り, そこでその羽を広く広げた。

　「お前をつかまえさせてくれ」少年は花のことを忘れて叫んだ。

　「どうぞ」と蝶は答えた。

　「お前を傷つけはしない。よく見たら放してやるよ」

第25課　読み物

「つかまえてごらん。そうしたら何でもできるわ」
　そこで，少年は捕らえようとした。最初彼はそっと蝶に近寄った。しかし，骨折ってなん歩か踏み出すと，蝶は他の花へするりと移った。そして嘲るように自分の美しい羽を広げた。」

Poiss ja liblik (3)

> Poiss sai kärsituks. Algas jooksmine, püsimata tagaajamine: samm siia, teine sinna, hüpe paremale, teine pahemale poole, üle mätaste ja väikeste põõsaste, ikka põiklejale liblikale järele, kes kord lõunasse, kord põhja, kord madalasse lillede sekka, siis üles päikese poole virvendas. Ikka edasi tormasid poiss ja liblik; üks oma painduvail väledail jalul, teine — tiivul, siidina, sammetina, kalliskividena säravail. Ei väsinud põgeneja ega jätnud tagaajaja.
>
> Viimaks tõusis liblik kõrgele ja lendas üle metsa, mis aasa põhjatuulte eest varjas. Alles nüüd jäi poiss hingeldades seisatama ja vahtis äreval pilgul, palaviku puna palgeil, liblikale järele, nagu loodaks ta tema tagasitulekut.

Sõnad (語彙)

kärsitu「我慢できず」, ˋjooksma (jooksen)「走る」, ˋalgama (algan)「始める」, püsimata「止まらないで(欠格)」, tagaajamine「後を追うこと」, hüpe (ˋhüppe, hüpet)「跳ぶこと」, siia ja sinna「ここかしこ」, paremale「右へ」, pahemale「左へ」, ˋpoole「方へ」, mät-as (ˋ-ta, ast)「芝地」, väikene põõsas「小さな茂み」, üle「越えて」, ˋikka「つねに」, põikleja「惑わす者」, järele「後を」, kord (korra, korda)「一度」, lõuna「南」, põhja「北」, madal「低く」, ˋsekka「間へ」, üles「上へ」, päike-ne (-se)「太陽」, virvendama「ゆらめく」, ˋsekka「間へ」, ˋtormama (ˋtorman)「突進する」, painduv (a)「しなやかな」, väle (da)「早い」, ˋjalg (jala, ˋjalga, jalu (複数分格))，särav (a)「輝く」, väsnud「疲れた」, põgeneja「走る者」, jätnud「やめた」, taga-ajaja「追う者」, viimaks「最後に」, alles「ただ」, nüüd「いま」, ˋjääma (jään)「残る」, seisatama (seisatan)「止まる」, hingeldama (hingeldan)

「あえぐ(des 分詞)」, ärev(a)「興奮した」, ˋpilk(pilgu)「眼差し」, palavik (u)「熱い」, pale(ˋpalge)「ほお」, tagasi-tulek(u)「戻ってくること」, ˋlootma(lootan)「望む」(条件形), nagu「ように」, ˋvahtima(vahtin)「見る」。

少年と蝶 (3)

「少年は我慢できなくなり、走り始めた。止まることなく後を追った。一歩ここへ、もう一歩あそこへ、右へ跳び、左の方へ跳び、芝地を小さな茂みを跳び越えた。つねに惑わす蝶の後を。あるときは南へ、あるときは北へ、あるときは低く花の間へ。そして上へ太陽の方へと揺らめいた。少年と蝶は常に前へと突進した。一方はしなやかなすばやい足で、他方は絹のように、しゅすのように、宝石のような輝く羽で。疲れをしらない逃走者と止めようとしない追跡者。

ついに蝶は高く上がり、森の上を飛んだ。そこで(mis)牧場は北風から隠れていた。今やただ少年はあえぎながら立ち尽くした。そして興奮した眼差しで、熱く赤いほおをして、蝶がもどってくることを望んでいるように、その後を眺めていた。」

Poiss ja liblik (4)

Aga kui poiss nõnda seisis ja üksisilmi metsa taha vahtis, levitas tuuleõhk talle joovastavat lõhna ninna. Ja meele tulid ununenud lilled, mis noppijat ootasid. Lõhnast heldununa, ärritatuna pöördus poiss ja oli valmis lähema õie poole kummardama, aga jahmatanult jäi ta paigale, ja ta palgelt kustus leegitsev janu : liblikat püüdes oli ta kõik lilled ära tallanud.

Nukralt istus poiss maha ja hakkas kibedasti nutma : ta armastas ju lilli nii väga ja oleks neid häämeelega noppinud.

A.H. Tammsaare

Sõnad (語彙)

nõnda「このように」, üksisilmi「じっと」, taha「後ろを」, ˋvihtima「見つめる」, tuule-õhk「風の息吹」, jootavastav「陶然として」, nina(-, -, ˋninna (入格))「鼻」, levitama(levitan)「広げる」, ˋmeel(-e, ˋ-t)「心」, ununenud

第25課　読み物

「忘れられた」, ˋhelduma「和らぐ」(heldun)「和らぐ（完了分詞様格）(heldu-nud＞-nuna)」, ärritama (ärritan)「気持ちが高ぶる（完了分詞様格）(ärrita-nud＞-nuna)」, ˋpöörduma (ˋpöördun)「向きを変える」, kummardama (kummardan)「かがむ」, lähem「より近い」, valmis「用意する」, jahmatama (jahmatan)「驚く」, ˋpaik (paiga)「場所」, leegitsema (leegitsen)「燃える（現在分詞）」, janu「渇き」, ˋkustuma (kustun)「消える」, ˋpüüdma (püüan)「求める」, ˋtallama ära (tallan)「踏みつぶす」, nurkalt「悲しげに」, ˋmaa (-, -d)「地面」, ˋistuma (istun)「座る」, kibedasti「はげしく」, ˋnutma (nutan)「泣く」, ju「すでに」, oleks「～であったであろう」(olema「ある」の条件形), häämeelega「よろこんで」.

少年と蝶 (4)

　「だが, 少年はこのように立って, じっと森の後ろを見つめているとき, 風の息吹が陶然とした香りを鼻の中へ吹きこんだ。そして心に摘み手をまっている忘れていた花がもどってきた。香りで和らぎ, 気が高ぶって, 少年は向きを変え, 近くの花の方へかがもうとした。しかし, 驚いてその場所に立ち止まった。そして彼のほおから燃え立つ渇きが消えてしまった。蝶を追い求めているうちに, すべて花を踏みつぶしてしまった。

　悲しげに少年は座って泣き始めた。彼はたいそう花を愛していた。それで喜んで花を摘んだであろうに。」

Poiss ja liblik.

エストニア語入門

(A.H. タンムサーレ (1878−1940) は，エストニア文学の巨匠で，代表的作品として『真実と正義』(Tõde ja õigus) (1926-33) がある。ここに彼による珠玉の小品 (1916) を紹介しておく)

B　Koit ja Hämarik (1)

> Lühike rõõmuaeg, laulu- ja lillerikas lühemate ööde aeg on meie põhjamaa rahvale palgaks valju talve pikkade kannatuste vastu. Sel põhja looduse pidu ajal, kus Koit ja Hämarik teineteisele kätt annavad, kõneles üks vanaisa oma lastelastele Koidu ja Hämariku armastuseloo — ja ma jutustan siin edasi, nagu ma teda kuulnud.
>
> Kas sa tunned lampi Vanataadi eeskojas? Praegu on ta looja läinud ja seal, kus ta looja läinud, läigivad jooned taevas, ja juba tungib valgusekuma idasse, kus ta sedamaid täie iluga tervet loodust peab teretama. Kas sa tunned kätt, mis päikese vastu võtab ja puhkama saadab, kui ta oma teekäigu lõpetanud? Kas sa tunned kätt, mis kustunud päikese jälle põlema süütab ja teda uut teed paneb taevatelgil käima?

Sõnad (語彙)

`koit (koidu, `koitu)「あけぼの」, häma`rik (-u,` -u)「たそがれ」, lühike-ne (-se, -st)「短い」, `rõõm (-u, `-u)「喜び」, `aeg (aja, `aega)「時」, `laul (-u, `-u)「歌」, `lillek-as (-sa, `-at)「花の」, lühem (-a, -at)「より短い」, `öö (-, -d)「夜」, põhja`maad (`maade, `maid)「北の国々」, rahvas (rahva, rahvast)「民衆」, `palk (palgi, `palki)「報酬(変格)」, vali (valju)「厳しい」, `talv (-e, `-e)「冬」, `pikk (pika, `pikka)「長い」, kannatus (-e, -t)「辛抱」, vastu「〜に対して」, `loodus (-e, -t)「自然」, pidu (`peo, pidu)「宴」, käsi (`käe, `kätt, `kätte (入格))「手」, teineteisele「互いに」, `kätt `andma (annan)「握る」, vanaisa「老人」, lastelaps「孫」, armastus (-e, -t)「愛」, lugu (`loo, lugu)「物語」, kõnelema (kõnelen)「話す」, siin「そこで」, edasi「さらに」, `kuulma (kuulen)「聞く」, nagu「〜のように」, jutustam (jutustan)「話す」, Vana`taat(taade, `taati)「老人」, `ees-koda(koja, koda)「控えの間」, `lamp(lampi, `lampi)「ランプ」, `tundma(tunnen)「知っている」, praegu「いま」, `looja(-, -t)「創造主」, `looja minema「沈む」, seal「そこに」, taevas(`taeva, taevast)「空」, `joon(-e, `-t)「線」, `läikima「閃く」, valgus(-, -t)「光」, `kuum(-a, `-a)「熱い」, ida(-, -)「東」, `tungima「差し込む」, sedamaid「すぐに」, `täis(täie, `täit)「一杯」, ilu(-, -)「美しさ（共格）」, terve(terve, tervet)「挨拶」, teretama「挨拶する」, pidama(`pean)「～しなければならない」, päike-ne(-se)「太陽」, tee`käik(käigu)「旅」, lõpetama(lõpetan)「終える」, `vastu`võtma「受ける」, `puhkama(`puhkan)「休む」, `saatma(saadan)「させる」, kustunud「火の消えた」, `jälle「再び」, põlema「燃える」, `süütama「火をつける」, uus tee「新しい道」, panema(panen)「置く」, taeva`telk(telgi)「天空（天のテント）」, käima「行く」.

あかつきとたそがれ (1)

「短い喜びの時，歌と花さくずっと短い夜の時は，厳しい冬の長い忍耐に対する，私たち北国の人々への報酬に当たります。あかつきとたそがれが互いに手を握り合う北の自然の宴の時に，ある老人が自分の孫たちにあかつきとたそがれの愛の物語を語ってくれました。そこで，私が聞いたとおり，これからお話しましょう。

―――――

　君は神様の控えの間にあるランプのことを知っていますか。いまランプが沈みました。ランプが沈むと，ランプが沈んだ所で，空に光線が閃きます。もう東に微光が差してきます。そこでランプは晴れやかに（美しさに満ちて）自然に挨拶しなければなりません。君は太陽が旅路を終えたときに，何が太陽を向かいいれて休ませるか知っていますか。何が消した太陽に再び火をともして次の軌道につかせるか知っていますか。」

Koit ja Hämarik (2)

　　Vanataadil oli kaks ustavat orja sest soost, kellele igavene noorus kingitud, ja kui lamp esimesel õhtul oma teekäigu oli lõpetanud, ütles Vanataat Hämarikule:》Sinu hooleks, tütreke, annan ma loojaläinud päikese. Kustuta ta ära ja hoia teda hoolega, et ta kahju ei teeks.》Ja kui teisel hommikul päike jälle oma uut teekäiku pidi algama, ütles Vanataat Koidule:》Sinu amet, pojuke, olgu lampi põlema süüdata ja uue teekäigu vastu valmistada.》— Ustavalt täitsid mõlemad oma kohust ja ühelgi päeval ei puudunud lamp taevavõlvil, ja kui ta talvel taeva serval käib kustuv ta õhtul varemini ja algab hommikul hiljemini teekäiku; ja kui ta kevadel lillesid ja laulu äratab ja suvel vilja oma palavate kiirtega valmistab, on talle üksnes lühike rahuaeg antud ja Hämarik annab kustuja otsekohe Koidu kätte, kes ta sedamaid jälle uuele elule süütab.

Sõnad（語彙）

`ustav(-a, -at)「忠実な」, ori(orja, `orja)「召使」, sugu(`soo, sugu)「仲間」, kellele「それぞれに」, igavene noorus「永遠の若さ」, `kinkima(kingin)「与える」, `õhtu「晩」, `ütlema(ütlen)「言う」, tütreke「娘さん（愛称）」, `hool(-e, `-t)「世話, 注意」, `andma(annan)「渡す」, `kustuma ära(kustun)「消す」, `hoidma(hoian)「保管する（命令形）」, kahju tegema「傷つける（条件法）」, hommiku「朝」, `algama(algan)「始める」, pidama(`pean)「～しなければならない」, amet(-i, -it)「仕事」, pojuke「息子」, valmistama「用意する」, olgu(olema「ある」の命令形), `süütama(`süütan)「火をつける」, mõlemat「両方」, `ustavalt「忠実に」, kohus(-e, -t)「仕事, 義務」, `täitma(täidan)「果たす」, taeva`võlv(-i, `-i)「空のドーム」, `puuduma(puudun)「欠ける」, `serv(-a, `-a)「へり」, käima「行く」, `kustuv「消える」, varemini「より早く」, hiljemin「より遅く」, kevad(-e, -et)「春」, `lill(-e, `-e)「花」, äratama(äratan)「起きる」, suvi(suve, suve)「夏」, palav(-, -)「熱い」, `kiir(-e, `-t)「光線」, vili(vilja, `vilja)「穀物」, `valmima(valmin)「用意する」, `üksainus「ほんの」, lühke「短い」, rahuaeg「休息」, kustuja「消したもの」, otsekohe「すぐに」, `uus(uue, `uut)「新しい」, sedamaid「ただちに」, elu(-, -)「生命」。

第25課　読み物

あかつきとたそがれ (2)

　「神様には仲間の内にそれぞれ永遠の青春を与えられた2人の忠実な召使がいました。ランプが前の晩その旅路を終えると(kui)，神様はたそがれに言うのです。「お前の世話だよ。娘さん，沈んだ太陽をお前に渡すよ。それを消して，傷つけないように (et) 注意して 世話をしなさい。」

　次の朝太陽が再び新しい旅を始めなければならないとき，神様はあかつきに向かって言います。「お前の仕事だよ，息子よ。ランプに火をともし次の旅路の用意をしておきなさい。」

　―2人は忠実に自分の仕事を果たしました。だから一日たりともランプが大空から消えたことはありませんでした。冬には太陽は空のへりを渡るとき，それは夕方早く消え，朝には遅く旅を始めます。春には草花や歌を目覚めさせ，夏には暑い日差しで穀物を用意させるときは，ほんの短い休息が与えられるだけです。たそがれは消したものをすぐにあかつきの手に渡すと，彼はただちにこれに新しい命を入れ火をつけてやるのです。」

Koit ja Hämarik (3)

　Ilus aeg oli kätte jõudnud, kus lilled õitsevad ja lehkavad ; ja linnud ja inimised täitsid välja Ilmarise telgi all lauludega. Mõlemad vaatasid teineteisele liig sügavasse sõstrakarva silmadesse, ja kui kustuv päike Hämariku käest Koidu kätte läks, pigistati ka vastastikku kätt ja mõlemate huuled puutusid kokku.

　Aga üks silm, mis iialgi ei uinu, oli tähele pannud, mis vaiksel südaöö ajal salaja sündis. Teisel päeval kutsus Vanataat mõlemad enese ette ja ütles : 》Mina olen teie töötegemisega rahul ja soovin, et te täiesti õnnelikuks saaksite. Võtke siis teineteist ja pidage oma ametit edaspidi mehena ja naisena !》

Ja mõlemad vastasid ühest suust : 》Vanataat, ära riku meie rõõmu. Lase meid igavesti peiuks ja mõrsjaks jääda, sest peiu- ja mõrsjapõlves oleme õnne leidnud, kus armastus ikka noor ja uus on.》

Sõnad（語彙）

ilus(-a, -at)「美しい」, ˋkätte ˋjõudma(jõuan)「やってくる」, ˋõitsema「花が咲く」, ˋlehkama(lehkan)「香る」, ˋlind(linnu, ˋlindu)「鳥」, inimi-ne(-se, -st)「人」, alla「〜の下で」, väli(välja, ˋvälja)「野原」, teineteisele「互いに」, liig「たいそう」, sügev「深い」, sõstrakarva「茶色の」, ˋsilm(-a, ˋ-a)「目」, ˋvaatama(ˋvaatan)「見つめる」, pigistama(pigistan)「抑える（無人称過去）」, vastastikku「互いに」, ˋhuul(-e, ˋ-t)「唇」, ˋpuutuma(puutun)「合わせる」, iialgi「決して」, ˋuinuma(uinun)「眠りこむ」, tähele panema「注意する」, vaikne「静かな」, südaöö「真夜中」, salaja「ひそかに」, ˋsündima(sünnib)「起こる」, ˋkutsuma(kutsun)「呼び出す」, ˋette「前に」, töötegemine「仕事ぶり」, rahul olema「満足している」, täiesti「まったく」, õnneˋlik(-u, -u)「幸せな」, ˋsoovima(soovin)「望む」, ˋsaama(saan)「なる（条件法）」, võtma(võtan)「とる（命令形）」, edaspidi「これから」, ˋmees(mehe, ˋmeest)「夫」, nai-ne(-se, -st)「妻」, pidama(pean)「行なう（命令形）」, ˋsuu(-, ˋ-d)「口」, vastama(ˋvastan)「答える」, ˋrikkuma(rikun)「こわす」, ˋlaskma(lasen)「させる」, peiu「花婿」, mõrs-ja「花嫁」, ˋjääma(jään)「残る」, ˋpõlv(-e, ˋ-e)「立場」, ˋõnn(-e, ˋ-e)「幸せ」, ˋleidma(leian)「見つける」, armastus(-e, -t)「愛」, ˋikka「つねに」.

あかつきとたそがれ (3)

　「美しい時がやってきました。そのとき花が咲き、香り、鳥や人々はイルマリネのテント（空）の下で野原を歌で満たします。2人はとても深い茶色の目で見つめ合います。そして消えた太陽がたそがれの手からあかつきの手へ移るとき、互いに手が握りしめられ、両方の唇が合わさりました。

　しかし、眠ることのない一つ目が静かな真夜中において秘かに起っていることに注目しました。次の日神様は2人を自分の前に呼び出して言いました。「私はお前たちの仕事ぶりに満足している。そこで、お前たちに完全に幸せになってもらいたいと願っている。そこで互いに一緒になって、これから夫と妻として自分の仕事を続けてもらいたい！」

　すると2人は口を揃えて答えました：「神様、私たちの喜びをこわさないでください。私たちはいつまでも花婿と花嫁のままにしておいてください。私たちは花婿と花嫁の立場で幸せを見つけました。それでこの愛情は

第25課　読み物

いつまでも若く新しいものですから（sest）。」

Koit ja Hämarik (4)

> Ja Vanataat täitis nende palve ja õnnistas nende ettevõtmist. Üksnes korra aastas, neli nädalat saavad mõlemad südaöö ajal kokku, ja kui Hämariku kustuva päikese armuksese kätte paneb, pigistavad mõlemad selle peale kätt ja annavad suud, ja Hämariku palged punetavad ja kujutavad roosipunaselt taevast vastu, kuni Koit valgustaja jälle põlema süütab ja kollane paiste taeva serval uuesti tõusvat päikest kuulutab. Vanataat ehib veel ikka kokkutulekupiduks väljad kõige kaunimate lilledega ja ööbikud hüüavad Koidu rinnal liig kaua viibivale Hämarikule naljatades:》 Laisk tüdruk! Laisk tüdruk! Öö pikk!》　　Fr. R. Fählmann.

Sõnad（語彙）

`täitma(täidan)「実現する」, palve(`palve, palvet)「願い」, õnnistama (õnnistan)「祝福する」, `ettevõtmi-ne(-se, -st)「企て」, `kord(korra, `korda)「度」, nädal(-a, -at)「週」, `kokku saama「出会う」, armuke(se)「恋人」, pigista-ma(-da, -n)「握りしめる」, selle peale「そこで」, suud andma「キスする」, pale(`palge, palet)「ほお」, punetama(punetab)「赤らむ」, roosi-puna-ne(-se, -st)「バラ色の」, kujutama(kujutab)「現われる」, valgustaja「火つけ役」, koola-ne(-se, -st)「黄色の」, paiste(`-, -t)「光」, `tõusma(tõusen)「上る（現在分詞）」, kuulutama(kuulutan)「告げる」, `ehtima(ehin)「飾る」, `kokkutuleku-pidu「出会いの宴」, väli(välja, `välja)「野原」, kõige kaunima「最も美しい」, ööbik(-u, -ut)「小夜鳴き鳥」, `rind(rinna, `rinda)「胸」, `viibima(viibin)「とどまる（現在分詞）」, naljatama(naljatan)「からかう（des分詞）」, `laisk(laisa, `laiska)「怠ける」, `hüüdma(hüüan)「叫ぶ」。

あかつきとたそがれ (4)

「そこで，神様は彼らの願いをお聞き入れになり，彼らの企てを祝福されました。一年の内一度4週間だけ2人は真夜中に出会います。そしてたそ

— 201 —

がれが消えた太陽を恋人の手に渡すとき，そこで2人は手を握り合ってキスをするのです。そしてたそがれのほおが赤らみ，大空に（対して）くっきりとバラ色が現われます。火付け役のあけぼのが，また火をともして，黄色の光が空の端に改めて昇ってくる太陽を知らせるまで。神様はいつも出会いの宴のために野原を最も美しい花々で飾ります。小夜鳴き鳥はたそがれがあまり長くあかつきの胸元に寄り添っているのをからかって，「怠け娘，怠け娘，夜は長いぞ！」と鳴きます。」

（小夜鳴き鳥ことナイチンゲールは，エストニア語ではööbik「ヨーピック」であるが，öö pikk「ヨー　ピック」のように「ピック」と長く発音すると「夜は長い」の意味となる。この「あかつきとたそがれ」（1844）はエストニアの民族伝承に基づく傑作で，まさにエストニア文学のあかつきでもある。ファールマン（1798－1850）はエストニアの神話と民俗を発掘し，エストニア文学の先駆者として活躍した。）

Koit ja Hämarik

第25課　読み物

コラム9
Koidula luuletus 「コイトゥラの詩」

Mu ismaa on minu arm,	「私の祖国は私の恵み，
Kel südant annan ma,	それに私は心を捧げよう，
Sul laulan ma, ma ülem õnn,	お前に私は歌おう高き幸せを，
Mu õitsev isamaa!	私の花咲く祖国よ！
Su valu südames mul keeb,	お前の痛みが私の心で沸き立つ，
Su õnn ja rõõm mind rõõmsaks teeb,	お前の幸せと喜びで私も喜ぶ，
Mu isamaa!	私の祖国よ！
Mu isamaa on minu arm,	私の祖国は私の恵み，
Ei teda jäta ma.	お前を私は捨てはしない。
Ja peaksin sada surma ma	私は百たびお前のために
Su pärast surema!	死なねばならない！
Kas laimab võõra kadedus,	異国の妬みが謗ろうとも，
Sa siiski elad südames,	お前はまだ心の中に生きている，
Mu isamaa!	私の祖国よ！
Mu isamaa on minu arm!	私の祖国は私の恵み！
Ja tahan puhata	そして私は休みたい
Su rüppe heidan unele.	お前の胸に眠ろうと身を投げよう，
Su linnud und mul laulavad,	鳥たちが私に夢を歌ってくれる，
Mu põrmust lilled õitsevad,	私の土の中から花が咲く，
Mu isamaa!	私の祖国よ！」

Sõnad （語彙）

　luuletus(-e, -st)(-si)「詩」, `arm(-u,` -u)「恵み」, süda(-me, -nt)「心」, õitsev「花が咲いている」, `õnn(-e,` `-e)「幸せ」, valu「痛み」, keema (keeda, keeb)「沸く」, rõõm(-u, `-u)「喜び」, rõõmsa「楽しい」, `surm (-a,`-a)「死」, surema「死ぬ」, `laimama(laimata, laiman)「そしる」, kadedus(-e, -t)「妬み」, võõr-as(-a, -ast)「異国」, `puhkama(puhata, puhkan)「休む」, `põrm(-a,`-a)「土, 埃」, uni(une,`und)「眠り」,「夢」。

変　化　表

変化表(1)　名詞変化

	単数	複数
1. 主格	raamat「本が」	raamatud「複数の本が（を）」
2. 属格	raamatu「本の（を）」	raamatute「複数の本の」
3. 分格	raamatut「本を」	rammatuid「複数の本を」
4. 入格	raamatusse「本の中へ」	raamatutesse「複数の本の中へ」
5. 内格	raamatus「本の中に」	raamatutes「複数の本の中に」
6. 出格	raamatust「本の中から」	raamatutest「複数の本の中から」
7. 向格	raamatule「本の上へ」	raamatutele「複数の本の上へ」
8. 所格	raamatul「本の上に」	raamatutel「複数の本の上に」
9. 離格	raamatult「本の上から」	raamatutelt「複数の本の上から」
10. 変格	raamatuks「本に（なる）」	raamatuteks「複数の本に（なる）」
11. 到格	raamatuni「本まで」	rammatuteni「複数の本まで」
12. 様格	raamatuna「本として」	raamatutena「複数の本として」
13. 欠格	raamatuta「本なしで」	raamatuteta「複数の本なしで」
14. 共格	raamatuga「本と」	raaamatutega「複数の本と」

変化表(2)　人称代名詞

（1人称）	単数	複数
1. 主格	mina(ma)「私が」	meie(me)「私たちが」
2. 属格	minu(mu)「私の（を）」	meie「私たちの」
3. 分格	mind「私を」	meid「私たちを」
4. 入格	minusse(musse)「私の中へ」	meisse「私たちの中へ」
5. 内格	minus(mus)「私の中に」	meis「私たちの中に」
6. 出格	minust(must)「私の中から」	meist「私たちの中から」
7. 向格	minule(mule)「私の方へ」	meile「私たちの方へ」

エストニア語入門

　　 8．所格　minul(mul)「私の所に」　　　meil「私たちの所に」
　　 9．離格　minult(mult)「私の方から」　meilt「私たちの方から」
　　10．変格　minuks「私に」　　　　　　　meieks「私たちに」
　　11．到格　minuni「私まで」　　　　　　meieni「私たちまで」
　　12．様格　minuna「私として」　　　　　meiena「私たちとして」
　　13．欠格　minuta「私なしで」　　　　　meieta「私たちなしで」
　　14．共格　minuga「私と」　　　　　　　meiega「私たちと」

（2人称）単数　　　　　　　　　　　　　複数

　　 1．主格　sina(sa)「君が」　　　　　　teie(te)「君たちが」
　　 2．属格　sinu(su)「君の（を）」　　　teie「君たちの」
　　 3．分格　sind「君を」　　　　　　　　teid「君たちを」
　　 4．入格　sinusse(susse)「君の中へ」　teisse「君たちの中へ」
　　 5．内格　sinus(sus)「君の中に」　　　teis「君たちの中に」
　　 6．出格　sinust(sust)「君の中から」　teist「君たちの中から」
　　 7．向格　sinule(sulle)「君の方へ」　 teile「君たちの方へ」
　　 8．所格　sinul(sul)「君の所に」　　　teil「君たちの所に」
　　 9．離格　sinult(sult)「君の方から」　teilt「君たちの方から」
　　10．変格　sinuks「君に」　　　　　　　teieks「君たちに」
　　11．到格　sinuni「君まで」　　　　　　teieni「君たちまで」
　　12．様格　sinuna「君として」　　　　　teiena「君たちとして」
　　13．欠格　sinuta「君なしで」　　　　　teieta「君たちなしで」
　　14．共格　sinuga「君と」　　　　　　　teiega「君たちと」

（3人称）単数　　　　　　　　　　　　　複数

　　 1．主格　tema(ta)「彼が」　　　　　　nemad(nad)「彼らが（を）」
　　 2．属格　tema「彼の（を）」　　　　　nende「彼らの」
　　 3．分格　teda「彼を」　　　　　　　　neid「彼らを」
　　 4．入格　temasse(tasse)「彼の中へ」　nendesse(neisse)「彼らの中へ」
　　 5．内格　temas(tas)「彼の中に」　　　nendes(neis)「彼らの中に」
　　 6．出格　temast(tast)「彼の中から」　nendest(neist)「彼らの中から」

変　化　表

7. 向格　temale(tale)「彼の方へ」　　nendele(neile)「彼らの方へ」
8. 所格　temal(tal)「彼の所に」　　　nendel(neil)「彼らの所に」
9. 離格　temalt(talt)「彼の方から」　 nendelt(neilt)「彼らの方から」
10. 変格　temaks「彼に」　　　　　　　nendeks(neiks)「彼らに」
11. 到格　temani「彼まで」　　　　　　nendeni「彼らまで」
12. 様格　temana「彼として」　　　　　nendena「彼らとして」
13. 欠格　temata「彼なしで」　　　　　nendeta「彼らなしで」
14. 共格　temaga「彼と」　　　　　　　nendega「彼らと」

変化表(3)　指示代名詞

	単数	複数
1. 主格	see「それが」	need「それらが（が）」
2. 属格	selle「それの（を）」	nende「それらの」
3. 分格	seda「それを」	neid「それらを」
4. 入格	sellesse(sesse)「その中へ」	nendesse(neisse)「それらの中へ」
5. 内格	selles(ses)「その中に」	nendes(neis)「それらの中に」
6. 出格	sellest「その中から」	nendest(neist)「それらの中から」
7. 向格	sellele「その方へ」	nendele(neile)「それらの方へ」
8. 所格	sellel(sel)「その所に」	nendel(neilt)「それらの所に」
9. 離格	sellelt(selt)「その方から」	nendelt(neilt)「それらの方から」
10. 変格	selleks(seks)「それに」	nendeks(neiks)「それらに」
11. 到格	selleni「それまで」	nendeni「それらまで」
12. 様格	sellena「そのように」	nendena「それらのように」
13. 欠格	selleta「それなしで」	nendeta「それらなしに」
14. 共格	sellega「それと」	nendega「それらと」

変化表(4)　疑問代名詞

	単数	複数	単数
1. 主格	kes「だれが」	kes「だれたちが」	mis「なにが」

エストニア語入門

2. 属格　kelle「だれの」　　　　kellede「だれたちの」　　　mille「なんの」
3. 分格　keda「だれを」　　　　keda「だれたちを」　　　　mida(mis)「なにを」
4. 入格　kellesse「だれの中へ」　kelledesse「だれたちの中へ」　millessse「なんの中へ」
5. 内格　kelles「だれの中に」　　kelledes「だれたちの中に」　milles「なんの中に」
6. 出格　kellest「だれの中から」 kelledest「だれたちの中から」 millest「なんの中から」
7. 向格　kellele「だれの方へ」　 kelledele「だれたちの方へ」　 millele「どちらへ」
8. 所格　kellel「だれの所に」　　kelledel「だれたちの所に」　 millel(mil)「どこに」
9. 離格　kellelt「だれの方へ」　 kelledelt「だれたちの方から」 millelt(milt)「どちらから」
10. 変格　kelleks「だれに」　　　kelledeks「だれたちに」　　　milleks「なんに」
11. 到格　kelleni「だれまで」　　kelledeni「だれたちまで」　　milleni「なにまで」
12. 様格　kellena「だれとして」　kelledena「だれたちとして」　millena「どのように」
13. 欠格　kelleta「だれなしに」　kelledeta「だれたちなしに」　milleta「なになしに」
14. 共格　kellega「だれと」　　　kelledega「だれたちと」　　　millega「なにと」

疑問代名詞は，関係名詞としても用いられる。疑問代名詞の kes も mis も一般に単数として使われている。

変化表(5)　不定代名詞と再帰代名詞

	不定代名詞	再帰代名詞
1. 主格	keegi「だれかが」	ise(end)「自分が」
2. 属格	kellegi「だれかの」	enese(enda)「自分の」
3. 分格	kedagi「だれかを」	ennast(end)「自分を」
4. 入格	kellessegi「だれかの中へ」	enesesse(endasse)「自分の中へ」
5. 内格	kelleski「だれかの中に」	eneses(endas)「自分の中に」
6. 出格	kellestki「だれかの中から」	enesest(endast)「自分の中から」
7. 向格	kellelegi「だれかの方へ」	enesele(endale)「自分の方へ」
8. 所格	kellelgi「だれかの所に」	enesel(endal)「自分の所に」
9. 離格	kelleltki「だれかの方から」	eneselt(endalt)「自分の方から」
10. 変格	kellekski「だれかに」	eneseks(endaks)「自分に」
11. 到格	kellenigi「だれかまで」	eneseni(endani)「自分まで」
12. 様格	kellenagi「だれかとして」	enesena(endana)「自分として」

変 化 表

13. 欠格 kelletagi「だれかなしに」　　enesteta (endita)「自分なしに」
14. 共格 kellegagi「だれかと」　　　　enestega (endiga)「自分と」

再帰代名詞の複数形では，主格は ise「自分たちが」であるが，その他は eneste-「自分たち」を語幹として変化する。

変化表(6)

	基数（属格形）		序数（属格形）
0.	null (nulli)		
1.	üks (ühe)	第1	esimene (esimese)
2.	kaks (kahe)	第2	teine (teise)
3.	kolm (kolme)	第3	kolmas (kolmanda)
4.	neli (nelja)	第4	neljas (neljanda)
5.	viis (viie)	第5	viies (viienda)
6.	kuus (kuue)	第6	kuues (kuuenda)
7.	seitse (seitsme)	第7	seitsmes (seitsmenda)
8.	kaheksa (kaheksa)	第8	kaheksas (kaheksanda)
9.	üheksa (üheksa)	第9	üheksas (üheksanda)
10.	kümme (kümne)	第10	kümnes (kümnenda)
11.	üksteist (üheteistkümne)	第11	üheteistkümnes (ühteistkümnenda)
12.	kaksteist (kaheteiskümne)		
13.	kolmteist (kolmeteistkümne)	第12	kaheteistkümnes (kaheteistkümnenda)
14.	neliteist (neljateistkümne)		
15.	viisteist (viieteistkümne)	第13	kolmeteistkümnes (kolmeteistkümnenda)
16.	kuusteist (kuueteistkümne)		
20.	kakskümmend (kahekümne)	第20	kahekümnes (kahekümnenda)
21.	kakskümmend üks (kahekümne ühe)	第30	kolmekümnes (kolmekümnenda)

22. kakskümnend kaks
    (kakskümne kahe)
30. kolmkümmend
    (kolmekümne)
40. nelikümmend (neljakümne) 第40 neljakümnes
                                   (neljakümnenda)
50. viiskümmend (viiekümne) 第50 viiekümnes (viiekümnenda)
60. kuuskümmend   第60 kuuekümnes
    (kuuekümne)   (kuuekümmenda)
70. seitsekümmend   第70 seitsmekümnes
    (seitsmekümne)   (seitsmekümmenda)
80. kaheksakümmend
    (kahekskümne)
90. üheksakümmend
    (üheksakümne)
100. sada (saja)   第100 sajas (sajanda)
200. kakssada (kahesaja)   第200 kahesajas (kahesajanda)
1000. tuhat (tuhande)   第1000 tuhandes (tuhandenda)

変化表(7) 動詞変化

1) 直説法

[肯定形] 現在形	過去形
単数1人称：kirjutan「私が書く」	kirjutasin「私が書いた」
2人称：kirjutad「君が書く」	kirjutasid「君が書いた」
3人称：kirjutab「彼が書く」	kirjutas「彼が書いた」
複数1人称：kirjutame「私たちが書く」	kirjutasime「私たちが書いた」
2人称：kirjutate「君たちが書く」	kirjutasite「君たちが書いた」
3人称：kirjutavad「彼らが書く」	kirjutasid「彼らが書いた」

変化表

[否定形]	現在	過去
	ma, sa, ta ⎫ ei kirjuta me, te, nad ⎭「書かない」	ma, sa, ta ⎫ ei kirjutanud me, te, nad ⎭「書かなかった」

[肯定形]	現在完了形「書いてしまっている」	過去完了形「書いてしまっていた」
単数1人称：	olen kirjutanud「私は 〃 」	olin kirjutanud「私は 〃 」
2人称：	oled kirjutanud「君は 〃 」	olid kirjutanud「君は 〃 」
3人称：	on kirjutanud「彼は 〃 」	oli kirjutanud「彼は 〃 」

[否定形]	書いてしまわない	書いてしまわなかった
	ma, sa, ta ⎫ ei ole kirjutanud me, te, nad ⎭「書かない」	ma, sa, ta ⎫ ei olnud kirjutanud me, te, nad ⎭「書かなかった」

2) 条件法

[肯定形]	現在形	完了去形
単数1人称：	kirjutaksin「私が書けば」	ma ⎫
2人称：	kirjutaksid「君が書けば」	sa ⎪
3人称：	kirjutaks「彼が書けば」	ta ⎬ oleksi kirjutanud
複数1人称：	kirjutaksime「私たちが書けば」	me ⎪「書いたなら」
2人称：	kirjutaksite「君たちが書けば」	te ⎪
3人称：	kirjutaksid「彼らが書けば」	nad ⎭

[否定形]		
	ma, sa, ta ⎫ ei kirjutaks me, te, nad ⎭「書かなければ」	ma, sa, ta ⎫ ei oleks kirjutanud me, te, nad ⎭「書かなかったら」

3) 命令法

	[肯定形]	[否定形]
単数1人称：		
2人称：	kirjuta「君は書け」	ära kirjuta「君は書くな」
3人称：	kirjutagu「彼に書かせよ」	ärgu kirjuta「彼に書かせるな」
複数1人称：	kirjutagem「私たちは書こう」	ärgem kirjuta「私たちは書くまい」

2人称：kirjutage「君たちは書け」　ärge kirjuta「君たちは書くな」
3人称：kirjutagu「彼らに書かせよ」　ärgu kirjuta「彼らに書かせるな」

4) 間接法

[肯定形]　現在形　　　　　　　　　完了形

 ma, sa, ta ⎫ kirjutavat　　　ma, sa, ta ⎫ olevat kirjutanud
 me, te, nad ⎭「書くそうだ」　me, te, nad ⎭「書いたそうだ」

[否定形]　現在形　　　　　　　　　完了形

 ma, sa, ta ⎫ ei kirjutavat　　ma, sa, ta ⎫ ei olevat kirjutanud
 me, te, nad ⎭「書かないそうだ」me, te, nad ⎭「書かなかったそうだ」

5) 不定詞

da 不定詞	ma 不定詞
kirjutada（主格）「書く」	kirjutama（主格）「書く」
kirjutades（内格）「書きながら」	kirjutama（入格）「書きに」
	kirjutamas（内格）「書くことに」
	kirjutamast（出格）「書くことから」
	kirjutamata（欠格）「書くことなしに」

6) 分詞

現在分詞	過去分詞
kirjutav「書いている」	kirjutanud「書いた」

7) 非人称形

[肯定形]　現在形　　　　　　　　　過去形

 ma, sa, ta ⎫ kirjutatakse　　 ma, sa, ta ⎫ kirjutati
 me, te, nad ⎭「書かれる」　 me, te, nad ⎭「書かれた」

[否定形]　現在形　　　　　　　　　過去形

 ma, sa, ta ⎫ ei kirjuta　　　 ma, sa, ta ⎫ ei kirjutatud
 me, te, nad ⎭「書かれない」 me, te, nad ⎭「書かれなかった」

変 化 表

[肯定形]	完了形	過去完了形
	ma, sa, ta ⎫ on kirjutatud me, te, nad ⎭ 「書かれてしまった」	ma, sa, ta ⎫ oli kirjutatud me, te, nad ⎭ 「書かれてしまっていた」
[否定形]	完了形	過去完了形
	ma, sa, ta ⎫ ei ole kirjutatud me, te, nad ⎭ 「書かれてしまっていない」	ma, sa, ta ⎫ ei olud kirjutatud me, te, nad ⎭ 「書かれてしまっていなかった」

条件法

[肯定形]	現在形	完了形
	ma, sa, ta ⎫ kirjutataks me, te, nad ⎭ 「書かれれば」	ma, sa, ta ⎫ oleks kirjutatud me, te, nad ⎭ 「書かれてしまったら」
[否定形]	現在形	完了形
	ma, sa, ta ⎫ ei kirjutataks me, te, nad ⎭ 「書かれなければ」	ma, sa, ta ⎫ ei oleks kirjutatud me, te, nad ⎭ 「書かれなかったら」

間接法

[肯定形]	現在形	完了形
	kirjutatavat 「書かれるそうだ」	olevat kirjutatud 「書かれたそうだ」
[否定形]	現在形	完了形
	ei kirjutatavat 「書かれないそうだ」	ei olevat kirjutatud 「書かれなかったそうだ」
[分詞]	完了形	完了形
	kirjutatav 「書かれる」	kirjutatud 「書かれた」

解　　答

第1課：(1) Kes see on?
　　　　(2) See on raamat.
　　　　(3) See ei ole raamat.
　　　　(4) See on vihik.
　　　　(5) Kes see naine on?
　　　　(6) Tema on Proua Rand.
　　　　(7) Siin on raamat.
　　　　(8) Seal on vihik.

第2課：肯定 2) Sina oled eestlane.　　　否定 2) Sina ei ole eestlane.
　　　　　　 3) Tema on eestlane.　　　　　　 3) Tema ei ole eestlane.
　　　　　　 4) Meie oleme eestlased.　　　　 4) Meie ei ole eestlased.
　　　　　　 5) Teie olete eestlased.　　　　　5) Teie ei ole eestlased.
　　　　　　 6) Nemad on eestlased.　　　　　 6) Nemad ei ole eestlased.

第3課：(1) 1) See on sinu raamat　　　　2) See on teie koer.
　　　　　　 3) Need on meie raamatud.　　4) Need on teie õpikud.
　　　　　　 5) See on tema suur maja.
　　　　(2) エストニアの旗の色は青と黒と白です。

第4課：(1) 1) räägin, räägid, räägib,　　　2) elan, elad, elab,
　　　　　　　 räägime, räägite, räägivad.　　　elame, elate, elavad.
　　　　　　 3) kirjutan, kirjutad, kirjutab,　4) saan, saad, saab,
　　　　　　　 kirjutame, kirjutate, kirjutavad.　saame, saate, saavad.
　　　　　　 5) õpin, õpid, õpib,　　　　　　　 6) lõen, lõed, lõeb,
　　　　　　　 õpime, õpite, õpivad.　　　　　　 lõeme, lõete, lõevad.
　　　(否定)(2) 1) ei räägi,　　2) ei ela,　　　3) ei kirjuta,
　　　　　　 4) ei saa aru,　　5) ei õpi,　　　6) ei lõe.

第5課：(1) Jaan tõuseb üles.　　　　(2) Ta peseb nägu.
　　　　(3) Ta sööb hommikust.　　　(4) Ta loeb ajalehte.
　　　　(5) Ta vaatab televiisorit.　(6) Ta paneb mantli selga.

解　　答

第6課：(1) lauale,　(2) laual,　(3) laualt,　(4) majja,　(5) majas,
　　　　(6) majast,　(7) jalga,　(8) jalast.
第7課：(1) (arstina)　(2) (sõbraga)　(3) (õpetajaks)　(4) (suhkurta)
　　　　(5) (mootorrattaga)
第8課：(a) 1) Ta elab Tallinnas.
　　　　　　2) Ta on neljakümne kuuene aastane.
　　　　　　3) Ta on abielus.　　　4) Ta käib koolis.
　　　　(b) 1) kaksteist kuud.　　　2) seitse päeva.
　　　　　　3) kakskümmend neli tundi.　4) kuuskümmend minutit.
第9課：(1) 1) Ma olen kahe kümne-kolme aastane. または
　　　　　　　Ma olen kakskümmend kolm aastat vana.
　　　　　　2) Ma olen sündinud aastal tuhat üheksansada kaheksa
　　　　　　　kümmend kuus kahe kümnes viiendal juulil. または
　　　　　　　Ma olen sündinud tuhat üheksasaja kaheksa kümne viien-
　　　　　　　dal aastal kahe kümnes viiendal juulil.
　　　　(2) 時間(kell seitse)，(kakskümmend minutit)，(kell pool ühek-
　　　　　　sa)
第10課：1) 君はテーブルから立ち，コートを着て，通りへ出る。
　　　　　　(tõusid, ei tõusnud) (panid, ei pannud) (läksid, ei läinud)
　　　　2) 子供たちは手を洗って，テーブルに座って，ミルクを飲む。
　　　　　　(pesid, ei pesnud) (istusid, ei istunud) (jõid, ei joonud)
　　　　3) ヤーンはチーズと共にサンドイッチを食べる。
　　　　　　(sõis, ei söönud)
　　　　4) 私はドアの所に立って，外を見る。
　　　　　　(seisin, ei seisnud) (vaadasin, ei vaadanud)
　　　　5) 私は兄から長い手紙をもらう。(saisin, ei saanud)
　　　　6) 私はコイトゥラの詩を読む。(lugesin, ei lugenud)
　　　　7) ヤーンは妹に赤い花を持っていく。(tõi, ei toonud)
第11課：「70年昔あるヴィルマー（エストニアの北東部）の男が茶色の石灰
　　　　石からサウナのかまどを作った。彼がかまどに点火しようとした。
　　　　するとかまどが燃え上がった。それで，この男はこの茶色の石が燃

えることが分かった。オイルシェールは石炭のように燃える。オイルシェールからガソリン，アスファルトや各種の油が得られる。」(エストニアではこうした工業生産が盛んである)

   1) Paekivist. 2) See ei olnud kivisüsi. 3) See on põlevkivi.

第12課：1) この帽子は私に似合う。

   2) 昨日君の所へ行った少年は私の弟です。

   3) 私たちの内どちらかが間違っている。

   4) 彼らは互いに悪く言う。

第13課：(1) 1) ペーテルはウノより賢い，彼は年上だから。

   2) パルヌはタッリンより小さい。3) 象は馬より重い。

   4) 冬は秋より寒い。

  (2) 1) Juhan on pikem kui Joosep.

   2) Juhan ei ole nii pikk kui Jaan.

   3) Joosep on kõige lühike.

第14課：(1) (on käinud) (2) (on elanud)

  (3) (on sündinud) (4) (on näinud)

  (5) (on söönud)

第15課：(a) 1) kirjuta kirjutage, 2) pane pange.

   ära kirjuta, ärge kirjutage. ära pane, ärge pange.

  (b) 1) tule, 2) Istu, 3) Vaata, 4) mötle, ütle,

   5) võta.

第16課：(1) (läheksid) (2) (tahaks) (3) (jooksin)

  (4) (loeksid) (5) (sõidaksime)

第17課：(1) 1) Eesti keel räägitakse Eestis.

   2) Eesti keel ei õpetatakse Jaapanis.

  (2) 1) tullakse, 2) juuakse, 3) minnakse,

   4) võekse, 5) istutakse.

第18課：(1) joomata, (2) ostama, (3) tulemast, (4) jalutama.

第19課：(1) puhata, töötama, (2) laulda, (3) kanda,

  (4) sõitma, (5) sadama, (6) mängima.

第20課：(1) peavalu kaebav naine, (2) tee ääres kasva kask,

解　答

　　　　　(3) kodus keedetav supp,　　　　(4) tööle hilinenud ametnik,
　　　　　(5) eile lõppenud konverents.
第21課：(1) 1) ujuvat,　　2) olevat,　　3) sadavat.
　　　　(2) 1) rääkides,　　2) juues,　　3) lõpetanud,
　　　　　　4) vaadanud,　　5) jõudnud.
第22課：(1) alla,　　(2) ees,　　(3) pealt,　　(4) juurde,
　　　　(5) poolt,　　(6) kõrvale,　　(7) seest.

参考文献

(1) **文法書**
1. Абен,К. (1960) Учебник эстонского языка. pp.292. Эстонское Государственное Издательство,Таллин. ロシア語によるエストニア語教本。
2. *Eesti keele grammatika I. Morfoloogia sõnamoodustus.* (1996) pp.649. Eesti Teaduste Akadeemia Eesti keele Instituut, Tallinn.
3. *Eesti keele grammatika II. Süntaks.* (1993) pp.464. Eesti TA keele ja kirjanduse Instituut, Tallinn.
4. Harms, T. Robert (1962) *Estonian Grammar.* pp.175. Mouton, The Hague. 変形文法規則による分析でいわゆるエストニア語の文法書ではない。
5. Jänes, H. (1966) *Eesti keel.* pp.307. Eesti kirjanduse Komitee, San Francisco.
6. Kettunen, L. (1936) *Eestin kielen oppikirja.* pp.132. Werner Söderström, Helsinki. フィンランド語によるエストニア語の文典。
7. Kuldsepp, T., Seilenthal, T.(1980) *Mõnda Eesti.* pp.78. Suomalaisen Kirjallisuuden Seura, Helsinki.
8. Lavotha, Ö. (1960) *Észt nyelvkönyv.* pp.240. Tankönyvkiadó, Budapest. ハンガリー語によるエストニア語の文典。
9. "   (1973) *Kurzgefaßte estnische Grammatik.* pp.116. Otto Harrassowitz, Wiesbaden. 簡潔だが信頼のおける記述である。
10. Loorits, Oskar (1923) *Eesti keele grammatika.* pp.173. Odamees / Carl Sarap / Tartu. すでに3段の長さに言及している。
11. 松村一登 (1991)『エストニア語文法入門』pp.367. 東京外国語大学アジア・アフリカ言語文化研究所, 東京。A, Valmet, E. Uuspõld ja E. Turu の *Eesti keele õpik* (1981) に準拠している。なお,「エストニア語小辞典」pp.110 もある。
12. Muuk, E. (1936) *Lühike eesti keeleõpetus I.* pp.138. Eesti kirjanduse Seltsi Kirjastus, Tartu. すでに超長のマーク`がついている。

参考文献

13. Muuk, E. ja M. Tedre (1933) *Lühike eesti keeleõpetus II.* pp.171. Eesti kirjanduse Seltsi Kirjandus, Tartu.
14. Tauli, Valter (1972) *Eesti grammatika I.* pp.167. Institutioner för finsk-ugriska språk, Upsala.
15. "   (1980) *Eesti grammatika II.* pp.350. 同上。構造主義による文法書。英訳本あり。
16. "   (1973) *Standard Estonian Grammar I.* Phonology, morphology, word formation. pp.238.
17. "   (1983) *Standard Estonian Grammar II.* Syntax. pp. 359. Almqvist Wiksell, Uppsala.
18. Oinas, F. J. (1975) *Basic Course in Estonian.* pp.398. Indiana University, Bloomington. 練習問題が多く，テープあり。
19. Pesti, M. ja Ahi, H. (2001) *E nagu Eesti* (Eesti keele õpik algajaile) pp.267. TEA Kirjastus, Tallinn. (ISBN 9985-71-1114) 実用的入門書でカセットつき。
20. Пялль, Э. (1955) Учебник эстонского языка. pp.242. Эстонское Государственное Издательство, Таллин
21. Wiedemann, F. J. (1875) *Grammatik der Ehstnischen Sprache.* pp. 664, Commissionnaires de l'Académie Impériale des sciences, St,-Pétersbourg. 古典であるが，方言など詳しい。
22. Valgma, J. ja N. Remmel (1968) *Eesti keele grammatika.* pp.439. Valgus, Tallinn.
23. Valmet, A., Uuspõld, E, ja Turu, E. (1981) *Eesti keele õpik.* (Учебник эстонского языка) pp.502. Valgus, Tallinn. ロシア語によるエストニア語の教本で，文法も詳しく練習問題も多い。
24. Vääri, E. (1972) *Eesti keele õpik keskkoolile.* pp.240. Valgus, Tallinn.
25. "   (1975) *Viron kielen oppikirja.* pp.137. Suomalaisen Kirjallisuuden Seura, Helsinki.

(2) 読み物

1. Mustonen, Kerttu (1936) *Opi eestiä.* (pienen eestin kielen opas) pp.

89 Otava, Helsinki.
2. Oinas, F. J. (1963) *Estonian General Reader.* pp.372. Mouton, the Hague.
3. Vesterinen, L. ja Winter, H. (1936) *Eesti lugemik.* pp.350. Otava, Helsinki.
4. Saarest, A. (1952) *Kaunis emakeel.* pp.129. Eesti Kirjanike Kooperatiiv, Lund.

(3) 研究書
1. Ariste, Paul (1953) *Eesti keele foneeetika.* pp.132. Eesti Riiklik Kirjastus, Tallinn. 3段の音の長さを実験的に証明している。
2. Alvre, P. (1969) *Soome keele-õpetuse reeglid.* pp.284. Valgus, Tallinn. フィンランド語とエストニア語の対照文法。
3. Nirk, E. (1970) *Estonian Literature.* pp.415. Eesti Roamat, Tallinn.
4. " (1983) *Estonian Literature.* (second edition) pp.414. Perioodika. Tallinn.
5. Raun A. and Saarest, A. (1965) *Introduction to Estonian Linguistics.* pp.123. Otto Harrassowitz, Wiesbaden.

(4) 辞書
1. Alvre, P. (1973) *Suomalais-eestiläinen tulkkisanakirja* (*Soome-Eesti vestlussõnastik*) pp.585. Valgus, Tallinn. フィンランド語とエストニア語の会話辞典。
2. Kokla, P., Laanpere, H., Mäger, M. ja Pikamäe, A. (1971) *Virolais-suomalainen sanakirja.* pp.507+11 表. Suomalaisen Kirjallisuuden Seura, Helsinki.
3. Rauk, M. (1977) *Inglise-Eesti sõnaraamat.* pp.444. Valugus, Tallinn.
4. Saagakk, P. F. (1982) *Estonian-English Dictionary.* pp.1180. Yale Universit and London. 語彙数も多く内容も豊かである。
5. Silvet, J. (1965) *Eesti-Inglise sõnaraamat.* pp.509. Eesti Raamat, Tallinn.

語　彙　集

　エストニア語の名詞と動詞は，それらの変化形の型により，数多く分類されている。例えば，『エストニア・フィンランド語辞典』(1971)では，名詞が90種，動詞が20種にタイプ分けされている。従って，名詞も動詞も語形変化はかなり複雑で，簡単に記述するわけにはいかない。そこで，本書では次のような表記の方式を用いることにした。

名詞の項目：

		（単　　数）		（複　数）
	主格	属格	分格	分格
「犬」	`koer 「犬が」	(koera, 「犬の」	`koera) 「犬を」	(`koeri) 「(複数の)犬を」
「月」	`kuu 「月が」	(-, 「月の」	-d) 「月を」	(-sid) 「(複数の)月を」

　「月」のように，繰り返される共通部分 kuu は - で，これに付加される部分は -d と表示される。主格（属格，分格）（複数分格）

動詞の項目：

	ma 不定詞	da 不定詞	単数1人称形	nud 分詞	tud 分詞
「書く」	kirjuta-ma 「書く」	(kirjuta-da, 「書く」	kirjut-an) 「私が書く」	(kirjuta-nud, 「書いた」	kirjuta-tud) 「書かれた」
（略式表記）	kirjuta-ma	(-da,	-n)	(-nud,	-tud)

　上のように略式表記でない項目では，具体的な語形が表示されている

	ma 不定詞	da 不定詞	単数1人称形	nud 分詞	tud 分詞
「来る」	tule-ma 「来る」	(`tulla, 「来る」	tulen) 「私が来る」	(tul-nud, 「来た」	`tul-dud) 「来られた」

　また，分詞形が省略されている場合は，-nud, -tud 形である。これ以外の分詞形は上記のように，具体的な語形が提示されている。

a

`aad`lik (-u, `-ku)「貴族の」
`aad`ress (-i, `-i) (`-e)「宛名」
`aas (-a, -a) (`-u)「牧場」
`aasta (-, -t) (-id)「年」
`aasta`aeg (-aja, -`aega) (-`aegu)「季節」
`aasta-ne (-se, -st) (-si)「歳の」
abi`andma「助ける」
abi`ellu-ma (-da, -n)「結婚する」
abielu (-, -) (-sid)「結婚」
abikaasa (-, -t) (-sid)「連れ合い」
abil「～によって」
`administrator (`-i, `-i)「管理人」
`aeg (aja, `aega) (`aegu)「時間」
aga「しかし」
`aima-ma (-ta, `-n) (-nud, -tud)「推測する」
ainult「ただ」
ai`täh「ありがとう」
`aita-ma (aida-ta, `aitan)「助ける」(aida-nud, aida-tud)
aja`leht (-lehe, -`lehte) (-`lehti)「新聞」
aja-lugu (-`loo, -lugu)「歴史」
aja-ma (-da, -n)「駆り立てる」(aja-nud, `ae-tud)
ajuti-ne (-se, -st) (-si)「一時的」
aken (`akna, akent) (`aknaid)「窓」
ala (-, -) (-sid)「地域」
alates「～から始まって」
alati「常に」
`album (-i, -it) (`-eid)「アルバム」
`algama (alata, `algan)「始める」(ala-nud, ala-tud)
`all「～の下に」
`alla「～の下へ」
`alla kirjutama「署名する」

語彙集

alles「ようやく，ただ」
alla`pool「下側に」
`alt「〜の下から」
alus(-e, -t)(-eid)「基礎」
alusel(alusの所格)「〜の基礎の上に」
alusta-ma(-da, -n)「始める」
A′meerika(-, -t)「アメリカ」
a′meerikla-ne(-se, -st)(-si)「アメリカ人」
amet(-i, -it)(-eid)「仕事」
amet`nik(-u, -`nikku)(-`nikke)「役人」
ammu「昔」
`andma(`anda, annan)「与える」(`and-nud, `an-tud)
apelsin(-i, -i)(-e)「オレンジ」
ap`rill(-rilli, -`rilli)「4月」
`arm(-u, `-u)「恵み」
armas(`armsa, armast)「愛する」
armasta-ma(-da, -n)「愛する」
armastus(-e, -t)「愛」
armu-ke(-se, -st)「愛人」
`arst(arsti, `arsti)(`arste)「医者」
aru`saama(-da, -n)(-nud, `-dud)「分かる」
`arv(arvu, `arvu)(`arve)「数」
`arvama(arvata, `arvan)「考える」
arvatavasti「おそらく」
arvuta-ma(-da, -n)「計算する」
arvuti(-, -t)「コンピュータ」
asemel「〜の代わりに」
asetse-ma(-da, -n)「置く」
asi(asja, `asja)(`asju)「物事」
asijata「空しく」
aste(astme, astet)(astete)「歩み」
`astu-ma(-da, -astun)「歩む」(`astu-nud, astu-tud)

— 223 —

astus(-e, -st)(-i)「施設」
asu-ma(-da, -n)「住む」
asuta-ma(-da, -n)「設立する」
`august(-i, -it)「8月」
aula(-, -t)「宴会場」
`auk(augu, `auku)(`auke)「穴」
`aus(-a, -at)(-aid)「正直な」
auto(-, -t)(-sid)「自動車」
ava-ma(-da, -n)「開ける」

b

`briljan-t(-di, `-t)「ダイアモンド」
`buss(bussi, `bussi)(`busse)「バス」

d

det`semb-er(-ri, -rit)「12月」
`diivan(-i, -it)「ソファ」

e

ebaõnnestumi-ne(-se, -st)(-si)「失敗」
edasi「さらに」
edasipidi「今後」
`eepos(-e, -t)(-i)「叙事詩」
`ees「前に」
ees-koda(-koja, -koda)「入り口の間」
`ees-nimi(-nime, -nime)(-nimesid)「名前」
`ees-õigus(-e, -t)(-i)「特権」
`eest「～から，～のために」
Eesti(-, -t)「エストニア」
`eestla-ne(-se, -st)(-si)「エストニア人」
ehita-ma(-da, -n)「建てる」
`ehk「おそらく」

— 224 —

語 彙 集

`ehkki「～だけれど」
`ei「いいえ，（否定辞）～でない」
`eitav(-a, -at)(-aid)「否定の」
`eksam(-i, -it)(-eid)「テスト」
eksemplar(-i, -i)(-e)「コピー」
eksitus(-e, -t)(-i)「間違い」
ela-ma(-da, -n)「生きる」
ela`nik(-nik, -`nikku)(-`nikke)「住民」
elu(-, -)(-sid)「生命」
ema(-, -)(-sid)「母」
endale「自分に＜enda「自分」の向格」
enam「さらに」
enam`lik(-liku, -`likku)(-`likke)「ボルシェビーキ」
`endi-ne(-se, -st)(-si)「先の」
`enne「～の前に」
ennusta-ma(-da, -n)「予言する」
eri「異なる」
erine-ma(-da, -n)「異なる」
erinev(-a, -at)(-aid)「異なった」
`esile「前へ」
esi-aeg(-aja, `aega)「前の時代」
esik(-u, -ut)「入り口」
esime-ne(-se, -st)(-si)「第1の」
esindaja(-, -t)「代表」
esiteks「最初に」
et「～であること」（従属節を導く接続詞）
`etapp(etapi, `etappi)(`ettape)「段階」
`ette「～の前に」
`ette`kandja(-, -t)「給仕」
`ettevalmistus(-e, -t)(-i)「準備」
`ette-võte(-`võtte, -võtet)(-`võtteid)「企て」
`ettevõtmi-ne(-se, -st)「企てること」

エストニア語入門

`evakueer-ma(`-da, `-n)「撤退する」

f

foto(-, -t) (-sid)「写真」

g

`gramm(-i, `-i) (`-e)「グラム」

h

`haab(haav-a, `-a) (`-u)「ポプラ」
habe(-me, -t) (-meid)「ひげ」
habet ajama「ひげを剃る」
`haige(-, -t) (-id)「病気の，病人」
`haigla(-, -t) (-id)「病院」
`hakka-ma(hakata, `hakkan)「始める」(haka-nud, -tud)
`halb(halva, `halba)「悪い」
haledasti「あわれに」
`hall(-i, `-i)「灰色の」
hammas(`hamba, hammast) (`hambaid)「歯」
haridus(-e, -t)「教育」
`haudu-ma(-da, -b)「卵がかえる」
`hea(-, -d) (`häid)「よい」
head aega「さようなら」
`hein(-a, `-a) (`-u)「干草」
`heit-ma(-a, heidan)「投げる」(`heit-nud, heide-tud)
`heldi-ma(`-da, `-n)「心が動く」
hele(-da, -dat) (-daid)「明るい」
helista-ma(-da, -n)「電話をかける」
`hel-k(-gi, `-ki)「輝き」
`hetk(hetke, `hetke) (`hetki)「瞬間」
`hiigla-ne(-se, -st) (-si)「巨人」
`hiili-ma(-da, -n)「こそこそはいでる」

— 226 —

語 彙 集

hiline-ma(-da, -n)「遅れる」
hilja「遅く」
hiljem「より遅く」
hingelda-ma(-da, -n)「あえぐ」
hobu-ne(-se, -st)(-seid)「馬」
`hoid-ma(-a, hoian)「手にもつ，世話する」(`hoid-nud, `hoi-tud)
`hoidu-ma(-da, -n)「避ける」
hommik(-u, -ut)(-uid)「朝」
hommiku-ne(-se, -st)「朝の」
hommiku`söök(söögi, `sööki)「朝食」
`hool(hool, `hoolt)「心配，世話」
hoone(`hoone, hoonet)(`hooneid)「建物」
`hotell(-i, `-i)(`-e)「ホテル」
`hulk(hulga, `hulka)(`hulki)「多数，群衆」
`huul(huule, `huult)(`huuli)「唇」
huvi(-, -)(-sid～huve)「興味」
huvitav(-a, -at)(-aid)「面白い」
hõbe(-da, -dat)「銀」
hõbeda-ne(-se, -st)(-si)「銀の」
`hõim(-u, `-u)(`-e)「部族」
`hõim`rahvas(`rahva, rahvast)(`rahvaid)「同族」
häma`rik(-u, `-u)(`-e)「たそがれ」
härra(-, -t)(-sid)「氏」
`hästi「よく」
`hääl(-e, `-t)(`-i)「声」
`häälda-ma(`-da, `-n)「発音する」
`hülga-ma(hüljata, `hülgan)「退ける」
`hümn(-i, `-i)(`-e)「聖歌」
hüpe(`hüppe, hüpet)(`hüppeid)「跳躍」
`hüppama(hüpata, `hüppan)「跳ぶ」(hüpa-nud, -tud)
`hüüdma(hüüda, hüüan)「叫ぶ」(`hüüd-nud, `hüü-tud)

i

iga (`ea, iga) (igasid)「歳」
iga「いずれの」
iga`üks (-ühe, -`üht) (`-ühte)「それぞれ」
iialgi「決して～しない」
`ikka「やはり」
`ilm (-a, `-a) (`-u)「天候」
ilma「～なしで」
`ilumu-ma (-da, -n)「現われる」
ilus (-a, -at) (-aid)「美しい」
ilusasti「美しく」
ime (-, -t) (-sid)「驚異，奇跡」
ime`lik (-liku, -`likku) (-`likke)「不思議な」
ingla-ne (-se, -st) (-si)「イギリス人」
inime-ne (-se, -st) (-si)「人（間）」
isa (-, -) (-sid)「父」
isa`maa (-`maa, -`maad) (-`maid)「祖国」
ise「自身」
ise`seis-ev (-va, -vat) (-vaid)「独立した」
ise`seisvus (-e, -t)「独立」
`istu-ma (-da, istun)「座る」(`istu-nud, istu-tud)

j

ja「そして」
`jaam (jaama, `jaama) (`jaamu)「駅」
jaanuar (-i, -i)「1月」
`Jaapani「日本」
`jaapani「日本の」
`jaapanla-ne (-se, -st) (-sid)「日本人」
`jaatav (-a, -at) (-aid)「肯定の」
jah「はい」
jahe (-da, -dat) (-daid)「涼しい」

語彙集

jahmata-ma(-da, -n)「驚かす」
`jalg(jala, `jalga)(`jalgu)「足」
`jalg-pall(-i, `-i)(`-e)「サッカー」
`jalg-ratas(-`ratta, -ratast)(-`rattaid)「自転車」
jaluta-ma(-da, -n)「散歩する」
janu(-, -)「渇き」
jaoks「〜のために」
`jooks(-u, `-u)「走ること」
`jooksma(`joosta, jooksen)「走る」(`jooks-nud, `-joos-tud)
`jooma(`juua, `joon)「飲む」(joo-nud, `joo-dud)
`joon(-e, `-t)(`-i)「線」
`joovastav「夢中にする」
ju「(相手に同意を求める) 〜ではないか」
juba「すでに」
juhata-ma(-da, -n)「向ける，導く」
`juht(juhi, `juhti)(`juhte)「指導者」
`juhti-ma(-da, juhin)「向ける，導く」(`juhti-nud, juhi-tud)
`juhtiv(-a, -at)(-aid)「指導的」
`julge(-, -t)(-id)「勇敢な」
`julge-ma(-da, -n)「思い切って〜する」
jumal(-a, -at)(-aid)「神」
`jutt(jutu, `juttu)(`jutte)「話」
jutusta-ma(-da, -n)「話す」
jutustus(-e, -t)(-i)「物語」
juuli(-, -t)「7月」
juuni(-, -t)「6月」
`juurde「〜の所へ」
juures「〜の所に」
juurest「〜の所から」
`juus(`juukse, `juust)(`juukseid)「髪の毛」
`juust(-u, `-u)(`-e)「チーズ」
jõgi(`jõe, jõge)(jõgesid)「川」

— 229 —

`jõud(jõu, `jõudu)(jõude)「力」
`jõud-ma(-a, jõuan)「できる，着く」(`jõud-nud, `jõud-tud)
`jälle「再び」
jällegi「もう1度」
jällennägemiseni「さようなら」
järel「～の後に」
järeldus(-e, -st)(-i)「結論」
järele「～の後へ」
järele `saatma「迎えにやる」
`järgi「～に従って」
`järgmi-ne(-se, -st)(-si)「次に」
`jätka-ma(-ta, `-n)「続ける」
`jät-ma(-ta, -an)「残す」(`jät-nud, `jäe-tud)
`järv(-e, `-e)(`-i)「湖」
`jää(-, `-d)(`-sid)「氷」
`jäädavalt「永久に」
`jää-ma(-da, -n)「とどまる」(jää-nud, `jää-dud)
`jäätis(-e, -t)(-i)「アイスクリーム」

k

`kaalu-ma(-da, -n)「目方を量る」(`kaalu-nud, kaalu-tud)
`kaar-t(-di, `-ti)(`-si)「カード，地図」
`kaas(kaane, `kaant)(`kaasi)「ふた，おおい」
`kaasla-ne(-se, -st)(-si)「仲間」
`kael(kaela, `kaela)(`kaelu)「首」
`kaev(kaevu, `kaevu)(`kaevusid)「泉」
kaheksa(-, -t)「8」
kaheksa-s(-nda, -ndat)「第8」
kahju(-, -)(-sid)「傷，損失」
kahju tegema「傷つける」
`kahma-ma(-ta, -n)「つかむ」
`kahv-el(-li, -lit)(-leid)「フォーク」

— 230 —

語　彙　集

`kaks(kahe, `kaht)「2」
kala(kala, kala)(kalu)「魚」
kalju(-, -t)(-sid)「岩」
`kallas(`kalda, kallast)(`kaldaid)「岸」
kallis(`kalli, kallist)(`kalleid)「親愛な」
`kalm(-u, `-u)(`-e)「墓」
kana(kana, kana)(kanu)「めんどり」
`kand-ma(kanda, kannan)「運ぶ」(`kand-nud, `kan-tud)
`kange(-, -t)(-id)「強い」
`kann(-u, `-u)(`-e)「水差し，ジョッキ」
kannatus(-e, -t)(-i)「辛抱」
`kaota-ma(-da, -n)「失う」
`kapp(kapi, `kappi)(`kappe)「戸棚，たんす」
kapsas(`kapsa, kapsast)(`kapsaid)「キャベツ」
kari(karja, `karja)(`karju)「家畜」
`kart-ma(-a, kardan)「恐れる」(`kart-nud, karde-tud)
`kartul(-i, -it)(-eid)「ポテト」
kas「〜か（疑問文をつくる小辞）」
`kask(kase, `-e)(`-)「白樺」
`kass(kassi, `kassi)(`kassi)「猫」
kasu(-, -)「利益」
kasu-ema(-, -)(-sid)「養母」
kasulik(-u, `-ku)(`-e)「役立つ」
kasuta-ma(-da, -n)「使う」
`kasva-ma(-da, -n)「成長する」(`kasva-nud, kasva-tud)
`kat-ma(-ta, -an)「おおう」(`kat-nud, `kae-tud)
katus(-e, -t)(-eid)「屋根」
kaua「長い間」
kauba`linn(-lina, -`linna)(-`linnu)「商業の町」
kauba-maja(-, -)(-maju)「デパート」
kaudu「〜によって」
`kauge(-, -t)(-id)「遠い」

kaugelt「遠くから」
`kaugus(-e, -t) (-i)「距離」
kaunis(`kauni, kaunist) (`kauneid)「きれいな」
kaunim「もっともきれいな」
`kaup(kauba, `-a) (`-u)「品物」
`kauplus(-e, -t) (-i)「商店」
kaup`mees(-mehe, `-t) (mehi)「商人」
`kauss(kausi, `-i) (`-e)「茶碗」
kavatse-ma(-da, -n)「意図する」
keda「だれを」<kes「だれが」
`keegi「だれか」
`keel(-e, `-t) (`-i)「言語」
`keeldu-ma(-da, -n)「拒否する」
`keera-ma(-ta, `-n)「回る」
keha(-, -) (-sid)「身体」
keha-kate(-`katte, -et) (-`katteid)「着物（体をおおうもの）」
`kehv(-a, `-a) (`-i)「貧しい」
`keet-ma(-a, keedan)「わかす」(`keet-nud, keede-tud)
`keld-er(`-ri, `-rit) (`reid)「地下室」
`kell(-a, `-a) (`-i)「時計，時」
kelle「だれに」<kes「だれが」
kellestki「だれからか」
keha-kate(-`katte, -katet) (-`katteid)「飾り」
`kerge(-, -t) (-id)「軽い，易しい」
kerki-ma(-da, -n)「のぼる」
`kes「だれが」
keset「～の中に」
kesk`aeg(-aja, -`aega)「中世」
`keskel「～の間に」
`keskele「～の間へ」
`keskelt「～の間から」
`kesk`kool(-i, `-i) (`-e)「高等学校」

語彙集

`keskus(-e, -t)「中心」
`kest-ma(-a, kestan)「つづく」(`kest-nud, keste-tud)
kibe(-da, -dat) (-daid)「にがい，苦しい」
kibedasti「苦しく」
kihel`kond(-konna, `-a)「教区」
`kiik(kiige, `kiike) (`kiiki)「ブランコ」
`kiire(`kiire, kiiret) (`kiireid)「早い」
`kiiresti「早く」
`kiitm-a(-a, kiidan)「ほめる」(`kiit-nud, kiidetud)
kilo(-, -) (-sid)「キログラム」
kind-el(-la, -lat) (-eid)「確実な」
`king(-a, `-a) (`-i)「靴」
kinnas(`kinda, -t) (kindaid)「手袋」
`kinki-ma(-da, kingin)「贈る」(`kinki-nud, kingitud)
`kinni「閉じて」
kinni panema「閉じる」
kinni `võtma「とらえる」
kinnita-ma(-da, -n)「固定する，接続する」
kino(-, -) (-sid)「映画」(`kinno「映画へ」)
kiri(kirja, `kirja) (`kirju)「手紙」
kirik(-u, -ut) (-uid)「教会」
kirja`lik(-liku, -`likku) (-`like)「書かれた」
kirjandus(-e, -i)「文学」
kirja`nik(-nikku, -`nikku) (-`nikke)「作家」
kirjuta-ma(-da, -n)「書く」
`kisku-ma(-da, kiskun)「裂く，引く」(`kisku-nud, `kis-tud)
`kirst(-u, `-u) (`-e)「収納箱，ひつぎ」
kitsas(`kitsa, -t) (`kitsaid)「せまい」
`kiunu-ma(`-da, -n)「吠える」
kivi(kivi, kivi) (kive)「石」
`klaas(-i, `-i) (`-e)「コップ」
klaver(-i, -it) (-eid)「ピアノ」

`kleit(kleidi, `kleiti)(`kleite)「ドレス」
koda(koja, koda)(-sid)「家」
kodu(-, -)(-sid)「家庭」
kodune(-se, -st)(-seid)「家庭の」
kodunt「家から」
kodu-õlu(-õlle, -õlut)「自家製のビール」
`koer(koera, `koera)(`koeri)「犬」
kogu「すべての」
kohal「〜の上に」
kohal olema「出席している」
kohale jõudma「到着する」
koha`lik(-liku, -`likku)(-`like)「地域の」
kohe「すぐに」
`koht(koha, `kohta)(`kohti)「場所」
`kohtu-ma(-da, -n)「会う」(kohtu-nud, kohtu-tud)
`kohtumi-ne(-se, -st)(-si)「出会い」
kohus(-e, -t)(-eid)「義務」
`kohv(kohvi, `kohvi)「コーヒー」
`kohv-er(-ri, -rit)(-reid)「トランク」
kohvik(-u, -ut)(-uid)「コーヒーショップ」
`koi(-, -d)(`sid)「蛾」
`koit(koidu, `-u)「あかつき」
koju `saatma「帰らせる」
`kokku「一緒に」
`kokku `saama「会う」
`kokku tulema「集まる」
`kokku-tuleku(-u, -ut)「集会」
kola-ne(-se, -st)(-seid)「黄色の」
koli-ma(-da, -n)「移る」
`kolm(-e, `-e)「3」
kolma-päev(-a, `-a)「水曜日」
kolman`dik(-ndiku, `-ndikku)(`-dikke)「3分の1」

語彙集

kolma-s(-nda, -ndat)(-ndaid)「第3の」
koma(-, -)(-sid)「コンマ」
komista-ma(-da, -n)「つまずく」
komme(`kombe, kommet)(`kombeid)「習慣」
kontrolli-ma(-da, -n)「チェックする」
`kook(koogi, `kooki)(`kooke)「ケーキ」
`kool(kooli, `kooli)(`koole)「学校」(`kooli「学校へ」)
`koor(-i, `-i)(`-e)「コーラス」
`koore-m(-ma, -mat)(-maid)「荷物」
`koosolek(-u, -ut)(-uid)「集まり」
`kord(korra, `korda)(`kordi)「組織,度（たび）」
`kordama(korrata, `kordan)(korra-nud, -tud)「繰り返す,改める」
`korja-ma(-ta, `-n)「集める」(korja-nud, -tud)
korrus(-e, -et)(-eid)「階」
kosila-ne(-se, -st)(-si)「求婚者」
`kosja tulema「求婚する」
kotkas(`kotka, kotkast)(`kotkaid)「鷲」
`kott(koti, `kotti)(`kotte)「袋」(`kotti「袋の中へ」)
kroon(-i, `-i)(`-e)「クローン」
`kruusi(-i, `-i)(`-e)「マグ」
kuhu「どこへ」
`kui「～のとき,～のように,もし～なら」
`kuid「～だが」
kuidas「どのような」
`kuigi「～だけれど」
`kuiva-ma(-da, -n)「乾く」(`kuiva-nud, kuiva-tud)
kujuta-ma(-da, -n)「描く」
`kukku-ma(-da, kukun)「落ちる,倒れる」(`kuku-nud, kuku-tud)
`kuld(kulla, `kulda)「金」
`kuld-ne(-se, -set)(-seid)「金の」
kul`tuur(-i, `-i)(`-e)「文化」
`kumb「どちらの」

kummarda-ma(-da, -n)「尊敬する，崇拝する」
kuna「～の間」
kuni「～まで」
kuninga-s(-, -t)(-id)「王」
`kunst(-i, `-i)(`-e)「芸術」
`kustu-ma(-da, -n)「出かける，消える」
`kurb(kurva, `-a)(`-i)「悲しい」
`kursus(-e, -t)(-i)「コース」
kurvalt「悲しそうに」
kust「どこから」
kustiki「どこからか」
kustuja(-, -t)(-id)「火を消す人」
kustuta-ma(-da, -n)「消す」
`kutsu-ma(-da, -n)「呼ぶ，招待する」(`kutsu-nud, kutsu-tud)
`kuu(-, -d)(-sid)「月」
kuue-s(-nda, -ndat)(-ndaid)「第6の」
`kuul-ma(-da, -en)「聞く」(`kuul-nud, -dud)
kuulu-ma(-da, -n)「属する」
`kuul-us(-sa, -sat)(-said)「有名な」
kuuluta-ma(-da, -n)「公表する」
`kuum(-a, `-a)(`-i)「熱い」
`kuumus(-e, -t)「熱」
kuu-päev(-a, `-a)(`-i)「日づけ」
`kuu-s(kuue, `kuut)(`kuusi)「6」
kviitung(-i, -it)(-eid)「レシート」
`kõik(kõige, `kõike)(`kõiki)「すべて」
kõndi-ma(-da, kõnnin)(kõndi-nud, kõnnitud)「歩く」
kõne(-, -t)(-sid)「会話」
kõnele-ma(-da, -n)「話す」(-nud, -dud)
`kõrge(-, -t)(-id)「高い」
`kõrv(-a, `-a)(`-u)「耳」
kõrval「～のそばに」

語彙集

kõrvale「～のそばへ」
kõrvalt「～のそばから」
kõva(-, -)(-sid)「固い，はげしい」
kõver(-a, -at)(-aid)「曲がった」
käi-ma(-a, -n)「行く」(käi-nud, `käi-dud)
kärsitu「我慢できない，もどかしい」
käsi(`käe, `kätt)(käsi)「手」
`käsk(käsu, `käsku)(`käske)「命令」
`käski-ma(-da, käsin)「尋ねる」(`käski-nud, `käs-tud)
`käsk`jalg(-jala, `jalga)(`jalgu)「使者」
`kätte `andma「手渡す」
`kätte `jõudma「着く，来る」
`kääna-ma(-ta, `-n)「曲がる，変化する」
`köst-er(`-ri, `rit)(`-reid)「教区の書記」
`köök(köögi, `kööki)(`kööke)「台所」
küla(-, -)(-sid)「村」
külali-ne(-se, -st)(-si)「訪問客」
külasta-ma(-da, -n)「訪問する」
külastus(-e, -t)(-i)「訪問」
`külg(külje, `-e)(`-i)「側面」
külge「～に」
`küll「確かに」
`külm(-a, `-a)(`-i)「寒い」
külmutus`kapp(kapi, `kappi)(`kappe)「冷蔵庫」
kümme(`kümne, kümmet)(`kümneid)「10」
kümne-s(-nda, -ndat)「第10の」
`künd-ma(-a, künnan)「耕す」(`künd-nud, `kün-tud)
küsi-ma(-da, -n)「尋ねる」
küsimus(-e, -t)(-i)「質問」
küün-al(`-la, -alt)(`küünlaid)「ろうそく」

— 237 —

l

`laag-er(`-ri, `rit) (`reid)「キャンプ」
laduja(-, -t) (-id)「植字工」
`laena-ma(-ta, `laenan)「貸す」
`laev(laeva, `laeva) (`laevu)「船」
lagen`dik(-dik, -`dikku) (-`dikke)「平原」
lahing(-u, -ut) (-uid)「戦い」
`lahkuja(-, -t) (-id)「立ち去る人」
`lahku-ma(-da, -n)「立ち去る」
lahti tegema「開ける」
lahuta-ma(-da, -n)「分ける」
`lai(laia, `laia) (`laiu)「広い」
laialt「広く」
laine(`-, -t) (`laineid)「波」
`laisk(laisa, `-a) (`laisku)「怠惰な」
`lakku-ma(`-da, lakun)「なめる」
`lamp(lambi, `lampi) (`lampe)「ランプ」
`lange-ma(-da, -n)「倒れる」
`laps(lapse, `last) (`lapsi)「子供」
`lask-ma(-ta, lasen)「〜させる」(`lask-nud, `las-tud)
laste`aed(-aia, -`aeda) (-`aedu)「幼稚園」
laste-laps「孫」
`laud(laua, `lauda) (`laudu)「テーブル」
`laul(-u, `-u) (`-e)「歌」
`laul-ma(-da, -an)「歌う」(`laul-nud, `laul-dud)
`lau`päev(-`päev, -päeva) (-`päevi)「土曜日」
leegitse-ma(-da, -n)「燃える，輝く」
`lehka-ma(lehata, `lehkan)「におう」
`lehm(-a, `-a) (`-i)「め牛」
`leht(lehe, `-e) (`-i)「葉」
`leib(leiva, `leiba) (`leibu)「パン」
`leid(leiu, `leidu) (`leide)「見つけたもの」

語　彙　集

`leid-ma (-a, leian)「見つける」(`leid-nud, `lei-tud)
`lenda-ma (lenna-ta, `lendan)「飛ぶ」(lenna-nud, lenna-tud)
`lendu `tõusma「飛び上がる」
lennuk (-i, -it) (-eid)「飛行機」
lennu-väli (-välja, `välja, `välju)「空港」
`lesk (lese, `leske) (`leski)「未亡人」
`lett (leti, `letti)「売り場」
levi-ma (-da, -n)「広がる」
levita-ma (-da, -n)「広げる」
`liblik-as (`-ka, `-kat) (`-kaid)「ちょうちょう」
liha (-, -)「肉」
`liiga「また」
liige (`liikme, liiget) (`liikmeid)「メンバー」
`liik (liigi, `liiki) (`liike)「種類」
liikme-ne (-se, -st) (-si)「メンバー」
liikumi-ne (-se, -st)「運動」
`liit-er (`-ri, `-rit) (`-rite)「リットル」
`liit-ma (-a, liidan)「付加する」(`liit-nud, liide-tud)
liitla-ne (-se, -st) (-si)「同盟者」
`liivla-ne (-se, -st) (-si)「リボニア人」
`lill (-e, `-e) (`-i)「花」
lille`kas (-`ka, -`kat) (-`kate)「花で満たされた」
lina (-, -) (-sid)「亜麻」
`lind (linnu, `lindu) (`linde)「鳥」
`linn (linna, `linna) (`linnu)「町」
linnus (-e, -t) (-eid)「要塞」
`lipp (lipu, `lippu) (`lippe)「旗」
`lips (-u, `-u) (`-e)「ネクタイ」
`liugle-ma (liuelda, `liuglen)「滑る」(liuel-nud, -dud)
`loobu-ma (-da, -n)「あきらめる」
`loodus (-e, -t)「自然」
`looja (-, -t) (-id)「創造主」

— 239 —

`looja minema「沈む」
`loom(-a, `-a)(`-i)「動物」
`loo-ma(`luua, `loon)「創造する」(loo-nud, `loo-dud)
`loot-ma(-a, loodan)「望む」(`loot-nud, loode-tud)
`lootus(-e, -t)(-i)「望み」
luba-ma(-da, -n)「約束する，許す」
luge-ma(-da, `loen)「読む」(luge-nud, `loe-tud)
lugemis`saal(-i, `-i)(`-i)「読書室」
lugu(`loo, lugu)(lugusid)「物語」
`lukk(luku, `lukku)(`lukke)「鍵」
lume-helves(`helva, helvast)(`helbaid)「雪片」
lumi(-e, `lund)「雪」
lusikas(lusika, lusikat)(lusikaid)「スプーン」
luule(-, -t)「詩」
luuletaja(-, -t)(-id)「詩人」
luuletus(-e, -t)(-i)「詩歌」
luuletus-kogu(-, -)(-sid)「詩集」
lõpeta-ma(-da, -n)「終える」
lõpetatud「終えた」
lõp`lik(-liku, -`likku)(-`likke)「最後の」
`lõpp(lõpu, `lõppu)(`lõppe)「終り」(`lõppe「終りへ」)
`lõppe-ma(-da, lõpen)「終わる」(`lõppe-nud, lõpe-tud)
lõpuni「終りまで」
lõuna(`-, -t)(`-id)「南，正午，ディナー」
lõunã`söök(-söögi, -`sööki)「昼食」
läbi「〜を通して，終える」
läbi `kukkuma「落ちる，失敗する」
läbi `rääkima「論じる，交渉する」
läbirääkimi-ne(-se, -st)「論議，交渉」
lähedus(-e, -t)「近いこと」
lähem「より近い」
lähendal「〜の近くに」

語　彙　集

 lähenda-ma(-da, -n)「近づく」
 `läiki-ma(-da, läigin)「輝く」(`läiki-nud, läigi-tud)
 lätla-ne(-se, st) (-si)「ラトビア人」
 Lääne-meri(-mere, -`merd)「バルト海」
 Läänemere`maad(-`maade, -`maid)「バルト諸国」
 `lääs(lääne, `läänt)「西」
 `löö-ma(`lüüa, `löön)「打つ」(löö-nud, `löö-dud)
 lühem「より短い」
 lühike-ne(-se, -st) (-si)「短い」

m

 `maa(maa, maad) (`maid)「国，土地」
 `maa-ala(-, -) (-sid)「地域」
 `maa`ilm(-ilma, -`ilma) (-`ilmu)「世界」
 `maa`linn(-linna, -`linna) (-`linnu)「とりで」
 `maa`päev(-päeva, -`päeva) (-`päevi)「エストニア国会」
 `maa`rahvas(-`rahva, -t)「国民」
 `maas`tik(-u, `-ku) (`-ke)「風景」
 madal(-a, -at) (-aid)「低い」
 maga-ma(-da, -n)「眠る」
 magus(-u, -ut) (-uid)「甘い」
 maha `jääma「後に残る」
 `mai(-, -d)「5月」
 maitse(`-, -t) (-id)「味」
 maja(-, -) (maju)「家」
 `maks-ma(-ta, maksan)「払う」(`maks-nud, -tud)
 mani`fest(-festi, -`festi) (-`feste)「声明書」
 `mant-el(-li, -lit) (-leid)「外套」
 `mark(margi, `marki) (`marke)「切手」
 medal(-, -it) (-eid)「メダル」
 mate`maatika(-, -t)「数学」
 `matma(`matta, matan)「埋める」(`mat-nud, `mae-tud)

matkaja(-, -t)(-id)「旅行者」
`meel(-e, `-t)(`meeli)「心」
`meeldi-ma(-da, -n)「気に入る」
`meeldiv(-a, -at)(-aid)「楽しい」
meelepärast「好みによって」
meelita-ma(-da, -n)「へつらう」
`mees(mehe, `meest)(mehi)「人，男」
`mees`kond(-konna, -`konda)(-`kondi)「乗組員」
`meet-er(-ri, -rit)(-reid)「メートル」
mehele `saama「結婚する」
mehaanik(-u, -ut)(-uid)「機械工」
meie「私たちが，私たちの」
meri(mere, `merd)(meresid)「海」
`mesi(mee, `mett)「蜜」
`mets(-a, `-a)(`metsi)「森」
mida「なにを」
`miks「なぜ」
mina「私が」
mind「私を（分格）」
mine-ma(`minna, lähen)「行く」(läi-nud, `min-dud)
mineraal(-i, -i)「ミネラル」
mine`vik(-viku, -`vikku)「過去の」
`mingi「なにか」
minu「私の，私を」
miinus(-se, -t)(-eid)「マイナス」
`mis「なにが」
`missugu-ne(-se, -st)「どのような」
mitu(`mitme, mitut)(`mitmeid)「いくつかの」
`mobiil-telephon(-i, -i)「携帯電話」
`mood-ne(-sa, -sat)(-said)「現代の」
moodusta-ma(-da, -n)「形成する」
`mootor-ratas(-`ratta, -ratast)「オートバイ」

語 彙 集

muidu「他の点では」
muistend(-i, -it)(-eid)「伝説」
`muist-ne(-se. -set)(-seid)「昔の」
muna(-, -)(mune)「卵」
`murd-ma(-a, murran)「こわす」(`murdnud, `murtud)
murre(`-, -t)(`-id)「方言」
muru`eit(-eide, -`eite)「妖精」
`must(-a, `-a)(`-i)「黒い」
`muu(-, -d)(`muid)「他の」
muusika(-, -t)「音楽」
`muut-ma(-a, muudan)「変える」(`muut-nud, muude-tud)
mõistatus(-e, -t)(-i)「なぞ」
`mõistus(-e, -t)「理由，考え」
mõju(-, -)(-sid)「影響」
mõlema(単属) mõlemat(単分) mõlemaid(複分)「ともに」
mõni(mõne, `mõnd)(mõnesid)「いくつかの」
mõnigane, mõnigas(-, -t)(-id)「いくつかの」
mõnigi「多く」
mõte(`mõtte, -t)(`mõtteid)「考え」
`mõtle-ma(mõtelda, `mõtlen)「考える，意味する」(mõte-nud, -dud)
mägi(`mäe, mäge)(mägesid)「山」
mälestus`märk(-märgi, -`märki)(-`märke)「記念碑」
`mängi-ma(-da, -n)「遊ぶ，演じる」(`-nud, -tud)
märka-ma(märgata, `-n)「気づく」
`märts(-i, `-i)「3月」
`mässa-ma(-ta, `-n)「反乱を起こす」
mätas(`mätta, -t)(`mättaid)「芝地」
`määra-ma(-ta, `-n)「定める」
määratu(-, -t)(-id)「限りない」
mööda「〜に沿って」
`müts(-i, `-i)「つばのない帽子」
müüja(-, -t)(-id)「売り手」

`müü-ma(-a, -n)「売る」(müü-nud, `-dud)
müür(-i, `-i)(`-e)「壁」

n

`naer-ma(-da, naeran)「笑う」(`naer-nud, `-dud)
nagu「～のように」
`nahk(naha, `nahka)(`nahku)「皮」
naine(naise, `naist)(`naisi)「女，妻」
naljata-ma(-da, -n)「冗談を言う」
`narri-ma(-da, -n)「あざける」(`narri-nud, narri-tud)
`neel(-u, `-u)(`-e)「のど」
`neitsi(-, -t)(neitseid)「娘，処女」
neiu(-, -t)(-sid)「娘，少女」
neli(nelja, `nelja)「4」
nelja-päev(-päeva, -`päeva)(-`päevi)「木曜日」
nelja-s(-nda, -ndat)(-ndaid)「第4の」
nemad「彼(女)らが，彼(女)らを」
`nii「そう」
`nii ... kui「～のように…」
`niikui`nii「いかなる場合も」
`niisama ... kui「～と同じく」
`niisugu-ne(-se, -st)(-seid)「そのような」
nii-ütelda(-öelda)「いわば」
nimeta-ma(-da, -n)「名づける，述べる」
nimi(nime, nime)(nimesid)「名前」
nina(-, -)(-sid)「鼻」
`ning「そして」
`noomi-ma(-da, noomin)「とがめる」(`noomi-nud, noomi-tud)
`noor(-e, `-t)(`-i)「若い」
`noorus(-e, -t)「若さ」
noppija(-, -t)「摘む人」
`noppi-ma(`-da, nopin)「摘む」(`noppi-nud, nopi-tud)

語彙集

novemb-er (-ri, -rit)「11月」
nuga (ˋnoa, -) (-sid)「ナイフ」
ˋnull (nulli, ˋnulli) (ˋnulle)「ゼロ」
ˋnumb-er (-ri, -rit) (-reid)「数」
ˋnukk (nuku, ˋnukku) (ˋ-asid)「隅」
nurise-ma (-da, -n)「不平を言う」
ˋnurk (nurga, ˋ-) (ˋ-t)「コーナー」(＝nukk)
ˋnut-ma (ˋnutta, -an)「泣く」(ˋnut-nud, nute-tud)
ˋnõid (nõia, ˋ-a) (ˋ-u)「魔法使」
nõnda「このように」
ˋnõu (-, -)「忠告」
nõu ˋandma「忠告する」
ˋnõud-ma (-a, nõuan)「要求する」(ˋnõud-nud, ˋnõu-tud)
ˋnõus olema「同意する」
ˋnõustu-ma (-da, -n)「同意する」
nädal (-a, -at) (-aid)「週」
nägema (näha, ˋnäen)「見る」(näi-nud, ˋnäh-tud)
nägemiseni「さようなら」
nägemist「さようなら」
nägu (ˋnäo, nägu) (-sid)「顔」
ˋnäi-ma (-da, -n)「見える」(näi-nud, -dud)
ˋnäita-ma (näidata, ˋnäitan)「見せる」(näida-nud, -tud)
ˋnäiteks「例えば」
näri-ma (-da, -n)「かむ」
ˋnööp (nööbi, ˋnööpi) (ˋnööpe)「ボタン」
ˋnüüd「いま」

o

oja (-, -) (-sid)「溝」
ˋoks (-a, ˋ-a) (ˋ-i)「枝」
okˋtoob-er (-ri, -rit)「10月」
olema (ˋolla, olen)「ある」(ol-nud, ˋol-dud)

— 245 —

olene-ma (da, -n)「依存する」
oma「自分の」
`ootama (oodata, `ootan)「待つ」(ooda-nud, -tud)
ori (orja, `orja) (`orje)「奴隷」
osa (-, -) (osid)「部分，役割」
osav (-u, -ut) (-uid)「有能な」
`oskama (osata, `oskan)「知っている，できる」(osa-nud, -tud)
ostja (-, -t)「買い手」
`ots (otsa, `otsa) (`otsi)「端」，「上へ」
otse`kui「まるで〜のように」
otsekohe「すぐに」
`otsi-ma (-da, -n)「探す」(`otsi-nud, otsi-tud)
otsusta-ma (-da, -n)「決心する」

p

`paat (paadi, `paati) (`paate)「ボート」
padi (padja, `patja) (`patju)「枕」
`pae-kallas (-`kalda, -kallast) (-`kaldaid)「石灰海岸」
`pae-ne (-se, `-st) (`-seid)「石灰」
painduv (-a, -at) (-uid)「曲がった」
`paik (paiga, `paika) (`paiku)「場所」
`paisku-ma (-da, -n)「投げられる」
paiste (`-, -t)「白熱」
`paist-ma (-a, -an)「輝く，現われる」(`paist-nud, paiste-tud)
paju (-, -) (-sid)「柳」
paka-ne (-se, -st) (-seid)「霜」
`pakk (paki, `pakki) (`pakke)「パック，箱」
pala`vik (-viku, -`kku)「熱」
pale (`palge, palet) (`palgeid)「頬」
palitu (-, -t) (-id)「外套」
paljasta-ma (-da, -n)「(おおいを) 取る」
palju (-, -t) (-sid)「多くの」

— 246 —

語 彙 集

`palk(palga, `-a) (`-u)「給料」
palu-ma(-da, -n)「尋ねる，願う」
palve(`-, -t) (`-id)「要求，祈り」
panema(`panna, panen)「置く」(pan-nud, `pan-dud)
parajasti「十分に」
parem「よりよい，右」
paremal「右に」
`park(pargi, `parki) (`parke)「公園」
`pea(-, -d) (`päid)「頭」
`pea`aegu「ほとんど」
`peal「〜の上に」
`peale「〜の上へ」
`pealt「〜の上から」
`peatu-ma(-da, -n)「止まる」
`peatus(-e, -t) (-i)「停留場」
peig-mees(-mehe, -`meest) (-mehi)「婿」
`peit-ma(-a, peitan)「隠す」(`peit-nud, peide-tud)
peo-pesa(-, -) (-pesid)「手のひら」
pere(-, -t) (-sid)「家族」
`pere-kond(-konna, -`konda) (-`kondi)「家族」
perekonna-nimi(-nime, -nime) (-nimesid)「苗字」
pere-rahavas(-`rahvas, -rahvast)「世帯」
pere-mees(-mehe, -`meest) (-mehi)「家長」
pere-naine(-naise, -`naist) (-naisi)「主婦」
pesa(-, -) (pesi)「巣」
pese-ma(`pesta, -n)「洗う」(`pes-nud, `pes-tud)
pesumasin(-a, -t) (-aid)「洗濯機」
pida-ma(-da, `pean)「〜しなければならない，保持する」(pida-nud, `pee-tud)
pidu(`peo, pidu) (-sid)「宴会」
pigista-ma(-da, -n)「握りしめる」
`piim(-a, `-a)「ミルク」

piki「～に沿って」
`pikk(pika, `pikka)(`pikki)「長い，高い」
`pilk(pilgu, `pilku)(`pilke)「一目」
pilet(-i, -it)(-eid)「切符，チケット」
`pill(-i, `-i)(` -e)「楽器」
`pilla-ma(-ta, `-n)「浪費する」(pilla-nud, -tud)
`pilt(pildi, `pilti)(`pilte)「絵」
`pilv(-e, `-e)(`-i)「雲」
pintsak(-u, -ut)(-uid)「背広」
pipar(pipra, pipart)(pipraid)「こしょう」
pirukas(piruka, pirukat)(pirukaid)「パイ，ピローグ」
pisar(-a, -at)(-aid)「涙」
pisike(-se, -st)(-si)「小さな」
`plats(-i, `-i)(`-e)「広場」
`pliiats(-i, -it)(-eid)「鉛筆」
`poeg(poja, `poega)(`poegi)「息子」
poeta-ma(-da, -n)「砕く」
`poiss(poisi, `poissi)(`poisse)「少年」
pojuke(-se, -st)(si)「息子」
pole＝ei ole「～ではない」
polnud＝ei olnud「～ではなかった」
`pool(poole, `poolt)(`pooli)「半分」
`poole「～の方へ」
`poolt「～の方から」
porgand(-i, -it)(-eid)「にんじん」
`post(-i, `-i)「郵便」
posti panema「郵送する」
`post`kontor(-i, -it)(-eid)「郵便局」
`praad(`prae, `praadi)(`praade)「焼肉」
`praegu「いま」
proovi-ma(-da, -n)「試みる，試す」(`proovi-nud, proovi-tud)
proua(-, -t)「夫人」

語 彙 集

`pruun(-i, `-i)(`-e)「茶色の」
pudel(-i, -it)(-eid)「びん」
puhas(`puhta, puhast)(`puhtaid)「清潔な」
`puhkama(puhata, `puhkan)「休む」(puha-nud, -tud)
puhu-ma(-da, -n)「吹く」
puhuja(-, -t)「吹く人」
`pulmad(`pulmade, `pulmi)「結婚式」(複数形を用いる)
puna-ne(-se, -st)(-si)「赤い」
puneta-ma(-da, -n)「赤らめる」
purjeta-ma(-da, -b)「帆走する」
purjetami-ne(-se, -st)「帆走」
`puu(-, -d)(`puid)「木」
`puudu-ma(-da, -n)「欠ける」
`puudus(-e, -t)「欠如」
`puutu-ma(-da, -n)「触れる」
põder(põdra, põtra)(põtru)「トナカイ」
põgeneja(-, -t)「逃走者」
põgene-ma(-da, -n)「逃げる」
põhi(põhja, `põhja)(`põhju)「北」
`põik(põigu, `põiku)「異常」
põhja-maa(-maa, -maad)(-maid)「北国」
põiki「横切って」
`põld(põllu, `põldu)(`põlde)「畑」
põle-ma(-da, -b)「燃える」
põleta-ma(-da, -n)「燃やす」
`põll(-e, `-e)(`-i)「エプロン」
`põlv(-e, `-e)(`-i)「ひざ」
põrand(-a, -at)(-aid)「床」
põõsas(`põõsa, põõsast)(`põõsaid)「灌木」
päev(päeva, `päeva)(`päevi)「日」
päev-lehti(-lehe, `lehte)(`lehti)「新聞」
`päike(-se, -st)「太陽」

— 249 —

エストニア語入門

pärast「～のために」
päris「まったく」
pärit olema「～の出身である」
`pääse-ma(-da, pääsen)「逃げる」(`pääse-nud, `-tud)
päälegi「そのほかに」
pääste-komi`tee(-`tee, -`teed)(-`teesid)「救世委員会」
pöördu-ma(-da, -n)「回る，曲がる」
püksid(`pükste, `pükse)「ズボン」(複数形)
püsi-ma(-da, -n)「とどまる，持続する」
`püssi-`mees(-mehe, -`meest)(-mehi)「武装兵」
püsti `tõusma「立ち上がる」
`püüd-ma(-a, püüan)「とらえる」(`püüd-nud, `püü-tud)

r

raamat(-u, -ut)(raamat-uid)「本」
raha(-, -)(-sid)「お金」
rahu(-, -)「平和」
rahu-aeg(-aja, -`aega)(-`aegu)「平和時」
rahul õlema「満足する」
rahu-leping(-u, -ut)(-uid)「平和条約」
rahvas(`rahva, rahvast)(`rahvaid)「民衆」
raja-ma(-da, -n)「設立する」
`rand(ranna, `randa)(`randu)「岸」
`raske(-, -t)(-id)「重い」
`raskus(-e, -t)(-i)「困難」
`raud(raua, `rauda)(`raudu)「鉄」
`raud-ne(-se, -set)(-seid)「鉄の」
re`aal-kool(-kooli, -`kooli)(-`koole)「中等学校」
reba-ne(-se, -st)(-seid)「狐」
`reede(-, -t)(-id)「金曜日」
`registreeri-ma(`-da, -n)「記録する」
`reis(reisi, `reisi)(`reise)「旅」

― 250 ―

語 彙 集

`reisija(-, -t) (-id)「旅人」
`reserveeri-ma(`-da, -n)「保有する，予約する」
restoran(-i, -i) (-e)「レストラン」
riie(`riide, riiet) (`riideid)「衣服」
`riik(riigi, `riiki) (`riike)「国（家）」
riik`lik(-liku, -`likku) (-`likke)「国の」
`riim(-i, `-i) (`-e)「韻」
rikas(`rikka, -t) (`rikkaid)「豊かな」
rikku-ma(-da, rikun)「傷つける」(`rikku-nud, riku-tud)
`rind(rinna, `rinda) (`rindu)「胸」
ring`mäng(-mänga, -`mängu) (-`mänge)「輪舞」
roheli-ne(-se, -st) (-si)「緑の」
rohi(rohu, `rohtu) (`rohte)「草」
`rohkem「さらに多く」
`rohkesti「豊富に」
`rong(rongi, `rongi) (`ronge)「汽車」
roni-ma(-da, -n)「登る」
`roos(-i, `-i) (`-e)「ばら」
roosi-puna-ne(-se, -st) (-si)「赤いばら色の」
`rootsla-ne(-se, -st) (-si)「スゥエーデン人」
`rott(roti, `rotti) (`rotte)「ねずみ」
`ruttama(rutata, `ruttan)「いそぐ」
`ruttu「急いで」
`rõõm(-u, `-u) (`-e)「喜び」
`rõõmus「喜んで」<`rõõm の内格形
`rändaja(-, -t) (-id)「巡礼」
`rääki-ma(-da, räägin)「話す」(`rääki-nud, räägi-tud)
rün-gas(`-ka, -gast) (`-kaid)「かたまり」

s

`saabu-ma(-da, -n)「到着する」
saadik「〜まで」

`saa-ma(-da, -n)「手に入れる」(saa-nud, `-dud)
`saat-`kond(-konna, -`konda)「代表団」
`saar(saare, `saart)(`saari)「島」
`saatku「送らせよ」(saatma の 3 人称命令形)
`saat-ma(-da, saadan)「送る」(`saat-nud, saade-tud)
sada(saja, sada)「100」
sadam(-a, -at)(-aid)「港」
sageli「しばしば」
`sai(saia, `saia)(`saiu)「白パン」
saja-s(-nda, -ndat)「第 100 の」
saksla-ne(-se, -st)(-si)「ドイツ人」
salat(-i, -it)(-eid)「サラダ」
salaja「ひそかに」
`sall(-i, `-i)(`-e)「スカーフ」
sama「同じ」
samasugu-ne(-se, -st)(-seid)「同じような」
samet(-i, -it)(-eid)「しゅす」
`samm(-u, `-u)(`-e)「歩み」
sam-mas(`-ba, -mast)(`-maid)「柱」
`sammu-ma(-da, sammun)「大またに歩く」(`sammu-nud, sammu-tud)
`sattu-ma(-da, satun)「たまたま起こる」(`sattu-nud, satu-tud)
`sead-ma(-a, `sean)「整える」(`sead-nud, `sea-tud)
`seal「あそこに」
`see「これが，それが」
`seejärel「その後」
`seen(-e, `-t)(`-i)「きのこ」
`see-pärast「それゆえに」
`sees「その中に」
seest「その中から」
seda「これを，それを」
sedamaid「すぐに」
`sein(seina, `seina)(`seinu)「壁」

語 彙 集

seisata-ma (-da, -n)「とめる」
ˋseis-ma (-ta, seisan)「立つ」(ˋseis-nud, ˋ-tud)
seitse (ˋseitsme, seitset)「7」
ˋseitsme-s (-nda, -ndat)「第7の」
ˋsekka「～の間に」
seleta-ma (-da, -n)「説明する」
ˋselg (selja, ˋselga) (ˋselgi)「背中」
ˋselge (-, -t) (-id)「明らかな」
ˋselgesti「明らかに」
ˋselgu-ma (-da, -n)「明らかになる」
selle「この，その」
selleks「～のために」
selle peale「その上に，それで，次に，その他に」
sellepärast「それゆえに」
seminar (-i, -i) (-e)「セミナー」
seni「～だけ，それだけ」
sepˋtemb-er (-ri, -rit)「9月」
ˋserv (-a, ˋ-a) (ˋ-i)「へり」
ˋsest「なぜなら」
ˋsiia「ここへ」
ˋsiid (-i, ˋ-i) (ˋ-e)「絹」
ˋsiin「ここに」
ˋsiis「そのとき」
ˋsiirdu-ma (-d, -n)「過ぎ去る」
ˋsild (silla, ˋsilda) (ˋsildu)「橋」
ˋsilm (silma, ˋsilma) (ˋsilmi)「目」
ˋsilmaˋpaist-ev (-va, -vat) (-vaid)「目立つ」
silmaˋ-pilk「すぐに」
sina「君が，お前が」
sini-ne (-se, -st) (-seid)「青い」
ˋsink (singi, ˋsinki) (ˋsinke)「ハム」
ˋsinna「あそこに」

— 253 —

`sirge(-, -t)(-id)「まっすぐな」
sirgelt「まっすぐに」
siruta-ma(-da, -n)「延ばす」
`sisse「～の中へ」
`soe(sooja, `sooja)(`sooje)「暖かい」
soojenda-ma(-da, -n)「暖める」
`sool(-a, `-a)(`-asid)「塩」
soola-ne(-se, -st)(-si)「塩の」
`soomla-ne(-se, -st)(-si)「フィンランド人」
`soovi-ma(-da, -n)「望む，願う」(`soovi-nud, soov-tud)
sugu(`soo, sugu)(sugu-sid)「親族」
sugula-ne(-se, -st)(-si)「親戚」
suhk-ur(-ru, -rut)「砂糖」
`suits(-u, `-u)「煙」
suits-kala(-–, -–)(-kalu)「魚」
suitseta-ma(-da, -n)「たばこを吸う」
`sulg(sule, `sulge)(`sulgi)「ペン，羽毛」
sumise-ma(-da, -b)「羽音を立てる」
`sundi-ma(-da, sunnin)「強いる」(`sundinud, sunnitud)
`suplema(supelda, `suplen)「泳ぐ」(supel-nud, -dud)
`supp(supi, `suppi)(`suppe)「スープ」
`surm(-a, `-a)「死」
sure-ma(`surra, suren)「死ぬ」(sur-nud, `sur-dud)
`surmama(surmata, `surman)「殺す」(surma-nud, -tud)
suru-ma(-d, -n)「詰め込む」
`suu(-, -d)(`suid)「口」
suud `andma「キスする」
suunas「～の方向に」
`suudlema(suudelda, `suudlen)「キスする」(suudel-nud, -dud)
`suur(suure, `suurt)(`suuri)「大きい，偉大な」
suusata-ma(-da, -n)「スキーをする」
`suut-ma(-a, suudan)「できる」(`suut-nud, suude-tud)

語 彙 集

suvi(suve, suve) (suvesid)「夏」
sõber(sõbra, ˋsõpra) (ˋsõpru)「友人」
sõda(sõja, sõda) (sõdasid)「戦争」
sõdur(-i, -it) (-eid)「兵士」
ˋsõit(sõidu, ˋsõitu) (ˋsõite)「乗ること，旅行」
ˋsõit-ma(-a, sõidan)「乗って行く」(ˋsõit-nud, sõide-tud)
sõja-ˋmees(mehe, ˋmeest) (-mehi)「戦士」
sõja-egevus(-e, -t)「戦争行為」
sõja-väeˋarst(-i, ˋ-i) (ˋ-e)「軍医」
sõja-vägi(-ˋväe, -väge) (-vägesid)「軍隊」
sõna(-, -) (sõnu)「語」
sõna-raamat(-u, -ut) (-uid)「辞書」
sõnaˋvõtma「(発言のために)起立する」
sõstrakarva「茶色の」(karv「髪の毛」)
ˋsäili-ma(-da, säilin)「保存される」(ˋsaili-nud, -tud)
särav(-vu, -vu) (-vuid)「輝いている」<sära-ma(-da, -n)「輝く」
ˋsärk(särgi, ˋsärki) (ˋsärke)「シャツ」
ˋsöök(söögi, ˋsööki) (ˋsööke)「食事」
ˋsöökla(-, -t) (-id)「レストラン」
ˋsöökˋsaal(-i, ˋ-i) (ˋ-e)「食堂」
ˋsööma(ˋsüüda, ˋsöön)「食べる」(söö-nud, ˋsöö-dud)
ˋsööt(sööda, ˋsööta) (ˋsöötasid)「餌」
süda(-me, -nt) (-meid)「心臓，心」
süda-linn(-linna, -ˋlinna)「町の中心」
süda-öö(-ˋöö, -ööd) (-ˋöid)「真夜中」
sügav(-a, -at) (-aid)「深い」
sügis(-e, -at) (-eid)「秋」
sügise-ne(-se, -st) (-si)「秋の」
sülel-ema(-da, -n)「抱く」
sümbol(-i, -it) (-eid)「シンボル」
ˋsünd(sünni, ˋsündi) (ˋsünde)「誕生」
ˋsündi-ma(-da sünnin)「生まれる」(ˋsündi-nud, sünni-tud)

`sündmus(-e, -t) (-i)「発生」
sünni-päev(-`päev, -päeva) (`päevi)「誕生日」
`sütti-ma(-da, -n)「火がつく」
`süüta-ma(süüda-ta, `-n)「火をつける」

t

ta＝tema「彼が，彼女が」
`taanla-ne(-se, -st) (-si)「デンマーク人」
tabav(-a, -at) (-ait)「適当な」
taevas(`taeva, `taevast)「空」
taga「～の後ろに」
taga ajama「追いかける」
tagasi「後に，以前に」
tagasi tulema「帰る」
tagasitulek(-u, -ut) (-uid)「帰還」
taha「～の後ろに」
`taht-ma(-a, tahan)「望む」(`taht-nud, tahe-tud)
takso(-, -t) (-sid)「タクシー」
taldrik(-u, -ut) (-uid)「皿」
`tall(-i, `-i) (`-e)「馬小屋」
Tal-`linn(-linna, `-linna)「タッリン」
talu(-, -) (-sid)「農園」
`talv(-e, `-e) (`-i)「冬」
`tamm(-e, `-e) (`-i)「かしの木」
`tantsi-ma(-da, -n)「踊る」
`tapma(`tappa, tapan)「殺す」(`tap-nud, tape-tud)
`tark(targa, `tarka) (`tarku)「賢人」
`tarkus(-e, -t)「知恵」
`Tartu(-, -t)「タルットゥ」
tarvis「必要な」
`tasku(-, -t) (-id)「ポケット」
`tass(-i, `-i) (`-e)「コップ」

語彙集

tavali-ne(-se, -st)(-si)「普通の」
tavaliselt「普通」
`tead-ma(-a, `tean)「知る」(`tead-nud, `tea-tud)
`teadmi-ne(-se, -st)「知識」
`teadus(-e, -t)「学問」
`teadus`lik(-like, -`likku)(-`likke)「学術的」
`teata-ma(-da, -n)「発表する」
`teat-er(-ri, -rit)(-reid)「劇場」
teder(tedre, `tetre)(`tetri)「黒雷鳥」
`tee(-, -d)(`teid)「道」
`tee(-, -d)「紅茶」
`tee`kond(-konna, -`konda)(-`kondi)「旅行」
`tee`käik(-käigu, -`käiku)(-`käike)「旅行」
tegela-ne(-se, -st)(-si)「実行者」
tegema(teha, `teen)「する」(tei-nud, `teh-tud)
tegemi-ne(-se, -st)「行為，製作」
tegu(`teo, tegu)(tegusid)「行為」
teie「あなたがたが，あなたがたの」
tei-ne(-se, -st)「他の」
teineteise「互いに」
teisi`päev(-päeva, -`päeva)(-`päevi)「火曜日」
`tekki-ma(-da, tekib)「起こる」(`tekki-nud, teki-tud)
telefon(-i, -i)(-e)「電話」
tele`viisor(-i, -it)(-eid)「テレビ」
`telk(telgi, `telki)(`telke)「テント」
`tellima(-da, tellin)「注文する」(`telli-nud, telli-tud)
tema=ta「彼(女)が，の，を」
tennis(-e, -t)「テニス」
`teos(`-e, `-t)(`-eid)「作品」
terav(-a, -at)(-aid)「鋭い」
tere「こんにちは」
`tervis(-e, -t)「健康」，tervist「やあ，こんにちは」

tereta-ma(-da, -n)「挨拶する」
`tiib(tiiva, `tiiba)(`tiibu)「翼」
`tint(tindi, `tinti)「インキ」
`tohti-ma(-da, tohin)「許される」(`tohti-nud, tohi-tud)
toimeta-ma(-da, -n)「行なう，送る」
`toimu-ma(-da, -b)「起こる」
`tolm(tolmu, `tolmu)「ごみ」
`toit(toidu, `toitu)(`toite)「食べ物」
tomat(-i, -it)(-eid)「トマト」
`tool(tooli, `tooli)(`toole)「椅子」
`tooma(`tuua, `toon)「持ってくる」(too-nud, `too-dud)
`torm(-i, `-i)(`-e)「嵐」
`tormama(tormata, `torman)「突進する」
`torn(torni, `torni)(`torne)「塔」
traagili-ne(-se, -st)(-si)「悲劇的」
`tramm(-i, `-i)(`-e)「電車」
`trepp(trepi, `treppi)(`treppe)「階段」
trükis(-e, -t)(-eid)「出版」
trükki-koda(-koja, -koda)(-kodasid)「出版所」
`trükki-ma(-da, trükin)「出版する」(`trükki-nud, trüki-tud)
`tualett(tualeti, `tualetti)「トイレ」
tuba(`toa, tuba)(tube)「部屋」(`tuppa「部屋へ」)
tubli(-, -t)(-sid)「有能な，立派な」
tugev(-a, -at)(-aid)「強い」
tugevda-ma(-da, -n)「強くなる」
tulema(`tulla, tulen)「来る」(tul-nud, `tul-dud)
tuleva(-a, -at)(-aid)「来るべき，未来の」
tuli(tule, `tuld)(tulesid)「火」
`tund(tunni, `tundi)(`tunde)「時間」
`tund-ma(-a, tunnen)「感じる」(`tund-nud, `tun-tud)
`tundu-ma(-da, -b)「見える，現われる」(`tund-nud, `-tud)
`tungi-ma(-da, tungin)「差し入れる，浸みこむ」(`tungi-nud, tungi-tud)

語彙集

`tuttav(-a, -at)(-aid)「知人」
tutvu-ma(-da, -n)「知り合いになる」
tutvusta-ma(-da, -n)「紹介する」
`tuul(tuule, `tuult)(`tuuli)「風」
`tuule`õhk(-õhu, -õhku)「風の気配」
tõesti「本当に」
`tõmbama(tõmmata, `tõmban)「引っ張る」
`tõst-ma(-a, tõstan)「起きる，上がる」(`tõst-nud, tõste-tud)
`tõttama(tõtata, `tõttan)「急ぐ」(tõta-nud, -tud)
tõttu「〜のために」
`tõus-ma(-ta, tõusen)「起きる」(`tõus-nud, tõust-tud)
tähele panema「注意する」
`täht(tähe, `tähte)(`tähti)「星」
`täht-is(-sa, -sat)(-said)「重要な」
`täide`saatev(-a, -at)(-aid)「実行の」
täienda-ma(-da, -n)「補って完全にする」
täiesti「完全に」
`täis(täie, `täit)(`täisi)「満ちた，一杯の」
täit-ma(-a, täidan)「満たす」(`täit-nud, täide-tud)
`täkk(täku, `täkku)(`täkke)「牡馬」
täna「今日」
täna-ma(-da, -n)「感謝する」
tänav(-a, -at)(-aid)「通り」
tänu「ありがとう」
`täp-ne(-se, -set)(-seid)「正確な」
`täpselt「正確に」
`töö(-, -d)(`töid)「仕事」
`tööd tegema「仕事をする」
`tööli-ne(-se, -st)(-si)「労働者」
`tööta-ma(-da, -n)「働く」
töö`tegemi-ne(-se, -st)「働くこと」
`tüdreke(ne)(-se, -st)「娘さん」

— 259 —

tüdruk (-u, -ut) (-uid)「少女，娘」
`tükk (tüki, `tükki) (`tükke)「断片」
tütar (`tütre, tütart) (`tütreid)「娘」
tütar`laps (-lapse, -`last) (-`lapsi)「女の子」
`tüüp (tüüb, `tüüpi) (`tüüpe)「タイプ」
tüüri-mees (-mehe, -`meest) (-mehi)「舵取り」

u

uba (`oa, uba) (ube)「豆」
udu (-, -) (-sid)「霧」
`uhke (-, -t) (-id)「誇り高い」
`uinu-ma (-da, uhun)「眠りこむ」
uju-ma (-da, -n)「泳ぐ」
`uks (ukse, `ust) (`uksi)「ドア」
ulatu-ma (-da, -n)「とどく」
ulatus`lik (-liku, -`likku) (-`likke)「広大な」
`umbes「ほぼ」
uni (une, `und) (unesid)「眠り，夢」
unusta-ma (-da, -n)「忘れる」
`usku-ma (-da, usun)「信じる」(`usku-nud, usu-tud)
`usk (usu, `usku) (`uske)「信念，信仰」
`ustav (-a, -at) (-aid)「忠実な」
`ustavalt「忠実に」
`uus (uue, `uut) (`uusi)「新しい」

v

vaade (`vaate, vaadet) (`vaateid)「眺め」
`vaatama (vaadata, `vaatan)「よく見る」(vaada-nud, -tud)
`vaatlema (vaadelda, `vaatlen)「見張る」(vaadel-nud, -tud)
vaba (-, -) (-sid)「自由な，空いている」
vabadus (-se, -t) (-i)「自由」
vabanda-ma (-da, -n)「あやまる」

語 彙 集

vaba`riik(-riigi, -`riiki)(-`riike)「共和国」
`vaenla-ne(-se, -st)(-si)「敵」
`vae-ne(-se, -st)(-seid)「貧しい」
`vaev(-a, `-a)(`-u)「困難, 苦痛」
vaevalt「ほとんど〜でない」
vahe`aegu(-aja, -`aega)(-`aegu)「休憩時間」
vahel「〜の間に」
vahele「〜の間へ」
vahelt「〜の間から」
vahend(-i, -it)(-eid)「手段, 方法」
vahe-rahu(-, -)(-sid)「休戦」
`vahti-ma(-da, vahin)「見つめる」(`vahti-nud, vahi-tud)
vaid「〜ではなくて」
`vaik-ne(-se, -st)(-seid)「静かな」
`vainu(`-, `-t)(`-id)「草原」
vaja「〜が必要である」(形容詞)
vaja-ma(-da, -n)「必要とする」
`vakk(vaka, `vakka)(`vakkasid)「量り枡」「樹皮の箱」
valas-kala(-, -)(-kalu)「くじら」
vala-ma(-da, -n)「注ぐ」
`valdus(-e, -t)「支配」
vale(-, -t)(-sid)「うそ」
`valge(-, -t)(-id)「白い」
`valgus(-e, -t)「光」
valgustaja(-, -t)(-id)「明るくする人」
vali(valju, `valju)(`valje)「厳しい」
vali-ma(-da, -n)「選ぶ」
valitse-ma(-da, -n)「支配する」
valitsus(-e, -t)(-i)「政府」
valmis(`valmi, valmist)(`valmeid)「準備ができて」
valmista-ma(-da, -n)「準備する」
valu(-, -)(-sid)「痛み」

— 261 —

valuta-ma (-da, -n)「痛む」
vana (-, -) (vanu)「年取った，古い」
vanaema (-, -) (-sid)「祖母」
vanaisa (-, -) (-sid)「祖父」
vanema-d (-te, -id)「両親」
vanemate-kogu (-, -) (-sid)「長老会議」
vana`taat (-taadi, -`taati) (-`taate)「老人，創造主」
`vank-er (-ri, -rit) (-reid)「荷車」
vankumatu (-, -t) (-id)「ゆるぎない」
`vanni-tuba (-`toa, -tuba) (-tube)「浴室」
vara「早く」
varem「より早く」
varemini「さらに早く」
vares (-e, -t) (-eid)「からす」
`varja-ma (varjata, `varjan)「かくす」
`vars (varre, `vart) (`varsi)「柄」
varsti「間もなく」
vasak (-u, -ut) (-kuid)「左」
vasakul「左に」
vasik-as (-a, -at) (-aid)「子牛」
`vask (vase, `-e) (`-i)「銅」
`vasta-ma (-ta, `-n)「答える」
vastas「〜に対する」
vastastikku「互いに」
`vastu「〜に対して」
`vastu-panu (-, -)「反抗」
vastus (-e, -t) (-eid)「答え」
`vastu`võtma「受け入れる」
`vastu`võtt (-võtu, -`võttu) (-`võtte)「受付」
veda-ma (-da, `vean)「引っ張る」(veda-nud, `vee-tud)
`veebruar (-i, -i)「2月」
`veekeeris (-e, -t) (-eid)「うずまき」

語彙集

`veel「まだ」
`veendu-ma (`-da, -an)「信じる」(`veen-nud, `-tud)
veerand (-i, -it) (-eid)「4分の1」
veidi「少し」
`vein (-i, `-i) (`-e)「ワイン」
`vend (venna, `venda) (`vendi)「兄弟」
vene (-, -) (-sid)「舟」
venela-ne (-se, -st) (-si)「ロシア人」
ver-i (-e, `-d) (`-re)「血」
veri-ne (-se, -st) (-seid)「血の」
vesi (`vee, `vett)「水」
`vestlus (-e, -t) (-i)「会話」
viha (-, -)「怒り，悔しさ」
vihastu-ma (-da, -n)「怒る」
vihk (vihu, `vihkut) (-uid)「ノート」
`vihka-ma (vihata, `vihkan)「憎む」(viha-nud, -tud)
`vihm (-a, `-a)「雨」
`viibi-ma (-da, -n)「残る」
viie-s (-nda, -ndat)「第5の」
`vii-ma (-a, -n)「持っていく」(vii-nud, `vii-dud)
viimaks「最後に」
viima-ne (-se, -st) (-si)「最後の」
`viim-ne (-se, -st) (-seid)「最後」
`viiner (-i, -it) (-eid)「フランクフルト・ソーセージ」
`viis (viie, `viit) (`viisi)「5」
viisi「～によって」
vilja`kandmatu (-, -t) (-id)「不毛の」
virmalis-ed (-te, -i)「オーロラ」(複数形)
Viru (-, -t)「エストニア」
virvenda-ma (-da, -n)「ゆらめく」
vitamin (-i, -i)「ビタミン」
`voodi (-, -t) (voodeid)「寝台」

— 263 —

エストニア語入門

`voola-ma(-ta, `-b)「流れる」
`vorst(-i, `-i)(`-e)「ソーセージ」
`või(-, -d)「バター」
`või「または」
`või`leib(-leiva, -`leiba)(-`leibu)「サンドイッチ」
`võim(-u, `-u)「力」
`või-ma(-da, -n)「できる」(või-nud, `või-dud)
`võistlema(võistelda, `võistlen)「争う」(võistel-nud, -dud)
`võistlus(-e, -t)(-i)「競争」
`võit-ma(-a, võidan)「勝つ」(`võit-nud, võide-tud)
võitlus(-se, -st)(-i)「戦闘」
`võlv(-i, `-i)(`-e)「アーチ」
võrdlemi-ne(-se, -st)「比較」
võrk`pall(-i, -`i)(-`e)「バスケットボール」
võti(`võtme, võtit)「鍵」
`võt-ma(-ta, võtan)「取る」(`võt-nud, `võe-tud)
võõras(`võõra, võõrast)(`võõraid)「外国の，外国人」
`võõr`keel(-keele, -`keelt)(-`keeli)「外国語」
väe-võim(-u, -`u)「暴力」
väga「たいへん」
vägev(-a, -at)(-aid)「強力な」
vägi(`väe, väge)(vägesid)「力」
vähe「少し」
vähe-ne(-se, -st)(-seid)「少しの」
väike(-se, -st)(-si)「小さい」, `väiksem「より小さい」
väi-mees(-mehe, -`meest)(mehi)「婿」
väle(-da, -dat)(-daid)「すばやい」
väli(välja, `välja)(`välju)「牧場」
`välja「外へ」
`välja-anne(-`ande, -annet)(-`andeid)「版」
`välja panema「提示する」
väljak(-u, -ut)(-uid)「広場」

— 264 —

語 彙 集

`välja `paisku-ma(-da, -b)「吹き上げる」
`välja kuuluta-ma(-da, -n)「宣言する」
`välju-ma(-da, -n)「出てくる」
`värske(-, -t)(-id)「新鮮な」
`värv(-i, `-i)(`-sid)「色」
väsi-ma(-da, -n)「疲れる」
väsi-nud「疲れた」
väsinult「疲れて」
`vääri-ma(-da, väärin)「価値がある」(`vääri-nud, -tud)

õ

õde(`õe, õde)(õdesid)「姉妹」
`õhk(õhu, `õhku)「空気」
õhtu(-, -t)(-id)「晩」
õhtul「晩に」
õhtu`söök(söögi, `sööki)「夕食」
õhuke(-se, -st)(-si)「うすい」
`õige(-, -t)(-id)「右」
õigu-puolest「右側に」
õile(õilme, õilet)(õilmeid「花」
`õis(õie, `õit)(`õite)「花」
`õigus(-e, -t)(-i)「正義, 権利」
õlu(õlle, õlut)「ビール」
`õmblema(õmmelda, `õmblen)「縫う」(õmmel-nud, -dud)
`õnn(õnne, `õnne)「幸せ」
õnne`lik(-liku, -`likku)(-`likke)「幸せな」
`õnnista-ma(-da, -n)「祝福する」
õnnistus(-e, -t)「恵み」
õpetaja(-, -t)(-id)「先生」
õpeta-ma(-da, -n)「教える」
õpik(-u, -ut)(-uid)「教本」
õpila-ne(-se, -st)(-si)「生徒, 学生」

`õppe`jõud(-, -u)(-de)「教師」
`õppe`töö(-, -d)「授業」
`õppe`tükk(-tüki, -`tükki)(-`tükke)「課」
`õppi-ma(-da, õpin)「学ぶ」(`õppi-nud, õpi-tud)
`õu(õue, `õue)(`õuesid)「中庭」
`õun(õuna, `õuna)(`õunu)「りんご」

ä

`äkki「突然」
ära `kustu-ma「消える」(-da, -n)(`kustunud, kustud)
ära `tallama「踏みつける」(-ta, `-n)
ärata-ma(-da, -n)「起こす」
ärev(-u, -ut)(-uid)「興奮した」
`ärkama(ärgata, `ärkan)「目が覚める」(ärga-nud, -tud)
`äärde「〜の端へ」
ääres「〜の端に」
äärest「〜の端から」

ö

`öö(-, -d)(`öid)「夜」
ööbik(-u, -ut)(-uid)「ナイチンゲール」
`öösel「夜に」
öösi=öösel

ü

üheksa(-, -t)「9」
üheksa-s(-nda, -ndat)「第9の」
ühes「〜と共に」
ühine-ma(-da, -n)「統一する」
ühis-`kond(-konna, -`konda)(-`kondi)「社会」
ühiskond`lik(-liku, -`likku)(-`likke)「社会的」
ühiskonnategela-ne(-se, -st)(-si)「有名人」

語 彙 集

`ühtlasi「同時に」
`üks(ühe, `ühte)「1」
`üksainus「ただ1つ」
`üksi`silmi「じっと」
üle「〜を越えて」
ülem(-a, -at) (-aid)「より高い」
üles「上へ」
ületa-ma(-da, -n)「乗り越える」
üliõpila-ne(-se, -st) (-si)「大学生」
üllatus(-e, -t) (-i)「驚き」
`ümber「〜のまわりに」
`ümbrus(-e, -t) (-i)「近所」
üsna「まったく」
`ütlema(ütelda, `ütlen)「言う」(ütel-nud, -dud または `öel-nud, -dud)
üüri-maja(-maja, -maja) (-maju)「アパート」

小泉 保
こいずみ たもつ

1926年2月20日生まれ
東京大学文学部言語学科卒
文学博士
大阪外国語大学教授を経て関西外国語大学教授を歴任．
日本言語学会顧問，日本音声学会顧問

〔著　書〕　『音韻論』（英語学体系1）（共著）大修館書店．1971
　　　　　『日本語の正書法』大修館書店．1978
　　　　　『フィンランド語文法読本』大学書林．1983
　　　　　『教養のための言語学コース』大修館書店．1984
　　　　　『言外の言語学』三省堂．1990
　　　　　『ウラル語のはなし』大学書林．1993
　　　　　『ラップ語入門』大学書林．1993
　　　　　『日本語教師のための言語学入門』大修館書店．1993
　　　　　『ウラル語統語論』大学書林．1994
　　　　　『言語学とコミュニケーション』大学書林．1995
　　　　　『ジョークとレトリックの語用論』大修館書店．1997
　　　　　『改訂　音声学入門』大学書林．2003
　　　　　『縄文語の発見』青土社．1998
　　　　　『カレワラ神話と日本神話』日本放送出版協会．1999
　　　　　『入門語用論研究』（共著）研究社．2001
　　　　　『日本語の格と文型』大修館書店．2007
　　　　　『現代日本語文典』大学書林．2008
　　　　　『カレワラ物語』岩波書店．2008

〔訳注釈書〕　シューピゲル『音声学入門』大修館書店．1978
　　　　　『フィンランド民族叙事詩　カレワラ』上・下．岩波書店．1976
　　　　　『カレワラの歌』（呪術師ワイナミョイネンとサンポ物語）大学書林．1985（レンミンカイネンとクッレルボ）大学書林．1999
　　　　　カイ・ライティネン『図解フィンランドの文学』大修館書店．1993
　　　　　テニエール『構造統語論要説』（監訳）研究社．2007

目録進呈　落丁本・乱丁本はお取替えいたします。

平成 21 年 10 月 30 日　　Ⓒ 第 1 版発行

エストニア語入門	著　者　　小　泉　　　保
	発 行 者　　佐　藤　政　人
	発 行 所
	株式会社　**大学書林**
	東京都文京区小石川 4 丁目 7 番 4 号
	振 替 口 座　　00120-8-43740
	電　話　(03) 3812-6281〜3番
	郵便番号112-0002

ISBN978-4-475-01887-6　　写研・開成印刷・牧製本

大学書林 語学参考書

小泉　保著	フィンランド語文法読本	A5判	368頁
小泉　保訳注	対訳カレワラの歌（I） ―呪術師ワイナミョイネンとサンポ物語―	A5判	152頁
小泉　保訳注	対訳カレワラの歌（II） ―レンミンカイネンとクッレルボ―	A5判	192頁
小泉　保著	ラップ語入門	A5判	218頁
荻島　崇著	フィンランド語辞典	A5判	936頁
荻島　崇著	日本語フィンランド語辞典	A5判	960頁
荻島　崇著	基礎フィンランド語文法	A5判	328頁
荻島　崇著	フィンランド語日本語小辞典	新書判	712頁
荻島　崇著	日本語フィンランド語小辞典	新書判	680頁
荻島　崇編	フィンランド語基礎1500語	新書判	208頁
庄司博史編	フィンランド語会話練習帳	新書判	256頁
荻島　崇著	やさしいフィンランド語読本	B6判	168頁
荻島　崇訳注	フィンランド語童話選	B6判	240頁
吉田欣吾著	サーミ語の基礎	A5判	280頁
小泉　保著	ウラル語統語論	A5判	376頁
小泉　保著	ウラル語のはなし	A5判	288頁
小泉　保著	改訂音声学入門	A5判	256頁
小泉　保著	言語学とコミュニケーション	A5判	228頁
小泉　保著	現代日本語文典	A5判	208頁
池田哲郎著	アルタイ語のはなし	A5判	256頁

―― 目録進呈 ――